Paul von Hoensbroech

## Warum sollen die Jesuiten nicht nach Deutschland zurück

Eine Frage und eine Antwort

Paul von Hoensbroech

**Warum sollen die Jesuiten nicht nach Deutschland zurück**
*Eine Frage und eine Antwort*

ISBN/EAN: 9783743689633

Hergestellt in Europa, USA, Kanada, Australien, Japan

Cover: Foto ©ninafisch / pixelio.de

Weitere Bücher finden Sie auf **www.hansebooks.com**

# Warum sollen die Jesuiten

## nicht

## nach Deutschland zurück?

Eine Frage und eine Antwort

von

Paul von Hoensbroech S. J.

Zweite, vermehrte Auflage.

Freiburg im Breisgau.
Herder'sche Verlagshandlung.
1891.
Zweigniederlassungen in Straßburg, München und St. Louis, Mo.
Wien I, Wollzeile 33: B. Herder, Verlag.

Buchdruckerei der Herder'ſchen Verlagshandlung in Freiburg.

# Inhalt.

**Einleitung:** 1. „Vaterlandslosigkeit" der Jesuiten. 2. Gesinnungen des hl. Ignatius und der ersten Jesuiten für Deutschland. 3. Zweck dieser Schrift . . . 1—7

**I. Was sind die Jesuiten?** 4. Berechtigung dieser Frage. 5. Der Jesuit ein Glied der Gesellschaft Jesu; diese ein katholischer Orden. 6. Päpstliche Bestätigungen der Gesellschaft Jesu. 7. Leo XIII. und die Jesuiten. 8. Folgerungen für den Jesuitenorden. 9. Jesuitenorden und katholische Kirche. 10. Aufhebung durch Clemens XIV. 11. Die Monita secreta. 12. Die Monita secreta, die „Deutsch-evangelischen Blätter" und der „Evangelische Bund". 13. Allgemeine Idee des Instituts der Gesellschaft Jesu. 14. Die drei Gelübde: Armuth, Keuschheit und Gehorsam. 15. Der „unbedingte" Gehorsam. 16. Der „blinde" Gehorsam. 17. „Verpflichtung zur Sünde." 18. Aeußere Verfassung. 19. Die Mittel des Jesuitenordens. 20. Die Exercitien. 21. Die Heiligen der Gesellschaft Jesu. 22. Gesinnung einiger hervorragenden Jesuiten: Ignatius, Franz Xaver, Faber, Canisius, einige Ordensgenerale. 23. Zeugnisse für die Jesuiten: Friedrich II., Voltaire, Fischer u. s. w. . . . 8—80

**II. Was wollen die Jesuiten?** 24. Jesuiten wollen dasselbe, was katholische Ordensleute wollen. 25. Wesen des katholischen Ordensstandes. 26. Der Jesuitenorden will apostolisch wirken. 27. Der Jesuitenorden nicht gestiftet gegen den Protestantismus. 28. Volksmissionen. 29. Urtheil preußischer Behörden über dieselben. 30. Urtheil Kaiser Wilhelm I. über die Jesuiten-Missionen . 81—107

Seite

1*

Seite

III. **Was wirft man den Jesuiten vor?** 31. Macht
der Lüge. 32. Die Anklagen im Reichstag 1872:
Die Jesuiten sind staatsgefährlich, gefährden das Deutsche
Reich, sind culturgefährlich, stören den confessionellen
Frieden, sind eine Gefahr für die Sittlichkeit. 33. Pas-
cals Provinzialbriefe. 34. Verleumberische Anklagen.
35. Jesuitische Erziehungsanstalten in England. 36. Er-
klärung des Bischofs von Mainz, Freih. v. Ketteler.
Ratio studiorum S. J. 37. „Politische Umtriebe der
Jesuiten". 38. Der Tyrannenmord und die Jesuiten   108—142

**Schluß**: 39. Antwort auf die Frage: Warum sollen die
Jesuiten nicht nach Deutschland zurückkommen?   .   143—147

**Anmerkungen**   .   .   .   .   .   .   .   149—152

# Einleitung.

Wohl schwerlich wird es jemand befremdlich finden oder verübeln, daß ein deutscher Jesuit die Frage stellt: Warum sollen die Jesuiten nicht nach Deutschland zurückkommen?

Fast zwanzig Jahre sind ins Land gegangen seit der Vertreibung der Gesellschaft Jesu aus Deutschland. Es waren unbescholtene deutsche Männer, welche damals gezwungen wurden, im Auslande ein Unterkommen zu suchen. Keinen aus der großen Schaar konnte man auch nur eines einzigen Vergehens, geschweige denn eines Verbrechens, zeihen. Männer, von hoch und niedrig geschätzt, Männer, welche auf den Schlachtfeldern Böhmens und Frankreichs Leben und Gesundheit eingesetzt hatten im Dienste der deutschen Truppen, Jünglinge aus guten und edeln Familien des Landes zwang man, ihre Heimat zu verlassen, und mit dem Male des Verbrechens gezeichnet, wurden sie, ehrliche und getreue Bürger der deutschen Staaten, schimpflicher Polizeiüberwachung unterstellt.

Sie gingen, diese Männer, und viele aus ihnen haben seitdem ein fernes Grab in fremder Erde gefunden. Sie gingen, ohne Groll und Haß gegen ihre Feinde. Aber wohl keiner aus ihnen hat den deutschen Boden verlassen ohne das Gefühl tiefer Wehmuth und Trauer. Denn auch der Jesuit hat ein Herz, fühlt das Unrecht und die Schmach der Verleumdung, fühlt die Trennung vom Vaterland.

1. Es ist ja eine beliebte und viel geglaubte Redensart geworden: „der vaterlandslose Jesuit". Aber in dem Sinne,

wie dieses Wort von den Gegnern benutzt wird, enthält es eine durchaus falsche und tieffränkende Unterstellung.

Will man uns „vaterlandslos" nennen, weil wir glauben, daß es auch außerhalb Deutschlands Menschen und Menschen = seelen gibt, für welche der Erlöser der Welt gestorben und sein göttliches Blut vergossen hat, welche nicht minder wie die Deutschen berufen sind, einzutreten in die Kirche Gottes, der Segnungen des Christenthums theilhaftig zu werden, gut, dann mag man auch die Apostel und die Glaubensboten aller Jahrhunderte so nennen, dann muß man auch unserm Herrn und Heiland diese Bezeichnung geben, welcher ja das „vater = landsverläugnende" Wort gesprochen: „Gehet in die ganze Welt und prediget das Evangelium allen Geschöpfen; lehret alle Völker" (Marc. 16; Matth. 28). Will man uns deshalb „vaterlandslos" nennen, weil wir glauben, daß unser Leben hier auf Erden eine Pilgerschaft ist hin zum ewigen Vaterland, zur wahren Heimat, gut, dann ist auch der Weltapostel „vaterlandslos", wenn er schreibt: „Getrosten Muthes nun sind wir immerdar, weil wir wissen, daß, so = lange wir heimisch sind in dem Leibe, wir in der Fremde sind, ferne vom Herrn" (2 Kor. 5, 6), und: „denn nicht haben wir hienieden eine bleibende Stätte, sondern die künftige suchen wir" (Hebr. 13, 14). Will man uns deshalb „vaterlandslos" nennen, weil wir, dem Rufe Gottes folgend, Eltern und Geschwister, Freunde und Verwandte, Scholle und Geburtsort verlassen, gut, dann trifft dieser Vor = wurf auch den Gottmenschen: „Wer Vater und Mutter mehr liebt als mich, ist meiner nicht werth, und wer Sohn oder Tochter mehr liebt als mich, ist meiner nicht werth" (Matth. 10, 37).

Aber das ist ja auch nicht der Sinn der Beschuldigung; diese „Vaterlandslosigkeit" ist eben das Erbgut aller gläu = bigen Christen, und ohne sie gibt es kein Christenthum.

Nein, man nennt uns Jesuiten „vaterlandslos" im Sinne von Gleichgiltigkeit, Kälte, Abneigung gegen das angestammte

Vaterland, man spricht uns das Herz und die Liebe ab gegen dasjenige Land, in welchem Gott uns geboren und erzogen werden ließ. Man behauptet, wir träten die natürlich berechtigten und edeln Gefühle der Elternliebe, der Kindesliebe und der Vaterlandsliebe mit Füßen. In diesem Sinne sollen wir „vaterlandslos" sein, und in diesem Sinne ist die Bezichtigung eine völlig unwahre und tief kränkende.

2. Als im Jahre 1549 der erste deutsche Jesuit, Pater Canisius, nach Deutschland gesandt wurde, schilderte er in folgenden Worten die Empfindungen seines Herzens; diese Worte finden sich in seinen „Bekenntnissen", also in einer Schrift, welche die innersten, geheimsten Gedanken enthält: „In demselben Jahre (1549) ereignete es sich zu Rom auf der Engelsburg, den 2. September, daß ich mit dem mir für die Reise nach Deutschland bestimmten Gefährten vor dem Papste die erste Ansprache hielt. Indessen während meine Ordensbrüder sich zum Besuche der Cardinäle entfernten, gefiel es deiner unermeßlichen Güte, o heiliger Vater und ewiger Hoherpriester, daß ich die Verwirklichung und Bestätigung jenes apostolischen Segens angelegentlich deinen Aposteln (Petrus und Paulus) im Vatican anempfahl. Da empfand ich große Tröstung und die Gegenwart deiner Gnade. Es ertheilten mir nämlich auch sie ihren Segen, sie bestätigten meine Sendung nach Deutschland, und es war mir, als ob sie mir als einem Apostel Deutschlands ihren wohlwollenden Schutz verhießen. Du weißt es, o Herr, wie sehr und wie oft du mir an eben jenem Tage Deutschland anempfohlen hast, daß ich fortführe, für dasselbe besorgt zu sein, daß ich wie Pater Faber ganz dafür einstände, für Deutschland zu leben und zu sterben begehrte."

Pater Faber, dessen Canisius hier erwähnt, ist der erste Jesuit, welcher deutschen Boden betrat und mehrere Jahre in Köln, Mainz, Speier, Worms und Regensburg wirkte. Von

Geburt war er Savoyarde, in den Gesinnungen, welche er
über Deutschland ausspricht, kann also nicht von eigentlicher
Vaterlandsliebe die Rede sein, aber ich möchte sie doch anführen. Es war eben auch ein Jesuit, welcher in und für
Deutschland lebte, und zwar zu einer Zeit, wo hüben und
drüben religiöser Haß und Leidenschaft wild aufflammten.

Auch Faber hat ein „geistliches Tagebuch" geführt; ihm
ist die folgende Stelle entnommen: „Ich wünschte lebhaft,
daß, was immer aus früheren guten Werken, Arbeiten oder
Studien mir zu gute kommen könnte, von Gott so angenommen würde, als sei alles vom Anfang meines Lebens an hin-
geordnet gewesen auf das Wohl und Heil der deutschen Nation" [1];
und an einer andern Stelle nennt er folgende Personen, für
welche er stets zu beten sich vornimmt: den Papst, den
deutschen Kaiser, Luther, Bucer und Philipp Melanchthon [2].

Das war die Gesinnung der beiden ersten Jesuiten, welche
in Deutschland wirkten: für das Wohl Deutschlands zu beten,
zu arbeiten, zu leben und zu sterben. Und diese Gesinnung
ist in den deutschen Jesuiten geblieben.

Sie sind hinausgejagt worden aus ihrem Heimatlande,
aus dem Kreise langjähriger, liebgewonnener, segensreicher
Thätigkeit. Der Verfolgungssturm hat sie verschlagen nach
Holland, England, Nordamerika, Brasilien, Chili, Südafrika,
Indien; sie haben leben müssen in oft drückenden und sehr
ärmlichen äußeren Verhältnissen; sie waren vielfach zu Un-
thätigkeit oder doch nur halber Arbeit verurtheilt; aber all diese
ungerecht über sie verhängten Leiden haben nicht vermocht, die
Liebe und Hingebung für Deutschland zu ersticken, und mit
vollster Ueberzeugung spreche ich es aus: Wie wir trotz Verfolgung und Anfeindung Jesuiten geblieben sind, so sind wir auch
trotz Ausweisung und Verbannung deutsche Jesuiten geblieben.

Diese wahre Liebe zu Deutschland ist nicht nur uns,
sondern allen Jesuiten aller Länder als ein heiliges Ver-
mächtniß hinterlassen worden von unserm Stifter selbst, dem

hl. Ignatius von Loyola. Er schrieb im Jahre 1551 an eine deutsche Fürstin, die Markgräfin von Berg: „Was mich betrifft, so weiß derjenige, welchem alles, auch das Innere der Herzen, bekannt ist, und welcher mir das Verlangen nach dem Heil und der Vervollkommnung der Seelen gegeben hat, welche innige Zuneigung ich für ganz Deutschland habe, dergestalt, daß, sobald Gott Gelegenheit und Kräfte verleiht, ich durch die That leisten werde, was in meinen Kräften stehen wird."[3] Und diese That folgte bald. Ignatius von Loyola stiftete ein Liebeswerk für Deutschland, welches noch fort und fort in der ganzen Gesellschaft in Uebung ist. Es ist dies Werk um so edler und großartiger, als es sich seit Jahrhunderten schon in der Stille vollzieht, weil es einzig und allein im Gebete besteht. Die Bestimmung, durch welche dieses ewige, allgemeine Gebet für Deutschland in der Gesellschaft Jesu eingeführt wurde, lautet wörtlich:

„Ignatius von Loyola, Generalvorsteher der Gesellschaft Jesu, meinen geliebten Brüdern in Christo, sowohl den Vorstehern als den Untergebenen von der Gesellschaft Jesu, beständigen Gruß im Herrn!

„Da die wahre Liebe, nach welcher wir verpflichtet sind, den ganzen Leib der Kirche in ihrem Haupte Jesus Christus zu umfassen, verlangt, daß vorzüglich jenem Theile geholfen werde, welcher an einer schweren und gefährlichen Krankheit leidet, so haben wir erachtet, daß zur Hilfe Deutschlands und des Nordens, welches durch die schwere Krankheit der Irrlehre gefährdet ist, nach dem geringen Maße unserer Kräfte unsere Gesellschaft mit besonderer Hingebung sich anstrengen müsse*). Allerdings lassen wir eben dies

---

*) Daß Ignatius, als katholischer Priester und Ordensmann, den entstehenden Protestantismus für ein Uebel hielt, wird wohl billigerweise niemand tadeln können. Aber als christlicher Glaubensheld sucht er durch das Mittel des Gebetes dies Uebel zu bekämpfen. Und hierin liegt seine Liebe zu Deutschland ergreifend ausgedrückt.

auch in anderer Weise uns sehr angelegen sein, und viele
von uns suchen schon durch Anwendung von Gebet und
heiligen Messen der Noth jener Gegend zu Hilfe zu kommen.
Damit jedoch diese Pflicht der Nächstenliebe einen weitern
Umfang gewinne und länger geübt werde, so tragen wir
allen unseren Brüdern auf, mögen sie uns unmittelbar oder
anderen Rectoren und Vorgesetzten unterworfen sein, daß
sowohl sie selbst, als auch die übrigen, ihrer Sorge anvertrauten, jeden Monat, wenn sie Priester sind, Gott das
Opfer der Messe darbringen, wenn sie aber die priester-
liche Würde nicht haben, für das geistige Bedürfniß Deutschlands beten, damit der Herr sich dieses Landes erbarme
und dasselbe zur Reinheit des christlichen Glaubens und
der Religion nach seiner Gnade zurückführen möge. Und
wir wollen, daß dies so lange fortgesetzt werde, als das
Bedürfniß dieser Gegenden selbst vorhanden sein wird. Auch
wollen wir, daß überall, wo die Gesellschaft sein wird,
keine Provinz, und läge sie auch innerhalb der fernsten
Grenzen Indiens, von dieser Liebespflicht ausgeschlossen
sei." Rom, 25. Juli 1553.

Auch die Worte, welche unser Stifter am 1. Mai 1556,
also nur 2½ Monate vor seinem Tode, an den Erzbischof-
Kurfürst von Köln schrieb, geben von dieser Liebe zu Deutschland Kenntniß: „Obgleich diese unsere Gesellschaft sich nach
ihrem Zweck gänzlich der Hilfe für die Seelen und der Pflege
der katholischen Religion geweiht hat, so umfaßt sie die edle
deutsche Nation doch mit so besonderer Liebe, daß sie für ihre
geistliche Hilfe nicht nur alle Mühen, sondern auch, wenn es
nöthig ist, alles Blut zu opfern bereit ist" (Cartas de San
Ignacio de Loyola. Madrid 1874—1889. VI, 250).

Und ist das etwa anders geworden? Ich will aus der
neuesten Zeit nur den einen, auch in protestantischen Kreisen
viel gekannten Jesuiten Roh anführen. Einer seiner intimsten
Freunde schreibt über ihn: „Das deutsche Volk liebte er mehr

wie jedes andere. ‚Das deutsche Gemüth‘, so äußerte er oft
mir gegenüber, ‚findet man bei keiner andern Nation.‘ Oft
versicherte er mir: ‚Ich bete täglich für den König von
Preußen.‘" (Knabenbauer, Erinnerungen an P. Roh, S. 57.)

3. Doch wozu das alles? Will ich etwa unsern „Patriotismus" feiern, unsern „nationalen Geist", und wie die übrigen
gleichlautenden Schlagwörter heißen? Gewiß nicht. Oder will
ich weichherziges Mitleid zu erregen suchen mit unserer Lage,
will ich uns schildern, wie wir uns kraft= und muthlos verzehren in der Sehnsucht nach der Heimat? Noch viel weniger.
Aber ich möchte, wenn möglich, auch bei unseren Gegnern
es zum Bewußtsein bringen, daß auch Jesuiten das Bittere
der Verbannung von heimischer Erde fühlen. Ich möchte vor
allem das Gefühl der Entrüstung erregen bei allen ehrlichen
Leuten über die Fortdauer eines Zustandes, der in der That
und Wahrheit ein Unrecht darstellt, welches Hunderte von
deutschen Männern trifft, und welches in gleicher Weise eine
Makel wirft auf ebenso viele deutsche Familien, aus welchen
diese Männer hervorgegangen sind.

Wir Jesuiten haben ein göttliches, weil natürliches, Recht
auf den Aufenthalt in Deutschland. Deutschland ist und bleibt
unser Vaterland. Gott hat es uns als solches gegeben. Ohne
auch nur den Schatten eines Grundes, nur gestützt auf all=
gemeine Redensarten und falsche Anschuldigungen, entgegen
dem Willen von Millionen und Millionen deutscher Katholiken hat man uns hinausgetrieben und hält uns noch verbannt — gewiß, wir sind berechtigt zu fragen: Warum sollen
die Jesuiten nicht nach Deutschland zurückkommen? Ja,
warum? Vielleicht gelingt es mir, den Grund zu entdecken.

Exaeten bei Roermond, den 10. Januar 1891.

Der Verfasser.

# Was sind die Jesuiten?

### Berechtigung dieser Frage.

4. So merkwürdig diese Frage klingt, so berechtigt ist sie. Von den zahlreichen Gegnern, welche das Wort „Jesuit" im Munde führen, sind sehr wenige, welche eine auch nur in etwa klare — ich sage nicht richtige — Vorstellung damit verbinden, ist keiner, welcher jemals gründlich und leidenschaftslos den Inhalt dieses Wortes untersucht hätte. Es ist nun einmal nicht anders, ein Jesuit ist und muß sein eine Zusammensetzung aller nur erdenklichen Schlechtigkeiten und Schurkereien. Mit diesem Bewußtsein begnügt man sich, gleichviel, ob vielleicht Tausenden von unbescholtenen Leuten dadurch das gröbste Unrecht geschieht. Aus Zeitungen, Romanen und Conversationslexiken hat man seine Kenntniß geschöpft, weiter sich umzusehen ist unnöthig. Was verschlägt es auch, eine Anzahl seiner Mitmenschen für Schufte anzusehen, es sind ja nur — Jesuiten.

Hiergegen gebe ich im folgenden eine klare und bestimmte Antwort auf die Frage: Was sind die Jesuiten?

Der Jesuit ist Mitglied des Jesuitenordens, der Gesellschaft Jesu; was er ist, wird also aus dem Wesen dieser erkannt.

### Der Jesuit ein Glied der Gesellschaft Jesu; diese ein katholischer Orden.

5. Die Gesellschaft Jesu ist ein Orden der katholischen Kirche, d. h. ein von der höchsten kirchlichen Autorität anerkannter Verein, dessen Mitglieder unter Ablegung der drei

Gelübbe der Armuth, der Keuschheit und des Gehorsams nach einer gemeinsamen, ebenfalls von der Kirche geprüften und bestätigten Regel leben.

Daraus ergibt sich zunächst ein doppeltes. Einmal, daß der Begriff der Gesellschaft Jesu nichts Unbestimmtes, Unklares, Ungreifbares ist, was sich nach Ort, Zeit oder Personen bald so, bald anders gestalten kann, was, um mich so auszudrücken, ein doppeltes Gesicht aufweist; zweitens, daß der Jesuitenorden keine geheime, sogen. unterirdische Verbindung ist, welche mit ihren Zielen und Mitteln nicht ans Tageslicht kommt. Jeder katholische Orden muß eben, ehe das Haupt der katholischen Kirche, der Papst, ihm die Bestätigung verleiht, klar und bestimmt seinen Zweck und die Mittel, ihn zu erreichen, angeben. Das that auch die Gesellschaft Jesu durch ihren Stifter, den hl. Ignatius von Loyola.

Im Jahre 1539 überreichte Ignatius mit seinen ersten Gefährten, darunter dem Apostel Indiens, dem hl. Franz Xaver, dem Papste Paul III. den Verfassungsentwurf für die zu gründende neue Gesellschaft. Der Papst überwies diesen Entwurf, Formula instituti genannt, einem besondern Ausschuß von Cardinälen, deren Vorsitzender der Cardinal Bartolomeo Guidiccioni war, ein Mann, jeder neuen Ordensgründung durchaus abgeneigt. Dennoch erfolgte nach reiflicher Prüfung die Gutheißung des vorgelegten Entwurfes. Kein äußerer, weltlicher Einfluß kann hierbei thätig gewesen sein. Es waren unbekannte, arme Männer, welche um Bestätigung ihrer Lebensregel baten; nur der innere Werth dieser Regel selbst erzwang deren Anerkennung. Im Jahre darauf, am 27. September 1540, wurde der neue Orden unter Zugrundelegung des genannten Verfassungsentwurfes von Paul III. durch die Bulle Regimini militantis ecclesiae feierlich errichtet. Sehr bemerkenswerth ist, daß der Papst den gesammten Wortlaut des Entwurfes seiner Bulle einverleibt hat und erklärt, daß alles in diesem Entwurfe Frömmigkeit und Heiligkeit athme.

Es war den neuen Ordensmännern vom Papste aufgetragen worden, ins einzelne gehende Regeln oder sogen. Constitutionen abzufassen. Ignatius, als erster Generaloberer, nahm diese wichtige Arbeit in Angriff. Zehn Jahre verwendete er darauf. Gebet und Bußwerke zur Erlangung des göttlichen Beistandes waren seine Haupthilfsmittel. Im Jahre 1553 wurden diese Constitutionen probeweise in die damals schon bestehenden Ordenshäuser der verschiedensten Länder geschickt. Nach dem Tode des Heiligen (31. Juli 1556) trat dann am 2. Juli 1558 die erste allgemeine Ordensversammlung (Congregation) zusammen, und der Gegenstand ihrer Berathung und eingehendsten Prüfung waren diese Constitutionen.

So ist das Gesetzbuch, die Verfassungsurkunde des Jesuitenordens entstanden, offen vor den Augen der Welt und jedermann zugänglich. Ihr Name ist Institutum Societatis Jesu; officielle Ausgaben desselben erschienen zu Prag 1757, zu Avignon 1827, zu Rom 1869.

### Päpstliche Bestätigungen der Gesellschaft Jesu.

6. Doch ehe ich auf diese Statuten näher eingehe, fahre ich fort in der Aufzählung der kirchlichen Bestätigungs- und Billigungsweise, welche dem Jesuitenorden im Laufe der Jahrhunderte in großer Fülle zu theil geworden sind.

Derselbe Papst, welcher die Jesuiten als kirchlichen Orden errichtete, Paul III., fügte dieser seiner ersten Gunstbezeigung noch fünf weitere hinzu: Bullen und Apostolische Schreiben, in welchen die junge Gesellschaft, ihr Geist, ihre Ziele, ihre Mittel, ihre Arbeiten das höchste Lob erhalten. Papst Julius III. wiederholte diese Anerkennung in der berühmten Bulle Exposcit debitum vom Jahre 1550 und erweiterte einige Jahre später die Privilegien der Gesellschaft. Weitere Privilegien verliehen Pius IV. und Pius V. Letzterer, ein Mitglied des Dominikanerordens und ein Heiliger der katholischen Kirche, also doch wohl ein Mann, dem man Gewissenhaftigkeit und Rechtlich-

keit nicht absprechen wird, schloß sich aufs neue in feierlichster
Weise seinen Vorgängern an in der Gutheißung der Consti=
tutionen des Jesuitenordens. Sein Nachfolger, Gregor XIII.,
tritt sogar 22mal öffentlich auf zu Gunsten des Jesuiten=
ordens, billigt ihn, lobt ihn, fördert ihn auf alle Weise.
Sixtus V. und Gregor XIV. thun dasselbe zweimal, ebenso
Clemens VIII und Paul V. Gregor XV. nimmt den hl. Ig=
natius von Loyola, den Stifter der Gesellschaft Jesu, in die
Zahl der Heiligen auf, und Urban VIII. veröffentlicht die
betreffende Heiligsprechungsbulle, sowie auch jene über die
Heiligerklärung des großen Jesuitenapostels, des hl. Franz
Xaver. Mit ferneren Gunstbezeigungen schließen sich an
Alexander VII., Clemens IX., Clemens X., Innocenz XI.,
Clemens XI., Benedikt XIII., Clemens XII., Benedikt XIV.,
Clemens XIII., Pius VII., Leo XII., Gregor XVI., Pius IX.
und Leo XIII. Die bezeichnenden Worte unseres jetzt regie=
renden Papstes mögen hier eine Stelle finden. Das Breve
ist datirt vom 13. Juli 1886 und lautet:

### Leo XIII. und die Jesuiten.

7. „Unter anderm, wodurch Unser Herz bei der so großen
Verwirrung aller Dinge geängstigt wird, beklagen Wir tief
die Kränkungen und Schäden, welche man den von heiligen
Männern gestifteten Ordensfamilien zufügt, die doch sowohl
zum großen Nutzen und zur Zierde der katholischen Kirche,
als zur Stärkung und zum Vortheil der bürgerlichen Gesell=
schaft gereichen und welche zu jeder Zeit reiche Verdienste sich
erworben haben um die Religion und die edeln Künste, sowie
um das Heil der Seelen. Deshalb ist es Uns angenehm, eine
Gelegenheit zu haben, das Lob, welches jenen Ordensfamilien
gebührt, zu spenden und das Wohlwollen, welches Wir, sowie
Unsere Vorgänger gegen sie hegen, öffentlich kundzuthun.

„Da Wir nun erfahren haben, daß man schon seit mehreren
Jahren mit einer neuen Ausgabe des Werkes Institutum

Societatis Jesu beschäftigt ist, deren Vollendung Unser geliebter Sohn Antonius Maria Anderledy eifrig betreibt, und daß bei diesem Werke noch jener Band fehle, in welchem die an die genannte Gesellschaft, an ihren Stifter, den hl. Ignatius von Loyola, und an deren übrige Vorsteher gerichteten Apostolischen Schreiben enthalten sind, so glaubten Wir diese Gelegenheit benutzen zu sollen, der um die katholische Kirche und die Welt so verdienten Gesellschaft Jesu Unsere liebevolle Gesinnung zu beweisen. Deshalb billigen und loben Wir die zum Nutzen und zur Zierde dieser Gesellschaft begonnene Herausgabe des genannten Werkes, und wünschen, daß sie fortgesetzt und zu Ende geführt werde. Und damit Unser Wohlwollen gegen die Gesellschaft Jesu noch mehr erkennbar werde, so bestätigen Wir, bekräftigen durch das Apostolische Ansehen und erneuern alle Apostolischen Schreiben, welche sich auf die Errichtung und Anerkennung der Gesellschaft Jesu beziehen und erlassen worden sind von Unseren Vorgängern, den Römischen Päpsten, seit der Zeit Pauls III. bis jetzt, ferner bestätigen Wir, bekräftigen durch das Apostolische Ansehen und erneuern alle Vorrechte, Freiheiten und Ausnahmen, welche durch diese Schreiben verliehen waren oder aus ihnen gefolgert wurden, außer sie seien der genannten Gesellschaft nachtheilig, oder vom Concil von Trient oder anderen Verordnungen des Apostolischen Stuhles theilweise oder ganz zurückgenommen.

„Deshalb bestimmen Wir, daß dies Unser Schreiben unverletzlich, giltig und wirksam sein und bleiben, daß es seine volle und ganze Wirkung erlangen und denen, welche es angeht oder angehen kann, in jeder Hinsicht zu statten kommen soll; ohne Rücksicht auf alles etwa Entgegenstehende, wie das als Breve erlassene Apostolische Schreiben Clemens' XIV. Dominus ac Redemptor vom 21. Juli 1773, oder was auch immer sonst, möge es auch zur Entkräftigung besonderer und namentlicher Erwähnung bedürfen; denn alles dieses heben Wir ausdrücklich auf, soweit es dem von Uns hier Gesagten hindernd im Wege steht.

„Es sei also dies Unser Schreiben ein Zeugniß für die Liebe, mit welcher Wir beständig die hochberühmte Gesellschaft Jesu umfassen, jene Gesellschaft, welche Uns und Unseren Vorgängern so ergeben, welche so fruchtbar ist an heiligen und gelehrten Männern, welche der Hort ist für gründliche und gesunde Lehre, welche mitten in schweren Verfolgungen für die Gerechtigkeit dennoch niemals aufgehört hat, freudigen und ungebeugten Muthes den Weinberg des Herrn zu bebauen. So möge denn diese verdienstliche Gesellschaft Jesu, geschmückt mit der Empfehlung des Concils von Trient und dem reich= lichen Lobe Unserer Vorgänger, fortfahren, gemäß ihres In= stituts zu arbeiten für die größere Ehre Gottes und das ewige Heil der Seelen, trotz der gegen die Kirche Jesu Christi ge= richteten übergroßen Bosheit der Menschen; fortfahren möge sie in ihren heiligen Bemühungen, Irr= und Ungläubige zum Lichte der Wahrheit zu führen, die Jugend in den christlichen Tugenden und edeln Künsten zu unterrichten und die philo= sophischen und theologischen Wissenschaften im Sinne und Geiste des englischen Lehrers (Thomas von Aquin) zu pflegen.

„Indem Wir die uns so theuere Gesellschaft Jesu liebend umfassen, ertheilen Wir ihrem General, dessen Vikar und allen ihren Gliedern den Apostolischen Segen.

„Gegeben zu Rom, bei St. Peter, unter dem Fischerring, am 13. Juli 1886, im neunten Jahre Unseres Pontificates.“

### Folgerungen für den Jesuitenorden.

8. Aus den angeführten Thatsachen ziehe ich die Folge= rungen:

1. Die Gesellschaft Jesu, der Jesuitenorden, ist als kirch= lich approbirter Orden eine Einrichtung, welche den im Evan= gelium niedergelegten Gesetzen und Anforderungen christlicher Vollkommenheit entspricht.

2. Die Gesellschaft Jesu ist als solche ein lebendiges Glied der katholischen Kirche, ganz und gar durchdrungen vom Geist und der Gesinnung dieser Kirche.

3. Alle Satzungen, welche in der Gesellschaft Jesu und für dieselbe bestehen, sind von der höchsten kirchlichen Autorität, Papst und Concil, nicht nur anerkannt als den Grundsätzen des natürlichen und christlichen Sittengesetzes entsprechend, sondern diese Satzungen haben von der gleichen kirchlichen Autorität wiederholt die unzweideutigste Billigung erhalten.

4. Die Römischen Päpste haben der Gesellschaft Jesu stets ein besonderes Wohlwollen und Zutrauen erzeigt, und dies durch vielfache Gunstbezeigungen bewiesen.

5. Der gesammte katholische Episkopat und das gesammte katholische Volk hat immer und überall den Jesuitenorden als eine heilige, ehrwürdige, sittenreine Institution verehrt.

### Jesuitenorden und katholische Kirche.

9. Damit habe ich wenigstens eine Antwort gegeben auf die Frage: Was sind die Jesuiten? Es sind katholische Christen, es sind katholische Priester, es sind Männer, welche das Ideal christ-katholischer Vollkommenheit in sich und anderen zu verwirklichen suchen, es sind getreue und geliebte Söhne ihres und aller Christen gemeinsamen Vaters, des Römischen Papstes.

Als am 14. Juni 1872 die erste Berathung über das „Jesuitengesetz" im deutschen Reichstag stattfand, sagte in seiner Eröffnungsrede der Bevollmächtigte zum Bundesrath für das Königreich Preußen, Präsident Dr. Friedberg, folgendes: „Einen Vorwurf weisen wir schon jetzt mit aller Energie zurück, den Vorwurf nämlich, als ob dies Gesetz ein Gesetz sei, gemünzt gegen die katholische Kirche, und daß es darum dazu angethan sei, die Interessen der katholischen Kirche zu gefährden ... Kein Gedanke und kein Charakter liegt diesem Gesetze ferner, als der Gedanke einer Feindseligkeit gegen die

katholische Kirche; denn, meine Herren, wir wollen uns nicht
den Orden der Jesuiten mit der katholischen Kirche identificiren
lassen" (1001)*). Dieser nämliche Gedanke kehrt in den da=
mals gehaltenen Reden, sowie in sehr vielen gegen die Jesuiten
gerichteten Schriften häufig wieder: „Nicht die katholische Kirche
wollen wir befeinden, nicht sie soll verletzt werden, sondern
nur der Jesuitenorden!"

Das Unhaltbare und in sich Widerspruchsvolle dieser Auf=
fassung liegt auf der Hand. Es wird damit — ich sage nicht
absichtlich, aber thatsächlich — Sand gestreut in die Augen
oberflächlicher Leser oder Hörer.

Allerdings, Jesuitenorden und katholische Kirche sind nicht
identisch. So etwas zu denken und auszusprechen ist eine
Thorheit, und sehr richtig hat derselbe Dr. Friedberg in der=
selben Rede ausgeführt: „Die katholische Kirche war und hat
anderthalb Jahrtausende bestanden, geblüht und in voller Herr=
lichkeit gewaltet, bevor der Jesuitenorden ins Leben getreten
war, die katholische Kirche hat demnächst bestanden, nachdem
vom Oberhaupte der katholischen Kirche der Jesuitenorden
ausgelöscht und aufgehoben worden war." Nein, der Jesuiten=
orden ist nicht identisch mit der katholischen Kirche! Aber
der Jesuitenorden ist ein Glied der katholischen Kirche, sein
Leben hat er empfangen aus dem Herzen der katholischen Kirche,
und was immer er in früherer Zeit wie auch jetzt an Lebens=
kraft, an Lebensgeist besitzt, das alles hat er aus dem un=
erschöpflichen Leben seiner Mutter, der katholischen Kirche.
Seine Ziele sind auch die Ziele der katholischen Kirche, seine
Mittel sind auch die Mittel der katholischen Kirche, und die
Thätigkeit, welche er als Orden gemäß seinen Satzungen ent=
faltet, trägt das göttliche Siegel der katholischen Kirche, des
Römischen Papstes.

---

*) Die Reichstagsreden sind stets nach dem stenographischen Bericht
citirt; die eingeklammerte Ziffer gibt die Seitenzahl des Berichtes an.

Nein, die Jesuiten sind nicht die katholische Kirche! Aber der Jesuit ist ein Sohn der katholischen Kirche, seine Grundsätze sind die Grundsätze der katholischen Kirche, seine Lehre ist die Lehre der katholischen Kirche, seine Praxis ist die Praxis der katholischen Kirche, und der Geist, welcher ihn beseelt, ist der Geist, welcher lebt in der Kirche, von welchem erfüllt sind die Heiligen der katholischen Kirche, welcher seit Jahrtausenden sprossen und blühen macht auf dem weiten katholischen Erdenrund: Tugend und Frömmigkeit, Gerechtigkeit und Heiligkeit; mit einem Wort: es ist der Geist Jesu Christi.

Nein, die Jesuiten sind nicht die katholische Kirche; aber vom ersten Augenblick ihres Bestehens war es der Ruhm der Gesellschaft Jesu, von Freund und Feind angesehen zu werden als echt und recht katholisch: von Freund in dankbarer Verehrung, von Feind in bitterm Haß.

Wie das Leibregiment nicht der Monarch, aber die treue Schutzwehr des Monarchen, so ist in dem geistigen Kampf der Jesuitenorden nicht die Kirche, aber eine Schutzwehr für die Rechte der Kirche und ihres Hauptes. In diesem Sinn ist jesuitisch und katholisch gleichbedeutend. Als dem Herzog Albrecht von Bayern einst geklagt wurde, sein Sohn Ernst sei zu viel „jesuitisch", erwiederte der katholische Fürst: „Wir möchten wohl leiden, daß er jesuitisch genug, das ist gottesfürchtig, ehrbar und gelehrt, fromm und eifrig wäre, welches ohne Frucht nicht abgehen könnte, da es gleich nicht alle Weltkinder gerne sehen." [4]

Nein, die Jesuiten sind nicht die katholische Kirche! Das Schifflein der Kirche beut auch ohne sie Trotz der Sturmflut des Meeres. Aber die Jesuiten sind in diesem Schifflein treue Helfer, eine erprobte Bemannung, welche nach dem Willen und Winke des obersten Steuermannes, des Römischen Papstes, mithelfen im Kampfe gegen Wogen und Winde.

„Als unser Herr und Erlöser", so sagt Papst Gregor XIII. in seiner Bulle vom 24. Mai 1584, „einst das Schifflein

bestieg, siehe, da entstand ein großer Sturm. Er aber, an=
gefleht von seinen Jüngern, gebot den Winden, und große
Stille trat ein. In demselben Schifflein Petri stehend, er=
flehen auch Wir durch anhaltendes Gebet diese Ruhe bei den
anstürmenden Gefahren, und lassen nicht ab, mit aller Kraft
und Sorgfalt anzukämpfen gegen die gewaltigen Stürme.
Und da die göttliche Vorsehung für so gewaltige Arbeit Ge=
hilfen und bewährte Bemannung Uns gewährt hat, so er=
kennen Wir an, daß zur Bezwingung der aufgeregten Meeres=
wogen jene Uns helfen, welche für das gefährdete Heil der
Seelen die eigene Annehmlichkeit für nichts achten und dafür
jeder Gefahr sich aussetzen. Hierzu zeigen sich bereit, wie die
anderen Orden, so auch die Gesellschaft Jesu, durch ihre an=
gestrengte Arbeit und bis zum Ende feste Beharrlichkeit. Fort
und fort bildet diese Gesellschaft durch die Gnade Gottes und
zum großen Nutzen der katholischen Religion einen Nachwuchs
heran, bereit, allen Gefahren für die Kirche sich zu unter=
ziehen, und in der Absicht, daß ihre Mitglieder, erprobt und
gefördert durch Prüfungen aller Art, für Uns nützliche Mit=
arbeiter würden in schwierigen Unternehmen."

Also ist es unwahr, daß ein Schlag und eine
Verfolgung der Jesuiten sich nicht auch richtet
gegen die katholische Kirche selbst.

Wer den Jesuitenorden als schlecht, verderblich, gemein=
gefährlich bezeichnet, sagt mit anderen Worten: Die katholische
Kirche hat eine schlechte, verderbliche, gemeingefährliche Insti=
tution ins Leben gerufen, hegt und pflegt dieselbe. Ist das
nicht ein Schimpf und ein Schlag gegen die katholische Kirche,
eine schwere Beleidigung des Oberhauptes der Kirche, welches
fort und fort, bis herab zum jetzt regierenden Papste, den
Jesuitenorden beschützt, vertheidigt und mit Anerkennung über=
häuft? Wer den Jesuitenorden verfolgt, verfolgt und schä=
digt die katholische Kirche; denn er beraubt sie einer Kraft,
welche, nach dem eigenen Urtheil der Kirche, für sie schätzens=

werth ist. Wer die Grundsätze und Lehren der Jesuiten als
unsittlich und verwerflich erklärt, macht dadurch der katholi=
schen Kirche den Vorwurf der Unsittlichkeit und Verwerflich=
keit; denn wiederholt und in feierlichster Weise hat die katho=
lische Kirche die Grundsätze der Jesuiten gebilligt und bestätigt.

Das ist über diesen Punkt die Wahrheit, und es ist gut,
sie auszusprechen, damit jeder darüber sich klar wird, gegen
wen der Angriff und die Verfolgung der Jesuiten eigentlich
und zuletzt gerichtet ist.

### Aufhebung durch Clemens XIV.

**10.** Aber die Aufhebung des Jesuitenordens durch den
Papst Clemens XIV. im Jahre 1773!

Mit diesem Aufhebungsbreve Dominus ac Redemptor
vom 21. Juli 1773 ist in neuerer und neuester Zeit so viel
Unfug getrieben worden, und in der Auffassung seiner Be=
deutung zeigt sich noch immer so viel Unwissenheit, daß es
allerdings gut ist, auch hierüber einige Worte zu sagen.

In den denkwürdigen Verhandlungen des Reichstags vom
Sommer 1872 ist Clemens XIV. oftmals genannt worden.
Ein Redner, der Abgeordnete Schulze (Berlin), rief emphatisch
aus: „Ich brauche mich nicht auf Citate und Daten aus der
Geschichte einzulassen, die alle der Deutung fähig sind, nein,
meine Herren, die höchste Behörde, die die Herren vom Cen=
trum anerkennen müssen, der, ebenso wie der jetzige, unfehl=
bare Papst Clemens XIV. hat gesprochen" (413). Aehnlich
äußerten sich die Abgeordneten Windthorst (Berlin) und Wagner
(Neu=Stettin).

„Wer so spricht, hat das Breve (nicht Bulle) Dominus
ac Redemptor nie gelesen oder nicht verstanden; nur um
die durch die bourbonischen Höfe gestörte Ruhe wiederherzu=
stellen, hob Clemens XIV. durch einfache Verfügung den
Orden auf" (Hergenröther, Kathol. Kirche und christl. Staat.
Freiburg 1872. S. 727).

Diese Herren wußten eben nicht, daß dieser Ausspruch „der höchsten Behörde" nicht nur „der Deutung fähig", sondern derselben sehr bedürftig ist.

Was zunächst die Unfehlbarkeit des Papstes angeht, so hat dieselbe gar nichts mit dem Aufhebungsbreve Clemens' XIV. zu thun. Es war und sollte kein Act lehramtlicher Entscheidung sein. Statt aller anderen Beweise führe ich folgende Thatsachen vor:

Leo XIII. hat in dem oben mitgetheilten Breve vom 13. Juli 1886 das Aufhebungsbreve namentlich und ausdrücklich annullirt; dasselbe that im Jahre 1814 am 7. August Pius VII. in der Bulle Sollicitudo omnium ecclesiarum, wodurch die Gesellschaft Jesu wiederhergestellt wurde. Nun wird aber doch wohl niemand im Ernste glauben, zwei Päpste, von denen der eine nur durch 26 Jahre von Clemens XIV. getrennt ist, hätten feierlich und vor aller Welt einen „unfehlbaren" Act ihres päpstlichen Vorgängers annullirt.

Ferner, der Erzbischof von Paris schrieb im Auftrage des französischen Episkopats unter dem 24. April 1774 außer anderm folgende Worte an Clemens XIV.: „Ce Bref n'est autre chose qu'un jugement personnel et particulier... Ce sont là, Très saint Père, quelques-unes des raisons, qui nous déterminent, moi et tout le Clergé de ce royaume, à ne jamais permettre la publication d'un tel Bref."[5]

Endlich hat die Geschichte uns ein Actenstück aufbewahrt, welches bis zur Evidenz zeigt, wie sicher selbst die höchsten kirchlichen Würdenträger waren, daß das Breve Clemens' XIV. auch nicht im entferntesten anzusehen sei als eine unfehlbare Aeußerung des Papstes.

Pius VI. hatte im Jahre 1775 die Cardinäle um ihre Ansicht befragt betreffs der Aufhebung der Gesellschaft Jesu. Cardinal Leonard Antonelli, Präfect der Propaganda und Dekan des heiligen Collegiums, antwortete durch ein ausführliches Schreiben. Es ist dies wohl mit die glänzendste und beredteste Vertheidigung der Gesellschaft aus so erlauchtem Mund. Nur einige hierher gehörige Stellen hebe ich hervor: „ . . . Die Jesuiten wurden angeklagt und unterdrückt aus keinem andern Grund, als weil sie dem Herzen und der Gesinnung nach durch Beruf und Ordenssatzungen dem Römischen Stuhle so ergeben sind. Andere Gründe werden zwar vorgeschützt, aber der genannte Grund ist der einzig wahre; das ist das einzige verabscheuungswürdige Verbrechen der Gesellschaft Jesu. . . Soweit unter der Voraussetzung, daß durch das Clementinische Breve die Gesellschaft wirklich zerstört sei... Aber viele Gründe beweisen das Gegentheil, vor allem aber jene, welche darthun, daß das genannte Clementinische Breve in sich illegitim, nichtig und kraftlos ist... Ich für meine Person behaupte und spreche es ohne Zögern aus, daß das Breve nichtig, ungiltig und illegitim ist. Die Gründe für diese meine Behauptung sind handgreiflich und evident." [6] Darauf führt der Cardinal vierzehn dieser Gründe an.

Wenn somit zwei Päpste das Breve ihres Vorgängers feierlich aufgehoben haben, wenn die Bischöfe eines ganzen Landes und der Wortführer des Cardinalcollegiums so und ähnlich über das Aufhebungsbreve sprechen, so dürfte doch die Frage über die Unfehlbarkeit dieser Entscheidung endgiltig beseitigt sein.

Ich wende mich jetzt zu dem Breve selbst. Nach der Einleitung, in welcher der Papst seine oberste Macht und Gewalt in der Kirche ausspricht und betont, folgen in rein geschichtlich referirendem Stil alle jene Vorwürfe und Anklagen, welche bisheran von den Feinden der Kirche gegen die Gesellschaft erhoben worden waren. Dann aber, wo der dispositive und wichtigste Theil beginnt, werden als Gründe für die Aufhebung nur angegeben: die Herstellung des Friedens der Christenheit, die Unmöglichkeit für den Orden, jetzt ebenso reiche Früchte wie früher hervorzubringen, und zuletzt Gründe, welche der Papst in seinem Herzen verschlossen halten zu müssen glaubte. In dem ganzen Breve findet sich kein Wort des Tadels, der Mißbilligung über die Einrichtung und die Satzungen des Ordens. Ja, die Satzungen des Jesuitenordens werden durch Clemens XIV. noch in dem Aufhebungsbreve bezeichnet als „sehr heilige Gesetze" (sanctissimae leges). Wie hätte auch Clemens XIV., ohne sich selbst zu widersprechen, anders über unsere Ordenssatzungen urtheilen können? Noch im November 1769 schrieb er nachstehende Worte an Ludwig XV. von Frankreich: „Was die Jesuiten betrifft, so kann ich ein Institut, welches von neunzehn meiner Vorgänger gelobt worden ist, weder tadeln noch vernichten. Ich kann dies um so weniger, da es durch das Concil von Trient bestätigt worden ist."[7] Es war eben nur der gewaltige, jahrelange Druck der politischen Mächte, welcher endlich den Papst dazu brachte, die Aufhebung unserer Gesellschaft zu verfügen.

Dies ist so wahr, daß ein gewiß unverdächtiger Geschichtschreiber, der Protestant Schöll, den Inhalt des Aufhebungsbreves folgendermaßen zusammenfaßt: „Das Breve verurtheilt weder die Lehre, noch die Sitten, noch die Disciplin der Jesuiten. Die einzigen Gründe für die Unterdrückung sind die Beschwerden der (bourbonischen) Höfe"[8]; und die Realencyklopädie für protestantische Theologie von Herzog und Plitt (2. Aufl. Bd. VI. S. 632) schreibt von der Aufhebung und ihrer Vorbereitung: „Es ist wahr, dieser Sturz der Jesuiten war das Werk der Kabale; despotische Willkür (der Könige von Portugal und Spanien) hat sie vernichtet, und die ungerechten Urtheile wurden zum Theil in der unmenschlichsten Weise vollstreckt... Clemens XIV. gab dem Drange der Umstände nach."

Ich schließe diese kurzen Bemerkungen über die Aufhebung unserer Gesellschaft mit den Worten des Protestanten Christoph

von Murr. Er hatte eingehend und jahrelang die Einrich=
tung und Aufhebung des Jesuitenordens studirt, mit einer
Gründlichkeit, welche Staunen erregt. Und zu welchem Er=
gebniß kommt er? Seine Untersuchung beginnt mit der Er=
klärung: „Wenn mir auch als einem Protestanten die Auf=
hebung des größten und wichtigsten Ordens, den die Welt
je aufzuweisen hatte, und desgleichen sie niemals mehr haben
wird, gleichgiltig wäre, so kann es mir doch niemand wehren,
als Mensch ihn zu bedauern", und am Ende seines Werkes
schreibt er: „Ich schrieb diese Briefe nicht deswegen, um ein
bißchen Gelehrsamkeit zu zeigen, nein, ich schrieb nach meiner
Ueberzeugung, nach freier Willkür, als ein Protestant, ohne
von dem Orden oder von einzelnen Gliedern desselben jemals
den geringsten Nutzen, den geringsten Beitrag, weder schrift=
lich noch mündlich, empfangen zu haben oder den mindesten
Dank für meine freiwillige Vertheidigung des g a n z e n In=
stituts des Jesuitenordens*) zu verlangen." [9]

Die Aufhebung der Gesellschaft Jesu war ein Act der
höchsten Gewalt des Papstes, aber dieser Act war nicht ver=
anlaßt durch die Gefährlichkeit oder gar Schlechtigkeit des
Jesuitenordens, sondern seine Beweggründe waren politischer
Natur. Glaubenslose, kirchenfeindliche Ministercabinete ver=
langten die Aufhebung, und der Papst, in der Hoffnung,
größere Uebel für die ganze Kirche zu verhüten, verfügte diese
Aufhebung. Kaum aber hatten die äußeren Verhältnisse sich
geändert, kaum war durch den Blutstrom der französischen
Revolution die kirchenfeindliche Raserei etwas gedämpft wor=
den, da war es gleichfalls der Papst, welcher der Gesellschaft
Jesu ihr voriges Leben wieder gab.

Wer also nicht mit den beglaubigten Thatsachen der Ge=
schichte, der Auffassung der gesammten katholischen Kirche, den
Zeugnissen vorurtheilsfreier protestantischer Geschichtschreiber

---

*) Diese Worte sind im Original gesperrt gedruckt.

und Gelehrten sich in Widerspruch setzen will, kann aus der Auf=
hebung der Gesellschaft Jesu durch Clemens XIV. auch nicht
den leisesten Anhalt gewinnen zu einer Verdächtigung oder An=
klage gegen den Jesuitenorden, gegen seine Ziele und Mittel.

Eines muß ich leider noch hinzufügen. Aus dem Vor=
gelegten ergibt sich, daß von all jenen Männern — und es
waren die Stimmführer ihrer Parteien —, welche im Reichs=
tag von 1872 aus der päpstlichen Aufhebung der Gesellschaft
Jesu so viel Kapital gegen dieselbe geschlagen haben und
dadurch wesentlich beeinflußten sowohl unsere Austreibung aus
Deutschland, als auch das Urtheil der nicht=katholischen Be=
völkerung über uns, daß von all diesen auch nicht e i n e r das
Aufhebungsbreve im Lichte der Zeitgeschichte geprüft, oder sich
mit dem Studium der Veranlassung der Aufhebung beschäf=
tigt hat.

Die gleiche sträfliche Unwissenheit, wie über die Bedeutung
der Aufhebung der Gesellschaft Jesu, herrscht auch in Bezug
auf die Satzungen und Grundsätze des Ordens, und damit
knüpfe ich an das oben schon Gesagte wieder an.

Ein Satz — gleichfalls den Verhandlungen des deutschen
Reichstags entnommen — diene als Beweis: „Nun wird dieser
Ueberzeugung (von der Staatsgefährlichkeit des Jesuitenordens)
gegenüber zwar täglich behauptet, daß sie auf einer Lüge be=
ruhe; man behauptet nicht bloß, sie beruhe auf einem Irr=
thum, nein, man behauptet, sie beruht auf einer Lüge . . .
Und doch benützt der so arg verleumdete Jesuitenorden das
einzige Mittel nicht, womit man jede Verleumdung siegreich
niederschlagen kann, das einfache Mittel, öffentlich darzulegen:
Hier sind unsere Statuten, hier sind die Grundsätze unserer
Thätigkeit, so und so handeln wir in den von uns geleiteten
Instituten. Das einzige Mittel, wodurch man jede Verleum=
dung niederzuschlagen g e w i ß ist, wird nicht angewendet. Es
ist sogar bekannt, daß die Kenntniß des Statutes zu erlangen,
mit mannigfaltigen Schwierigkeiten verbunden ist." So der

2*

Abgeordnete Dr. Meyer (Thorn) am 17. Juni 1872 (1059).
Und derselbe Abgeordnete gibt in derselben Sitzung nach einer
acht Spalten füllenden Rede gegen die Gemeingefährlichkeit
der Jesuiten durch eine persönliche Bemerkung gegen den
Grafen Ballestrem unzweideutig zu erkennen, daß er in dem
Glauben befangen ist, das Statut der Gesellschaft Jesu sei
überhaupt noch nicht gedruckt (1093). Daraufhin nahm Graf
Ballestrem Veranlassung, ein Exemplar des gedruckten Statuts
der Gesellschaft Jesu der Bibliothek des Reichstags zu übergeben. An diese Uebergabe knüpft sich ein Vorgang, welcher,
so geringfügig er auch erscheint, hochbedeutsam und tief tragisch
ist. Ich folge hierbei dem stenographischen Bericht:
Reichstagspräsident Dr. Simson: „Ich zeige im Auftrage
des Abgeordneten Grafen Ballestrem an, daß er, seiner neu-
lichen Vereinbarung mit dem Abgeordneten Dr. Meyer entsprechend, der Bibliothek des Reichstags ein Werk: Institutum
Societatis Jesu, editio novissima, in zwei Bänden, zum
Geschenke gemacht hat" (1150). Hinter diesen Worten steht
im stenographischen Bericht: „Große Heiterkeit."
Also in dem Augenblick, wo man jene Gesellschaft, welche
aufgebaut ist auf diesem Institutum, welche den Geist dieses
Werkes in sich trägt und nach ihm handelt, als eine Pest
vom heimischen Boden verbannen will, da kennt die große
Mehrheit der Versammlung, welche über diese Aechtung beschließt, bei der Ueberreichung dieses Werkes keine andere
Stimmung als „große Heiterkeit". Vielleicht keiner von all
diesen Männern, welche zu Gericht saßen über den Geist, die
Ziele und Mittel des Jesuitenordens, hatte jemals die einzig
authentische Quelle, aus welcher dieser Geist zu ermitteln ist,
auch nur gesehen, geschweige daraus sich ein Urtheil gebildet:
dies Buch wird den Richtern überreicht, und ihre Antwort ist
„große Heiterkeit". Vierzehn Millionen deutscher Katholiken
verfolgten mit ängstlicher Spannung den Ausgang der Verhandlungen; der angegriffene Orden war ihrem Herzen theuer,

das hatten die Massenpetitionen bewiesen, immer und immer noch hoffte das katholische Deutschland, der zu fassende Beschluß möchte ein günstiger sein: da wird den Stimmberechtigten die Möglichkeit geboten, Einsicht zu nehmen von dem innersten Wesen dieser Bischöfen, Priestern und Volk so lieb gewordenen Institution, und diese Möglichkeit erregt „große Heiterkeit". In banger Sorge und tiefem Schmerz warten 794 deutsche Jesuiten auf den folgenschweren Entscheid; es handelt sich um Ehre und Ruf, es handelt sich um ihre Existenz im Vaterland. Jahrzehnte hatten sie gelebt nach ihren Regeln, hatten in der Beobachtung ihrer Regeln Glück und Friede gefunden. Diese Regel und ihr Geist sind als schlecht gebrandmarkt worden. Da wird diese Regel jenen vorgelegt, welche, ohne sie zu kennen, ihr Verwerfungsurtheil darüber ausgesprochen hatten. Ein wichtiger Moment in der That, ein Moment, von welchem das Wohl und Wehe einer ganzen Körperschaft abhängt. Und was geschieht? Wird man sich der Bedeutung des Augenblicks bewußt? Sucht man noch in letzter Stunde aus den allein authentischen Acten sein Urtheil zu bilden? Fühlt man die ernste Verantwortlichkeit der Lage? Denkt man daran, was es für unbescholtene Männer heißt, als Ruhestörer, Feinde der Ordnung, ja Verräther des eigenen Landes hingestellt zu werden? Der amtliche Bericht gibt die Antwort auf diese Fragen, und sie lautet: „Große Heiterkeit."

Wie ich schon bemerkte, liegt das Institut der Gesellschaft Jesu in mehreren Ausgaben, in Folio, Quart und Octav, gedruckt aller Welt vor. Was dort gedruckt zu lesen ist, und nur dieses, bildet die Verfassung unseres Ordens, sind unsere Satzungen, enthält den Geist, in welchem wir arbeiten. Hier, und hier allein, sind alle unsere Ziele, alle unsere Mittel offenkundig dargelegt. Geheime Instructionen, versteckte Anweisungen, welche das in dem Institut Gesagte abändern, ins Gegentheil verkehren, gibt es nicht.

Was ich oben sagte, wiederhole ich auch jetzt: Wir Jesuiten haben nur ein Gesicht, das, welches wir der Welt zeigen; wir Jesuiten haben nur jene Grundsätze, welche vom Oberhaupt der katholischen Kirche als gute und heilige fort und fort anerkannt worden sind.

Es ist für einen ehrlichen Mann, welcher seit zwölf Jahren dem Jesuitenorden angehört, welcher sich ihm angeschlossen hat, um Gott zu dienen, im Streben nach der christlichen Vollkommenheit, welcher im Jesuitenorden verbleibt, weil er erkannt hat und täglich mehr erkennt, daß der Geist dieses Ordens wirklich ein Geist der Wahrheit, Heiligkeit und aller christlichen Vollkommenheit ist, es ist, sage ich, für einen solchen bitter und verdemüthigend, versichern zu müssen, daß die Fahne, welcher er folgt, eine fleckenlose Fahne, daß das Kleid, welches er trägt, ein ehrliches Kleid, daß die Gesellschaft, in welcher er lebt, eine ehrliche Gesellschaft, kurz, daß er kein Heuchler und kein Schuft ist. Es ist das um so bitterer, weil er sich sagen muß, daß die Macht vielhundertjähriger Lügen und Vorurtheile so gewaltig ist, daß Tausende und aber Tausende seinen Worten nicht einmal glauben, ihm das Vermögen absprechen, im eigenen Haus, in der eigenen Umgebung, ja im eigenen Herzen unterscheiden zu können zwischen Ehrlichkeit und Schufterei. Es ist das hart, und jeder von uns empfindet dies tief.

### Die Monita secreta.

11. Mit Absicht gebrauchte ich soeben das Wort „Lüge". Eine große Lüge ist nämlich hier bei Besprechung unseres Instituts, unserer Verfassung zu erwähnen: die Lüge von den Monita secreta, den „geheimen Anweisungen", welche den eigentlichen Geist des Jesuitenordens enthalten, unser zweites, wahres Gesicht aufweisen sollen. Es ist deren Besprechung eine nothwendig zu erledigende Vorfrage. Uebrigens ist ihre Beantwortung ungemein leicht gemacht. Unsere

Gegner, und unsere erklärtesten Gegner, haben die Unechtheit dieser Monita erwiesen.

Ein Wort noch über den Inhalt dieser „Geheiminstructionen". Unter dem Scheine, von einem General der Gesellschaft verfaßt und für seine Untergebenen bestimmt zu sein, haben sie den Zweck, zu zeigen, wie Reichthum, Einfluß, Macht der Gesellschaft Jesu zu bewahren und zu vermehren sei. Die darauf sich beziehenden Vorschriften lassen sich in zwei cynische Grundsätze zusammenfassen: 1. Alles, Gott, Menschen, Seele und Ewigkeit muß dem irdischen Ansehen der Gesellschaft Jesu geopfert werden. 2. Alle Mittel, namentlich List, Betrug, Heuchelei, Lüge, Verleumbung sind anzuwenden, um das Ziel zu erreichen.

Die Schmähschrift erschien zuerst im Jahre 1612 unter dem Titel: Monita privata Societatis Jesu. Notobirgae (Krakau); dann folgten bis zum Jahre 1786 mehr als 100 Neuausgaben mit vielfach verändertem Titel und Inhalt. Daß von katholischer Seite die höchstgestellten und achtungswerthesten Persönlichkeiten eintraten für die Ehre des verleumbeten Jesuitenordens und die Schrift als ehrenrühriges Machwerk nachwiesen, lasse ich hier bei Seite; daß aus dem Jesuitenorden selbst Männer in den verschiedensten Stellungen, aus den verschiedensten Ländern, deren frommes, heiligmäßiges Leben auch den Gegnern Achtung einflößte, mit Entrüstung diese Lüge zurückwiesen, übergehe ich einstweilen gleichfalls, ebenso das Decret der Index-Congregation vom 10. Mai 1616, welche das Buch als verleumberisch auf den Index setzte. Ich beschränke mich auf folgendes:

Der Jansenistenführer Arnauld, ein erklärter Feind der Jesuiten, schreibt am 11. November 1688 über die Monita secreta: „Es ist schon lange, daß ich sie kenne, aber ich habe immer geglaubt und glaube es auch noch, daß es ein Streich ist, welchen man den Jesuiten gespielt hat." [10] Der Anglikaner Charles Dallas nennt die Monita „eine

elende Schmähschrift", „einen Roman"[11]. Ein in der Biblio=
graphie gewiß maßgebender Beurtheiler und zugleich ein Mann,
welcher bei keinem Vernünftigen im Verdacht der Jesuitenfreund=
schaft stehen wird, Barbier, bezeichnet in seinem Dictionnaire
des Anonymes et des Pseudonymes (t. 3, n. 20 985) die
Monita kurzweg als „Fälschung" (ouvrage apocryphe).
Der berühmte protestantische Rechtslehrer F. J. Stahl hielt
im Jahre 1853 in Berlin einen Vortrag, betitelt: „Der Pro=
testantismus als politisches Princip". In demselben spricht
er auch über das den Jesuiten zur Last gelegte Streben nach
der Weltherrschaft und sagt mit Bezug darauf: „Um dies
Streben zu beweisen, hat man sich auf ein Schriftstück be=
rufen, in welchem diese Herrschaftsbestrebungen zu einem ab=
scheulichen System verarbeitet sind. Ich meine die Monita
secreta oder ,die geheimen Instructionen'. Ihre Echtheit ist
niemals bewiesen worden, und ich halte sie für unhaltbar.
Dieses vom Jesuitenorden für gefälscht erklärte Schriftstück
halte auch ich für eine Fälschung" (S. 94 ff.)[12]. Huber,
ein Mann voll bitterer Abneigung gegen die Gesellschaft Jesu,
fällt über die Monita folgendes Urtheil: „Mir selbst, wie
dies auch der protestantische Kirchenhistoriker Gieseler und
Döllinger annehmen, erscheinen die Monita als unächt und
als eine Satire auf den Orden . . . Endlich aber muß noch
daran erinnert werden, daß mit dem unläugbaren Sinn auf=
richtiger Frömmigkeit bei Tausenden von Mitgliedern der Ge=
sellschaft Jesu eine solche nur einer abgefeimten Gaunerbande
entsprechende Instruction, wie die Monita sie enthalten, nicht
vereinbar ist."[13] Die Worte des von Huber citirten Gie=
seler lauten: „Daß die Monita eine Satire sind, geht dem
Unbefangenen aus ihnen selbst hervor."[14] Den Schluß dieser
Reihe von gegnerischen Zeugen möge der Großherzoglich
Oldenburgische Geheime Staatsrath Dr. Laurenz Hannibal
Fischer bilden. Für Beurtheilung seines Standpunktes sind
die Worte seiner Vorrede bemerkenswerth: „Bei dem von

mir unternommenen Wagſtück, ein Richteramt in einer Streit=
ſache üben zu wollen, in welcher mein confeſſioneller Stand=
punkt von vornherein jeden Katholiken berechtigt, mir die
Einrede der Inhabilität entgegenzuſetzen, kommt mir gar
nicht in den Sinn, auf Unparteilichkeit Anſpruch zu machen.
Im Schoße der proteſtantiſchen Kirche geboren und erzogen,
der Abkömmling einer Reihe ſeit dem Beginn der Reforma=
tion im Kirchendienſt angeſtellter Vorfahren, finde ich mich
am wenigſten beſtimmt, meine beharrliche Anhänglichkeit an
den proteſtantiſch=evangeliſchen Lehrbegriff zu verläugnen, und
werde mich jederzeit allen redlichen Kämpfern für die Rechte
des Proteſtantismus treu und offen anſchließen… Dieſem
unumwundenen Bekenntniß großer Einſeitigkeit
habe ich nur ein einziges milderndes Wort anzu=
reihen. Es heißt: Rechtsſinn. Zur Verläugnung
dieſer Eigenſchaft finde ich in meinem eifrigen
Proteſtantismus kein Motiv" (S. IV). Der ſechſte
Paragraph ſeiner Schrift iſt den Monita gewidmet: „…In
den neueſten Zeiten hat eine ſchon vor faſt 250 Jahren auf=
getauchte Schrift wieder vielen Spuk erregt, und die litera=
riſche Speculation hat ein beim erſten Blick ſchon als eine
abgeſchmackte Scharteke ſich ankündigendes Büchlein dem
myſteriumluſtigen Publikum als einen köſtlichen Fund in drei
bis vier Abbrücken dargeboten. Es iſt dies die längſt be=
kannte, oft aufgefriſchte, unter verſchiedenen Titeln, Arcana
Societatis Jesu, secreta monita, monita privata S. J.,
aurea monita u. ſ. w., mit mehreren, jedoch nicht weſent=
lichen Varianten erſchienene Schrift… Den triftigſten Beweis
der Unechtheit dieſes Pamphlets liefert wohl der Inhalt ſelbſt.
Ueber keinen Punkt ſind Freunde wie Feinde der Jeſuiten
einſtimmiger als über den, daß es den Mitgliedern dieſer
Verbindung an geiſtiger Schärfe und Weltklugheit am wenig=
ſten fehle. Dieſe ſo titulirten geheimen Inſtructionen tragen
aber ſo unverkennbar das Gepräge der Albernheit und Ab=

2**

geschmacktheit, daß solche nur ein höchst beschränkter Kopf er-
dacht und für wahre Einfaltspinsel bestimmt haben kann.
Wie wenig auch auf diese Arcana Gewicht zu legen ist, und
welche Blößen sie der Kritik darbieten, dafür spricht schon
der Umstand, daß selbst die erklärtesten Jesuitengegner Wolf,
Fridmann, Spittler, Suggenheim und Jordan von
dieser Scharteke nicht die mindeste Notiz genommen haben." [15]

Das sind die Urtheile unserer Gegner, und was soll ich
von uns sagen?

Im Jahre 1873 schrieb der englische Jesuit Parkinson in
einer geachteten Zeitschrift seines Heimatlandes die nachstehen-
den Worte: „Fast 22 Jahre bin ich schon ein Glied der Gesellschaft Jesu; früher war ich Protestant. In aller Wahrheit erkläre ich, daß während dieser ganzen Zeit die Maximen
dieses elenden Machwerkes (der Monita) niemals auch nur
im entferntesten mir nahegelegt worden sind, und noch viel
weniger ist mir jemals die leiseste Andeutung darüber gemacht
worden, daß ein solches Buch bei uns existire. Zur Bestätigung dieser Erklärung kann ich das Zeugniß anrufen der
zahlreichen, auf der ganzen Welt zerstreuten Glieder unseres
Ordens. Und ich lebe der festen Ueberzeugung, daß auch
nicht eine Stimme unter ihnen sich erheben wird, um mich
Lügen zu strafen. Sollte aber auch nur eine Gegenäußerung
laut werden, so möge man mich in Zukunft für einen Tölpel
oder Lügner halten." [16] Das war vor 17 Jahren, und keine
Stimme hat sich dagegen erhoben. Am 9. Februar 1877
stand P. Dulac, der Obere eines unserer Häuser in Frankreich, vor dem Pariser Appellhof. Es handelte sich um einen
Angriff eines Pariser Zeitungsblattes. Der Advokat für das
Journal hatte sich auch auf die Monita berufen. Darauf
erwiederte P. Dulac: „Diese geheimen Instructionen kenne
ich nicht, und doch müßte ich sie kennen. Schon sechs Jahre
bin ich Oberer, und ich gebe Ihnen mein Wort, von diesen
Monita weiß ich jetzt so wenig wie früher. Als ich als

Oberer von meinem Zimmer Besitz nahm, fand ich nichts von
geheimen Papieren, nichts von geheimen Schiebfächern. Man
gab mir nichts Geheimes zu lesen, und auf diese berühmten
Geheimanweisungen warte ich noch immer. Ich war in Rom,
ich habe mit unserm General verkehrt, und auch von ihm habe
ich nichts erfahren. Man hat mich nicht in ein verborgenes
Gemach geführt und mir dort die Monita gegeben oder gezeigt. Kurz, ich erkläre hier, daß diese Monita bei uns Jesuiten
nicht existiren." [17]

An diese feierlichen Erklärungen knüpfe ich einige Erwägungen für den gesunden Menschenverstand.

1. Gemäß den Monita secreta sind dieselben nur bestimmt für die Oberen und einige wenige andere Jesuiten,
welche eines solchen Vertrauens „würdig" erachtet werden.
Folglich leben die weitaus meisten Jesuiten in dem Glauben,
daß es in ihrem Orden sowohl für Obere wie für Untergebene keine anderen Regeln gibt als jene, welche jedermann
bekannt sind. Nur zur Beobachtung der bekannten und gedruckten Regel verpflichten sich also die Jesuiten durch ihre
Gelübde. Das ist klar. Was ergibt sich nun unter der
Voraussetzung, die Monita seien echt?

Es gab im vorigen Jahrhundert ungefähr 20 000 Jesuiten, unter welchen wenigstens 10 000 Priester waren. Ich
nehme an, 1000 aus diesen Priestern seien in das „Vertrauen"
gezogen worden; also zum mindesten 1000 meineidige Gelübde,
denn diese Jesuiten befolgten eine Lebensregel, d. h. die Monita,
welche der von ihnen gelobten Regel schnurstracks entgegengesetzt war. Freilich, diese ungeheuerliche Folgerung wird
einen Feind der Jesuiten kaum abschrecken. Aber was folgt
für die übrigen 9000 nicht eingeweihten Priester, welche im
guten Glauben waren, keine anderen Regeln zu besitzen als
die ihnen bekannten? Wenigstens 9000 Glieder des Ordens
wurden also, ohne daß sie es merkten, geleitet durch
eine Regel, welche der von ihnen gelobten Regel ganz und

gar entgegengeſetzt war. Dieſe 9000 „Unwiſſenden“ waren
Beichtväter, Prediger, Miſſionäre, Schriftſteller, Profeſſoren,
ſie lebten mitten unter den „Wiſſenden“, und doch merkten
ſie nichts! Ja, dieſe Klaſſe der „Unwiſſenden“ hat drei
Jahrhunderte lang ohne Unterbrechung fortbeſtanden, 100 Aus=
gaben der Monita erſchienen während dieſer Zeit, wurden
auch von dieſen „Unwiſſenden“ geleſen, und doch fanden ſie
nicht heraus, daß ſie zur Befolgung dieſer Monita an=
gehalten wurden.

2. Man erkläre doch die Thatſache, daß dieſe Geheim=
inſtructionen, obwohl ſie ſchon ſeit mehr als 260 Jahren der
Welt verkündigt worden ſind, dennoch „geheim“ bleiben im
Orden ſelbſt. Die Oberen in der Geſellſchaft Jeſu werden
häufig gewechſelt. Tauſende haben ſeit dem Beſtehen des
Ordens ſolche Stellen bekleidet, manche auch von ihnen haben
im Laufe der Zeit die Geſellſchaft verlaſſen, und nicht einer
von dieſen ſollte, ſei es innerhalb, ſei es außerhalb der Ge=
ſellſchaft, das „Geheimniß“ verrathen haben?!

3. Bei der Aufhebung unſerer Geſellſchaft wurden in
ganzen Länderſtrichen alle Papiere, auch die geheimſten,
mit Beſchlag belegt. Die Staatsarchive von München und
Brüſſel wiſſen davon zu erzählen. Die vertraulichſten Briefe
und Berichte zwiſchen Oberen und Oberen, und Oberen und
Untergebenen ſind damals in unſeren Häuſern aufgefunden
und durchforſcht worden, und in all dieſen Schriftſtücken findet
ſich auch nicht der geringſte Hinweis, nicht die verſteckteſte An=
deutung auf die Monita secreta.

4. Unſere Gegner werden nicht müde, die feſtgeſchloſſene
Einheit, das zielbewußte Streben des Jeſuitenordens hervor=
zuheben. Steht denn damit nicht die behauptete Zweitheilung
in „Wiſſende“ und „Unwiſſende“, öffentlich bekannte und
heimlich befolgte Regel in unverſöhnlichſtem Gegenſatz? Wer
aber alle Jeſuiten als „Wiſſende“, d. h. als Schufte, be=
zeichnen will, den bitte ich, die eben angeführten Worte

des Jesuitenfeindes Huber noch einmal zu lesen: „Endlich aber
muß noch daran erinnert werden, daß mit dem unläugbaren
Sinne aufrichtiger Frömmigkeit bei Tausenden von Mitgliedern
der Gesellschaft Jesu eine solche nur einer abgefeimten Gauner=
bande entsprechende Instruction, wie die Monita sie enthalten,
nicht vereinbar ist."

### Die Monita secreta, die „Deutsch=evangelischen Blätter" und der „Evangelische Bund".

**12.** Ich wollte, hiermit könnte es in Bezug auf die Monita
sein Bewenden haben. Aber eine Anklage muß noch erhoben
werden. Niemand, welcher das Vorstehende gelesen, wird sie
mißbilligen können.

Vor mir liegt eine Zeitschrift mit dem Titel: „Deutsch=
evangelische Blätter", Zeitschrift für den gesammten Bereich
des deutschen Protestantismus, begründet von Dr. W. Bey=
schlag und Dr. A. Wolters, in Verbindung mit Dr. Bierling,
Professor der Rechte in Greifswald; Dr. Dorner, Obercon=
sistorialrath und Professor der Theologie in Berlin; Dr. Dümm=
ler, Professor der Geschichte in Halle; Dr. Förster, Super=
intendent und Pfarrer in Halle; Dr. Herbst, Professor der
Pädagogik in Halle; Dr. Hertzberg, Professor der Geschichte
in Halle; Dr. Kleinert, Consistorialrath und Professor der
Theologie in Berlin; Dr. Köstlin, Consistorialrath und Pro=
fessor der Theologie in Halle; Consistorialrath Dr. Krum=
macher in Stettin; Dr. Nasemann, Director des Stadtgym=
nasiums in Halle; Dr. Nasse, Professor der Nationalökonomie
in Bonn; Dr. Nieden, General=Superintendent der Rhein=
provinz; v. Rauchhaupt, Landrath des Kreises Delitzsch; Geh.
Regierungsrath Dr. Schrader, Universitätscurator in Halle;
Dr. H. Schulz, Professor der Theologie in Göttingen; Pastor
Thikötter in Bremen; Dr. Weiß, Professor der Theologie in
Tübingen; Graf York v. Wartenburg, Mitglied des Herren=
hauses, und herausgegeben von Dr. Willibald Beyschlag, Pro=

feſſor der Theologie in Halle. Aus den aufgeführten Namen
geht die Bedeutung der Zeitſchrift und das Anſehen, welches
ſie bei den deutſchen Proteſtanten genießen muß, klar hervor.
Im dreizehnten Jahrgang, Heft 8, S. 522—549 findet ſich
nun ein Aufſatz: „Die Reform unſerer Gymnaſien nach jeſui=
tiſchem Recept.“  Dort lieſt man (S. 544): „Wir haben
oben geſagt, die Moral der Jeſuiten ſei eigentlich gar keine,
ſondern nur Politik. Eine Beſtätigung dafür fanden wir
nachträglich in einer zeitgemäßen Schrift, die kürzlich erſchienen
iſt: Die geheimen Vorſchriften (Monita secreta) u. ſ. w. Wenn
man von Pascals Briefen wünſchen möchte, daß ſie allen
ernſthaften Katholiken, welche die Rückberufung der Jeſuiten
als zur katholiſchen Frömmigkeit gehörig anſehen, zu Geſichte
kämen, dann möchten wir von dieſen Monita secreta wünſchen,
daß ſie namentlich den Mächtigen dieſer Erde vorgelegt wür=
den, denn es müßte ihnen wie Schuppen von den Augen fallen,
daß ſie nur dazu beſtimmt ſind, die Figur des ‚Kaſperle‘
zu ſpielen, welche die verborgene Hand des Ordens dirigirt;
und von den Inſtructionen, daß ſie die Eltern zuvor leſen,
ehe ſie ein Kind den vielberühmten Jeſuitenſchulen anvertrauen.
Es iſt rein unfaßlich, wie Menſchen — von Chriſten gar
nicht zu reden — dazu kommen können, ſo ſchamlos die Mittel
anzugeben, mit denen ſie ihren Zweck, die Welt zu beherrſchen,
erreichen zu können hoffen. Aber eben der Zweck iſt ein ſo
in ſich ſchlechter, daß er nothwendig auf die Wahl ſolcher
Mittel führen muß. . .“  Dann werden auf S. 545 und
546 einige der ſchändlichſten Vorſchriften citirt. Der Aufſatz
iſt unterzeichnet von einem gewiſſen Dr. A. Bacmeiſter.

Meine Anklage richtet ſich nun nicht gegen dieſen. Es
kann ja immerhin ſein, daß ein einzelner Mann, welcher viel=
leicht wenig Gelegenheit hat, ſich mit Literatur und Wiſſen=
ſchaft zu beſchäftigen, und überdies aufgewachſen iſt in den
gröbſten Vorurtheilen gegen alles Katholiſche, in gutem Glau=
ben meint, die Monita ſeien echt, obwohl jeder rechtliche und

besonnene Schriftsteller so furchtbare Beschuldigung gegen eine
ganze Klasse seiner Mitmenschen zuerst selbständig prüfen sollte,
ehe er sie in die Welt schickt. Diese Entschuldigung gilt aber
in keiner Weise für jene Männer, deren Namen das Titel=
blatt der genannten Zeitschrift trägt. Es sind die durch Stel=
lung und Bildung angesehensten Vertreter des Protestantis=
mus. Zwölf Universitätsprofessoren, fünf Consistorialräthe
und zwei Superintendenten scheuen sich nicht, mit ihrem Namen
einzutreten für eine Schmähschrift, welche nicht nur einen von
der katholischen Kirche und von Millionen von Katholiken
hochgeschätzten und geliebten Orden zu einer Bande von Schuften
stempelt, sondern welche in den Augen der berufensten Stimm=
führer auf seiten der Protestanten, Jansenisten, Anglikaner
und abgefallener Katholiken nichts ist als eine „Scharteke",
eine „elende Schmähschrift", ein „Roman", eine „Fälschung".
Diese Männer scheuen sich nicht, ihren Glaubensgenossen Ver=
leumdungen als Wahrheit vorzulegen, und dann auszurufen:
Welche abscheuliche Menschen sind doch diese Jesuiten!

Als Mitschuldigen an der Verleumdung unseres Ordens
in protestantischen Kreisen muß ich neben den „Deutsch=evan=
gelischen Blättern" hier auch den „Evangelischen Bund"
nennen. In der „Flugschrift des Sächsischen Landesvereins
des Evangelischen Bundes" (Nr. 5) werden unter der Auf=
schrift: „Jesuitische Beeinflussung der Fürsten" von Seite 10
bis 12 lauter Stellen aus den gefälschten Monita secreta
angeführt. Als Motto ist dieser Flugschrift folgendes ab=
scheuliche „Citat" vorgedruckt:

> „Als Lämmer haben wir uns eingeschlichen,
> „Wie Wölfe werden wir regieren,
> „Wie Hunde wird man uns verjagen,
> „Wie Adler werden wir wiederkommen."
>
> (Jesuitengeneral Franz von Borgia.)

Auch dieses „Citat" ist vom ersten bis zum letzten Wort
und Buchstaben ein Machwerk der Lüge und Verleumdung.

Freilich so erklärt sich, wie der Haß gegen alles Katholische und der Haß gegen den Jesuitenorden in neuen Flammen aufzulodern scheint. Und die Urheber und Verbreiter solcher Fälschungen nennen sich Christen!

Leider sind eben auch heute noch die Worte wahr, welche vor 200 Jahren Desmaizeaur schrieb, der ungläubige Commentator des calvinischen Skeptikers Bayle: „. . . Alles, was man gegen die Jesuiten veröffentlicht, wird von ihren Gegnern geglaubt. . . Man braucht nur kühn etwas zu behaupten, und es ist gewiß, daß die große Menge es glaubt. Aber wenn dem so ist, was bleibt da von den vielen Anklagen gegen die Jesuiten übrig? Muß man nicht annehmen, daß viele dieser Anklagen erhoben worden sind, obwohl die Ankläger von der Unwahrheit ihrer Behauptungen überzeugt waren? Die Gesetze der Moral gestatten nicht, daß man mit einem herrschenden Vorurtheil solchen Mißbrauch treibe." [18]

Also nur das gedruckte und offenkundige Institutum Societatis Jesu enthält den Geist, die Ziele und Mittel unseres Ordens; die sogen. „geheimen Instructionen" sind eine Fabel und Verleumdung.

Und hiermit ist eine zweite Antwort gegeben auf die Frage: Was sind die Jesuiten? Die Jesuiten, der Jesuitenorden sind das, und nur das, was das Institutum Societatis Jesu von ihnen aussagt.

Allgemeine Idee des Instituts der Gesellschaft Jesu.

13. Die dritte Antwort folgt aus dem Inhalt dieses Instituts.

Diese Constitutionen, vom hl. Ignatius selbst verfaßt und mit Erläuterungen versehen, sind in zehn Theile gegliedert. Natürlich kann es nicht meine Absicht sein, eine systematische Darstellung unserer Satzungen zu geben; wem es darum zu thun ist, sie kennen zu lernen, kann sich leicht ein Exemplar verschaffen.

Nur kurz werde ich das Charakteristische hervorheben.

Die Wurzel, aus welcher die Idee und Verfassung des Jesuitenordens erwachsen ist, war die Liebe, welche den hl. Ignatius beseelte zu dem menschgewordenen Gott, zu Jesus Christus, unserm Heiland. Die göttliche Person des Welterlösers ist das Ideal, welches Ignatius sich und seinen Söhnen vorhält. Das Streben, Christus nachzufolgen, Christus ähnlich zu werden, ist der Geist des Jesuitenordens, die Triebfeder seiner gesammten Thätigkeit. Nun aber hat unser Herr hier auf Erden in Armuth und Demuth, in Leiden und Mühsalen gelebt, hat als Grundsatz seiner Nachfolge und Jüngerschaft das Wort ausgesprochen: „Wer mir nachfolgen will, verläugne sich selbst, nehme sein Kreuz auf sich und folge mir nach"; „Wer Vater oder Mutter mehr liebt als mich, ist meiner nicht werth" (Matth. 16, 24; 10, 37); also muß auch ein wahrer Jünger des Herrn seinem kreuztragenden Meister folgen in Entsagung und Losschälung. Auf dieser Auffassung beruhen die Worte unseres Instituts: „Alle müssen ernstlich erwägen und dies als eine Sache von hoher, ja von der höchsten Wichtigkeit vor dem Angesichte unseres Schöpfers und Herrn ansehen, wie viel es zum Fortschritt im geistlichen Leben helfe und beitrage, völlig und nicht mit Halbheit, alles zu verabscheuen, was die Welt liebt und begierig umfaßt; hingegen anzunehmen und aus ganzem Herzen zu verlangen, was immer Christus unser Herr geliebt und umfaßt hat. Denn gleichwie weltlich gesinnte Menschen, die der Welt anhangen, Ehrenstellen, Ruhm, das Ansehen eines großen Namens auf Erden hochschätzen und mit großer Emsigkeit erstreben, gemäß den Grundsätzen, die sie von der Welt erlernen: ebenso werden diejenigen, welche im Geiste wandeln und Christus unserm Herrn ernstlich nachfolgen, das lieben und begierig verlangen, was jenem gerade entgegengesetzt ist, nämlich aus

Liebe und Verehrung gegen ihren Herrn dessen Gewand und Ehrenzeichen zu tragen: so zwar, daß sie, wofern es ohne alle Beleibigung der göttlichen Majestät und ohne Versündigung des Nächsten geschehen könnte, gerne Schmähungen, falsche Zeugnisse und Unrecht leiden möchten und (ohne jedoch selbst dazu Anlaß zu geben) für thöricht gelten und angesehen werden, weil sie eben unserm Schöpfer und Herrn Jesus Christus einigermaßen ähnlich und gleichförmig zu werden und mit dessen Gewand und Ehrenzeichen sich zu schmücken wünschen. Zumal er solche zu unserm geistlichen Fortschritt freiwillig getragen und uns ein Beispiel gegeben hat, damit wir ihm, der ja der wahre Weg ist, der die Menschen zum Leben führt, in allem, soweit es uns möglich ist, mit dem Beistande der göttlichen Gnade nachfolgen und ähnlich zu werden trachten. Um diese im geistlichen Leben so kostbare Stufe der Vollkommenheit besser zu erreichen, sei es eines jeden regstes und angelegentlichstes Bemühen im Herrn, nach vollkommener Selbstverläugnung und steter Abtödtung so viel möglich in allen Dingen zu streben." [19]

„Ein jeder, der in die Gesellschaft eintritt, soll zufolge des Rathes Christi: ‚Wer seinen Vater . . . verläßt‘, — dafür halten, daß er Vater, Mutter, Brüder und Schwestern, und was immer er in der Welt hatte, verlassen müsse; ja er soll jene Worte: ‚Wer Vater und Mutter, ja selbst seine Seele nicht haßt, kann mein Jünger nicht sein‘ als für sich selbst gesagt annehmen. Demnach muß er ernstlich trachten, alle rein natürliche Anhänglichkeit an die Blutsverwandten abzulegen und in eine geistige zu verwandeln; mithin gegen sie keine andere Neigung zu hegen, als welche die wohlgeordnete christliche Liebe verlangt; wie es sich ziemt für einen Menschen, der, der Welt und der Eigenliebe abgestorben, Christo unserm Herrn allein lebt und an ihm Vater, Mutter, Bruder und alles besitzt." [20]

Das ist der Geist, welchen als übernatürliches Lebensprincip die Gesellschaft von jedem ihrer Mitglieder ver-

langt; es ist, wie man sieht, der Geist evangelischer Voll=
kommenheit.

Aber dieser Geist der Armuth und Losschälung ist nicht
Zweck, sondern Mittel. Von der Krippe bis zum Kreuz
kannte der Gottmensch nur eines: die Ehre Gottes. Sie
suchte er, ihr diente er, sie förderte er, und weil sein Thun
und Handeln, sein Denken und Wollen ein gottmenschliches
war, so ist Gottes Ehre durch ihn auch unendlich vermehrt
worden. Das ist also auch so recht das Kennzeichen des
Jüngers Christi: Förderung der Ehre Gottes, und je mehr
er dafür lebt, dafür arbeitet, um so ähnlicher wird er dem
Heiland. Auch Ignatius erkannte und fühlte dies, das sollte
auch Ziel und Zweck, Grundlage und Schlußstein, Centrum
und Angelpunkt seiner Gesellschaft sein: Alles zur größern
Ehre Gottes!

Man werfe nur einen Blick in die Constitutionen. Was
ist das erste, welches sich darbietet? Die größere Ehre Gottes.
Gottes Ehre muß jener im Auge haben, welcher um die Auf=
nahme in die Gesellschaft bittet [21], hierüber befragt man ihn
zuerst [22], auf sie weist man ihn hin [23]. Gottes Ehre ist wie
ein Siegel aufgedrückt jeder Bestimmung, jeder Vorschrift,
von der größten bis zur kleinsten. Die Constitutionen und
Regeln sind niedergeschrieben, um Gottes Ehre zu fördern [24];
sie ist das Ziel der äußern Gemeinschaft und häuslichen Ord=
nung [25], sie bestimmt über die Aufnahme [26] und die Ent=
lassung [27]. Gottes Ehre soll der Beweggrund zur Tugend [28],
zum Studium [29], selbst zur Erhaltung der Gesundheit sein [30].
Gottes Ehre soll den Oberen beim Befehlen, den Unter=
gebenen beim Gehorchen vor Augen schweben [31].

Hierin liegt das Ziel der Gesellschaft Jesu, und im Ver=
gleich mit diesem ist alles andere nur Mittel.

Aber dieses Ziel ist ein über= und außerweltliches, und
so hat denn auch die Gesellschaft Jesu noch ein anderes,
diesem höchsten Ziele untergeordnetes und, um mich so auszu=

drücken, irdisches Ziel: nicht irdisch seinem Wesen nach, son=
dern wegen des Schauplatzes, auf welchem es angestrebt wird.
Trotz des obersten Zweckes, welchen der Heiland verfolgte:
Gottes Ehre, sagte auch er: „Der Menschensohn ist gekommen,
zu suchen und zu retten, was verloren war" (Luc. 19, 10).
Die Erlösung der Welt, das Heil der unsterblichen Seelen
hatte ihn vom Himmel herabgezogen. Dem entsprechend er=
klären auch unsere Constitutionen: „Der Zweck dieser Gesell=
schaft ist, nicht allein dem Heile und der Vervollkommnung
der eigenen Seele mit der göttlichen Gnade obzuliegen, sondern
auch mit deren Beistand dem Seelenheile und der Vervoll=
kommnung des Nächsten mit allem Eifer sich hinzugeben." [32]

Ein doppelter Zweck ist hier ausgesprochen: Selbstheiligung
und Heiligung des Nächsten, beide aber haben ihren Ver=
einigungspunkt im Streben nach Ausbreitung des Reiches
und somit der Ehre Gottes. Auch hierfür ist das Evan=
gelium, sind die Worte Jesu Christi Vorbild geworden: „Jesus
aber sprach zu einem: Folge mir nach. Dieser aber sagte:
Herr, lasse mich erst gehen und meinen Vater begraben. Und
es sprach zu ihm Jesus: Laß die Todten ihre Todten
begraben, du aber geh und verkündige das Reich
Gottes" (Luc. 10, 59. 60). Also die größte Losschälung,
die schwersten Opfer, die kraftvollste Selbstheiligung, aus
Liebe zu Gott und zu seiner Ehre.

Wer sich heiligt, fördert Gottes Ehre, wer aber auch
andere heiligt, thut dies in erhöhtem Maße. Und so hat
denn auch unser Ordensstifter, seinem Wahlspruch gemäß:
„Alles zur größern Ehre Gottes", die Selbstheiligung
seiner Söhne in den Dienst der Heiligung des Nächsten ge=
stellt. Die Vollkommenheit des Jesuiten soll eine aposto=
lische Vollkommenheit sein [33].

Diese Rücksicht bestimmt das ganze Wesen unserer Gesell=
schaft, gibt ihr das charakteristische Gepräge. Einige wenige,
aber umfassende Punkte seien hier hervorgehoben.

Die drei Gelübde: Armuth, Keuschheit, Gehorsam.

14. Wie jeder katholische Orden, so ist auch die Gesell=
schaft Jesu aufgebaut auf den drei Gelübden der Armuth, der
Keuschheit und des Gehorsams; in diesen Gelübden ist eben
die christliche Vollkommenheit enthalten, deren Anstrebung
für einen katholischen Ordensmann Berufs= und Standespflicht
ist. In welcher Weise diese drei Gelübde — deren wesent=
licher Inhalt überall derselbe ist — sich im einzelnen ge=
stalten, welche besondere Anforderungen sie stellen, richtet sich
nach dem Zwecke der verschiedenen Orden. Im apostolischen
Orden der Gesellschaft Jesu tragen auch diese Gelübde das
Zeichen dieses apostolischen Geistes.

Der Heiland schickte seine Apostel und Jünger nicht nur
arm in die Welt, um in Armuth das Evangelium zu ver=
kündigen, sondern er schärfte ihnen dabei auch ein: „Was
ihr umsonst erhalten habt, das theilet auch umsonst aus"
(Matth. 10, 8). Dieser Grundsatz durchdringt auch die
Armuth im Jesuitenorden: keine Entschädigung beanspruchen,
keinen Anspruch erheben für geleistete Dienste und Arbeit;
was uns etwa gegeben wird, ist und soll nur sein reines
Almosen [34].

Bezeichnend und in ihrer Kürze scharf den apostolischen
Zweck des Ordens hervorhebend sind die Worte, wodurch
der hl. Ignatius das Gelübde der Keuschheit erläutert:
„Was auf das Gelübde der Keuschheit Bezug hat, bedarf
keiner Erklärung, da es hinreichend einleuchtet, wie vollkommen
sie beobachtet werden muß, indem man nämlich nichts Ge=
ringeres sich zum Ziele setzt, als durch Lauterkeit des Leibes
und der Seele die Reinheit der Engel nachzuahmen." [35] Die
Engel, Gottes Diener und Gehilfen am Rettungswerke der
Menschen, sind ihrer rein geistigen Natur nach frei und un=
berührt von jeder irdisch=sinnlichen Regung, sie wandeln, um
mich so auszudrücken, in Ausübung ihres erhabenen Schutz=
amtes rein und lauter durch die verderbte Welt. Auch der

Apostel kommt, gerade wegen seiner Thätigkeit, vielfach in
Berührung mit dem Unrath und der Fäulniß der Sünde;
mit Recht wird er deshalb hingewiesen auf die erhabenste
Lauterkeit, welche ihn gleichsam machen soll zum lichten Sonnen-
strahl, der, ohne selbst verunreinigt zu werden, auch in trübe
Wasser taucht.

Endlich im Gehorsam findet der hervorragend apostolische Geist unseres Ordens seinen eigenthümlichsten Ausdruck
in dem sogen. vierten Gelübde, welches die Professen unserer
Gesellschaft ablegen. Sie verpflichten sich dadurch in ganz
besonderer Weise zum Gehorsam gegen den Papst, den Statthalter Christi, um auf seinen Befehl überall dorthin zu gehen,
auch unter den schwierigsten äußeren Verhältnissen, wo die
Ehre Gottes und das Heil der Seelen ihre Arbeit verlangt [36].
Aber auch abgesehen von dieser besondern Verpflichtung ist
das Gelübde des Gehorsams und die Tugend des Gehorsams
innerhalb der Gesellschaft vorzugsweise angepaßt der eigentlichen Lebensaufgabe des Jesuiten: am Heile der Seelen und
dadurch für Gottes Ehre zu arbeiten. Der Gehorsam soll,
wie unser heiliger Stifter sagt, „das Merkmal sein, wodurch
die wahren und echten Söhne der Gesellschaft sich als solche
bewähren" [37]. Und ganz mit Recht; denn wie ein Heer nur
dann kampfbereit und schlagfertig ist, wenn der Geist des Gehorsams Officiere und Mannschaften beseelt, so können auch
die Streiter für Gottes Ehre und die Kirche Christi nur
dann Großes und Nachhaltiges leisten, wenn die übernatürliche Tugend des Gehorsams in Kopf und Herz
Wurzel geschlagen hat.

Die übernatürliche Tugend des Gehorsams!
Hiermit ist der Boden entzogen allen jenen auf Unwissenheit oder
Bosheit beruhenden Verdächtigungen und Behauptungen über die
Uebung und die Tragweite des Gehorsams im Jesuitenorden.

Der Jesuit sieht in seinen rechtmäßigen Oberen die Stellvertreter Gottes und Jesu Christi, er hört in ihrer Stimme

Gottes Stimme, und in diesem aus dem Glauben geschöpften
Bewußtsein unterwirft er sich, der Mensch dem Menschen [38].
Daß wir auch zur Sünde und zum Bösesthun im Gehorsam
verpflichtet seien, ist Thorheit in sich und gegen den ausdrücklichen Wortlaut unserer Regel [39].

### Der „unbedingte" Gehorsam.

15. Dieser Punkt erheischt eine etwas eingehendere Besprechung. Am 31. October 1871 wurde in Wiesbaden eine
Petition an den Reichstag beschlossen um Austreibung der
Jesuiten, und als Hauptgrund dafür angegeben: „Dieser
Orden fällt notorisch seiner ganzen Organisation nach unter
die Verbindungen, in welchen gegen bekannte Oberen unbedingter Gehorsam versprochen wird, und welche als verboten
von dem Strafgesetzbuch (§ 128) vorgesehen sind." Diese Anklage war nichts Neues. „Der absolute, sklavische Gehorsam,
welcher die Jesuiten zu willenlosen Werkzeugen ihrer
Oberen macht", um mit Professor Bluntschli (Rede zu Darmstadt 1871) zu sprechen, ist der beliebte Vorwurf geworden,
welcher in Büchern und Schriften, von Kathedern und Kanzeln fort und fort gegen uns erhoben wird. Daran knüpfen
sich dann die ausschweifendsten Folgerungen: wir werden geschildert als Menschen, welche im Gehorsam alle Scheußlich-
keiten begehen. „Im Gehorsam" lügen und betrügen wir;
„im Gehorsam" morden und vergiften wir; „im Gehorsam"
treiben wir Unzucht und Zauberei.

Gelesen, was unsere Satzungen über den Gehorsam, seinen Beweggrund und seinen Umfang uns vorschreiben, haben
jene Ankläger gewiß nicht. Ich verlange es auch gar nicht.
Nur ein Augenblick ruhigen Nachdenkens hätte genügt, auch
unsern erbittertsten Gegner von der Thorheit und Unmöglichkeit dieser Beschuldigung zu überzeugen: „Hunderte von jungen
Leuten, von christlichen Eltern in christlicher Zucht und Sitte
erzogen, an preußischen oder anderen deutschen Gymnasien

und Universitäten gebildet, junge Leute, die (ich darf es wohl, ohne der Unbescheidenheit beschuldigt zu werden, sagen) weder in der Wissenschaft noch in der Tugend die letzten unter ihren Commilitonen waren, haben sich seit 20 Jahren der Gesell= schaft Jesu in Deutschland angeschlossen und den Gehorsam in derselben geübt — sollten diese alle so verblendet oder im Bösen so verstockt sein, daß sie in dieser Gesellschaft blieben, wenn von ihnen ein solcher Gehorsam gefordert wurde, wie er nach der Ansicht unserer Gegner gefordert werden soll? Nichts würde ja in diesem Fall ihrem Austritt im Wege stehen. Nicht die Gesetze der Kirche; denn diese können nicht erlauben, daß jemand sich verpflichte, gegen sein Gewissen zu handeln; nicht die Gesetze des Staates, die keinen Gelübden verbindende Kraft zuschreiben. Wenn aber trotzdem keiner austritt, keiner sich beklagt, liegt es dann nicht auf der Hand, daß der Gehorsam in der Gesellschaft, weit entfernt, ein Fall= strick des Verderbens zu sein, ihnen ein Mittel ist, ihr ewiges Heil zu sichern, das allein sie beim Eintritt in den Orden im Auge gehabt haben?" [40]

Noch mehr. In der Gesellschaft Jesu befinden sich Hun= derte von Männern, welche bei ihrem Eintritt in dieselbe in gereiften Jahren standen: tadellose Geistliche, welche jahrelang schon in der Seelsorge gewirkt hatten; Officiere, welche mit Ehren und Auszeichnung ihren Degen getragen, in zahlreichen Schlachten ihren Muth bewiesen; Rechtsgelehrte und Beamte, welche in musterhafter Pflichterfüllung ihrem Vaterlande ge= dient hatten; Mitglieder der vornehmsten Familien, Träger erlauchter Namen, und diese alle sollen sich das schimpfliche Joch sündhaften, unsittlichen Gehorsams stillschweigend auf= legen lassen? sollen dieses Schandmal erniedrigter Menschen= würde Jahrzehnte lang bis zum Ende ihres Lebens stillschwei= gend tragen?

Und noch mehr. In Deutschland und in den verschieden= sten Ländern der Erde gibt es Männer, welche früher der Ge=

sellschaft Jesu angehört haben, welche aber wegen mangelnder
Gesundheit oder aus anderen Gründen den Jesuitenorden
verlassen mußten. Es gibt darunter hochachtbare, verdienstvolle
Männer, gleichfalls in allen Stellungen und Ständen des
Lebens. Ist es denkbar, daß auch diese jetzt noch schweigen
und nicht der Welt „das scheußliche Geheimniß vom jesuitischen
Gehorsam" kundthun?

Das sind Erwägungen, welche gleichfalls der gesunde
Menschenverstand an die Hand gibt; aber die Stimme blinden
Hasses gegen uns übertönt in weiten Kreisen das Urtheil der
Vernunft.

Daß die Gesellschaft Jesu überhaupt von ihren Mitgliedern
Gehorsam fordert, bedarf wohl keiner Rechtfertigung. Kein
menschlicher Verein kann auf die Dauer ohne dies Band des
Gehorsams bestehen. „Ein jedes Reich, das wider sich selbst
uneinig ist, wird verwüstet werden, und jedes Haus, das
wider sich selbst uneins ist, wird nicht bestehen" (Matth. 12, 25).
Daß ferner auch — wie ich eben hervorhob — von unserm
heiligen Stifter auf den Gehorsam ein besonderes Gewicht
gelegt wird, ist, gemäß dem Zwecke unserer Gesellschaft, stets
schlagfertig zu sein, ebenfalls durchaus vernünftig.

Wie verhält es sich nun aber, der Wahrheit entsprechend,
mit dem willenlosen, unbedingten, sklavischen, zur Sünde ver=
pflichtenden Gehorsam?

„Von einem sklavischen Gehorsam kann man doch wohl
nur da reden, wo Zwang vorhanden ist. Wo ist aber der
Zwang bei den Jesuiten? Frei und ungezwungen schließt
sich der einzelne dem Orden an, frei und ungezwungen bleibt
er demselben getreu. Ja, so sehr achtet der Orden diese Frei=
heit, daß er den neu eintretenden Mitgliedern nicht einmal
erlaubt, sich ihm gegenüber gleich zu verpflichten. Erst wenn
sie Gelegenheit gehabt haben, sich während zweier vollen
Jahre mit den Pflichten, die sie übernehmen wollen, bis ins
einzelnste bekannt zu machen, werden sie zum ersten Gelübde des

Gehorsams hinzugelassen. Durch dieses ist der junge Ordens=
mann allerdings Gott gegenüber gebunden; aber, wenn er
jetzt noch findet, daß die übernommene Bürde für seine Schul=
tern zu schwer ist, kann das Band, welches er selbst frei=
willig geknüpft hat, auf seinen Wunsch vom Obern gelöst
werden *). Wo ist also der Zwang?" [41] Auch kann man
von einem sklavischen Gehorsam nur da sprechen, wo keine
Gegenvorstellung, keine Einwendung gegen einen Befehl er=
laubt ist. Man durchblättere aber nur unsere Constitutionen,
man lese den berühmten Brief unseres heiligen Stifters „über
die Tugend des Gehorsams": überall wird man finden, daß
es dem Jesuiten gestattet ist, seine Ansicht, seine Einwürfe,
seine Schwierigkeiten in Bezug auf einen Befehl dem Obern
mitzutheilen [42]. Die sehr klaren Worte aus dem erwähnten
Briefe des hl. Ignatius lauten:

„Es ist euch jedoch nicht untersagt, eure mit der Mei=
nung des Obern allenfalls nicht übereinstimmende Ansicht,
wenn es euch nach demüthigem Gebet, um den Willen
Gottes zu erkennen, noch rathsam scheint, dem Obern vor=
zutragen."

Endlich ist sklavischer Gehorsam nur da vorhanden, wo
einem Menschen als solchem gehorcht und im Vorgesetzten nicht
der rechtmäßige Stellvertreter Gottes verehrt wird. Dieser
Gehorsam ist aber dem Geiste des Jesuitenordens durchaus
fremd. Unablässig drängt der hl. Ignatius, bringen die von
ihm verfaßten Constitutionen darauf, daß man nicht gehorchen
solle, weil etwa der Obere viele Talente oder andere natürliche
Vorzüge besitze, sondern einzig und allein deshalb, weil er mit

---

*) Unschwer erkennt der einsichtige Leser, daß in diesem Satze nicht
ausgesprochen liegt, der junge Ordensmann sei berechtigt, auf einen
bloßen, unbegründeten Wunsch hin seine Entlassung zu begehren; dieser
Wunsch muß ein begründeter sein, z. B. gestützt auf die Erkenntniß,
„daß die übernommene Bürde für die Schulter zu schwer", d. h. also,
daß kein Beruf vorhanden ist.

der Autorität Gottes ausgerüstet ist. „Dieses soll gleichsam
das Merkmal sein, wodurch die wahren und echten Söhne
der Gesellschaft sich als solche bewähren, daß sie niemals auf
die Person desjenigen sehen, der ihnen befiehlt; sondern in
demselben Christus, unsern Herrn, betrachten, dem zuliebe sie
gehorsamen. Denn man muß ja nicht deswegen dem Obern
gehorchen, weil er mit Klugheit, Güte oder anderen Eigenschaften von Gott begabt ist, sondern nur darum, weil er die
Stelle Gottes vertritt und im Namen desjenigen befiehlt,
der da sagt: ‚Wer euch anhöret, höret mich an, und wer
euch verachtet, der verachtet mich‘; und folglich nicht minder
pünktlich gehorsamen, wenngleich der Obere weniger Einsicht und Klugheit besäße, zumal er doch eben der Obere und
als solcher der Stellvertreter desjenigen ist, dessen Weisheit
nicht irren kann, und der die Tugend und andere Gaben,
die seinem Diener mangeln, ersetzen wird. . . Es sei daher
euer angelegentliches Bestreben, Christus, unsern Herrn, in
jedem Obern zu erkennen, und in der Person des Menschen
der göttlichen Majestät Ehrfurcht und Gehorsam mit größter
Gewissenhaftigkeit zu erweisen. Diese Forderung wird euch
weniger befremden, wenn ihr bedenket, daß der Apostel be-
siehlt, auch weltlichen, ja sogar heidnischen Vorstehern zu gehorsamen, wie man Christus, dem Herrn, selbst gehorsamen
würde, von dem alle rechtmäßige Gewalt herkommt. ‚Gehorchet‘, so schreibt er an die Ephefer, ‚gehorchet euren weltlichen Oberen mit Besorgniß und Furcht, in eures Herzens
Einfalt, wie Christo selbst; nicht als Augendiener, oder wie
jene, die nur den Menschen zu gefallen suchen, sondern als
Diener Christi, die aus ganzem Herzen den Willen Gottes
thun und mit gutem Willen dienen, als dem Herrn und nicht
den Menschen.‘ Daraus möget ihr nun selbst entnehmen,
welche Ehrfurcht ein Ordensmann gegen denjenigen tragen
solle, dem er sich nicht nur als einem Obern, sondern namentlich als einem solchen, der die Stelle Jesu Christi vertritt,

3*

zur Leitung übergeben hat, und ob er ihn als einen Menschen oder vielmehr als den Stellvertreter Jesu Christi zu betrachten habe." [43]

Freilich, unsere gott- und glaubenslose Zeit, die Umsturzmänner aller Schattirungen finden gerade diese demüthige Unterwerfung unter Gottes Willen abgeschmackt. Aber darum bleibt dennoch diese Art des Gehorsams, und nur diese Art, des Menschen und des Christen würdig; und nur außerhalb dieses Gehorsams, aber auch überall dort, findet sich Sklaverei. So ist die Autorität im Obern, um den tiefsinnigen Ausdruck zu gebrauchen, in Wahrheit ein Königthum, eine Herrschaft von Gottes Gnaden.

Sieht aber der Jesuit wirklich in seinem Obern Gottes Stellvertreter, vernimmt er in dessen Stimme Gottes Willen, dann folgt unmittelbar und mit Nothwendigkeit, daß nie und nimmer der Gehorsam des Jesuiten ein „unbedingter", „absoluter" im Sinne der gegnerischen Verleumdung sein kann. Denn wer im Menschen nur Gott zu gehorchen sich verpflichtet hat, hat eben dadurch jede Uebertretung des göttlichen Willens ausgeschlossen. Und diese Folgerung zieht der Jesuit nicht etwa nur vor der Oeffentlichkeit, sondern sie ist durch den hl. Ignatius selbst gezogen worden in unseren Satzungen, in jenen zwei Stellen, wo er ausführlicher vom Gehorsam handelt: „Vor allem ist es nützlich und nothwendig, daß alle sich eines vollkommenen Gehorsams befleißigen, indem sie den Obern als Stellvertreter Christi anerkennen und mit innerer Ehrfurcht und Liebe betrachten, und daß sie nicht nur äußerlich das Befohlene vollziehen, sondern auch innerlich ihren Willen und ihr Urtheil unterwerfen in allen Dingen, in welchen nichts Sündhaftes erkannt wird" (ubi peccatum non cerneretur) [44]. An der zweiten Stelle heißt es: der Gehorsam solle geleistet werden in allen Dingen, auf welche er sich ohne Beeinträchtigung der göttlichen Liebe erstrecken könne (omnibus in rebus, ad

quas potest cum caritate se obedientia extendere). Um
aber auch nicht den mindesten Zweifel zu belassen, welches
diese Dinge sind, fügt die authentische Erläuterung zu dieser
Stelle hinzu: „d. h. in allen jenen, in welchen nichts
Sündhaftes sich zeigt" (hujusmodi sunt illae omnes,
in quibus nullum manifestum est peccatum)[45]. Ja, es
wird an derselben Stelle jeder Befehl, welcher „irgend eine
Art von Sünde" (aliquod peccati genus) enthalten sollte,
als unverbindlich bezeichnet. Die Sache ist so klar, daß selbst
die Realencyklopädie für protestantische Theologie (VI, 616)
gesteht, der Gehorsam der Jesuiten sei kein unbedingter, da
die Sünde ausdrücklich ausgenommen sei.

Aber nicht nur das Sündhafte ist vom jesuitischen Ge=
horsam formell ausgeschlossen, sondern dieser Gehorsam ist auch
sonst so wenig „unbedingt", daß er auch andere Ausnahmen
gestattet.

Franz Suarez, der anerkannt größte Theologe unseres
Ordens, hat eine Erklärung zu den Constitutionen der Gesell=
schaft Jesu geschrieben, welche das höchste Ansehen genießt.
In derselben weist er nach, daß die Autorität der Obern sich
nicht weiter erstrecken könne, als der Zweck des Ordens es
erfordert. Alle Handlungen also, welche nicht abzielen auf
den Ordenszweck: Selbstheiligung und Heiligung des Nächsten,
fielen deshalb auch nicht unter das Gelübde des Gehorsams,
und der Jesuit könne zu denselben nicht verpflichtet werden[46].

### Der „blinde" Gehorsam.

16. Ein Wort auch noch über den sogen. „blinden" Ge=
horsam, welcher in unseren Regeln empfohlen wird. Un=
wissende Gegner — und deren Zahl ist Legion — hängen
sich mit Vorliebe an diesen in sich ganz harmlosen, aber sehr
berechtigten Ausdruck.

Schon die heiligen Väter, die großen Lehrer des Ostens
und Westens, empfehlen diesen blinden Gehorsam. So schreibt

der hl. Basilius der Große seinen Schülern folgende Regel
vor: „Wie ihrem Hirten die Schafe folgen und den Weg
einschlagen, den er will, so müssen die Diener Gottes ihrem
Obern folgen, ohne seine Befehle neugierig zu unter=
suchen, wofern sie nur nicht sündhaft sind", und als Bei=
spiel führt er das Werkzeug eines Handwerkers an, das sich,
ohne Widerspruch zu erheben, nach Willkür benutzen läßt[47].
Blind soll also der Gehorchende sein nicht in Bezug auf die
Erlaubtheit oder Unerlaubtheit der befohlenen Handlung —
im Gegentheil, diesen Punkt soll er, wie Suarez bemerkt[48],
mit scharfem Auge prüfen —, sondern in Bezug auf die anderen
Umstände des Befehls. Es ist nicht seine Aufgabe, zu unter=
suchen: Ist der Befehl klug oder unklug, ist die Ausführung
leicht oder schwer? u. s. w. Er hat den Wortlaut klar ver=
standen, er sieht, daß nichts Sündhaftes darin enthalten ist;
das genügt: er gehorcht. Ein Soldat, welchem sein Officier
einen Befehl ertheilt, ein Regiment, welches der Feldherr in
den Tod schickt, was thun sie? Prüfen, überlegen, beurtheilen,
deuteln sie? Das Commando ist gegeben, der Soldat ge=
horcht, „blind", wenn man will; ebenso „blind", wie der
Ordensmann seinem Obern folgt.

Bluntschli behauptet zwar mit Rücksicht auf diesen Ge=
horsam, daß der Jesuitenorden „in seinen Mitgliedern kein
selbständiges Urtheil, keine freie Meinung dulde" (Wider
die Jesuiten, S. 16); aber mit Unrecht. Es steht uns Jesuiten,
kraft der Regel — wie ich schon oben zeigte — frei, unsere
abweichende Meinung dem Obern mitzutheilen, um ihn zur
Aenderung seines Befehls zu veranlassen. Allerdings, wenn
der Obere auf seinem Befehle beharrt, dann muß auch der
Jesuit gehorchen, genau so, wie ein Staatsbeamter den Befehl
seiner vorgesetzten Behörde zu vollziehen hat, wenn letztere,
trotz der gemachten Einwendungen, darauf besteht. Dadurch
verliert aber gewiß nicht dieser Beamte seine „freie Meinung",
„sein selbständiges Urtheil". Unsere Regel verlangt, daß wir

in ähnlichen Fällen trachten sollen, unser Urtheil mit dem
der Oberen gleichförmig zu machen. Allein diese Forderung
wird nur dann gestellt, wenn der Untergebene sich selbst kein
ganz sicheres Urtheil gebildet hat, noch bilden konnte[49]. Das
aber ist durchaus der gesunden Vernunft entsprechend, da ja
der Untergebene in den allermeisten Fällen sich sagen muß:
Du kennst nicht alle Umstände und Gründe, welche den Obern
zu diesem Befehl veranlaßten. Das ist der „Verstandes-
gehorsam", das furchtbare Schreckgespenst des sacrificio
dell' intelletto.

Aber wie steht es mit dem Gehorsam, wenn der Jesuit
zweifeln sollte, ob das ihm Aufgetragene erlaubt oder unerlaubt sei? Dieser Fall kann ja vorkommen. Solange
ein wirklicher Zweifel in dieser Hinsicht besteht, darf der
Untergebene nicht handeln, sondern er muß sich erst von der
Erlaubtheit des Befehles überzeugen. Das ist Lehre der katholischen Moral überhaupt, und — weil man nun einmal
auf gegnerischer Seite die „Jesuitenmoral" von dieser trennt
— der „Jesuitenmoral" insbesondere[50]. Auf welche Weise
nun kann der Jesuit sich diese Ueberzeugung verschaffen? Er
kann natürlich sich einfach auf das Wort des befehlenden
Obern verlassen, seinem Urtheil vertrauen, wie er dem Urtheil
irgend eines andern gewissenhaften Mannes vertrauen würde.
Aber die Constitutionen der Gesellschaft Jesu sind weit entfernt davon, dies den Ordensmitgliedern vorzuschreiben. Sie
gestatten ausdrücklich, sich an andere Vertrauensmänner zu
wenden, auch an solche, welche nicht dem Jesuitenorden angehören[51]. Kann es eine weitgehendere Sorge für die Ge-
wissensfreiheit der Untergebenen geben?

### „Verpflichtung zur Sünde."

17. Die elende Unwahrheit endlich, daß in unseren Constitutionen ausdrücklich den Oberen die Macht eingeräumt werde,
den Untergebenen zur Begehung einer Sünde zu verpflichten,

erledige ich durch ein einziges Citat aus der Realencyklopädie für protestantische Theologie (1. Aufl. I. Supplementband, S. 671). Dort schreibt der protestantische Pfarrer und Superintendent Georg Eduard Steitz: „Zur Ergänzung des Artikels, namentlich der Anmerkung in Band VI, S. 533 ff., und zur Erledigung der Frage, ob in den Constitutionen (der Jesuiten) P. 6, c. 5 dem Superior die Befugniß zu= gestanden sei, seine Untergebenen zu einer Todsünde zu ver= pflichten, verweise ich auf meine in den ‚Jahrbüchern der deutschen Theologie‘ 1864, S. 148—164, erschienene Ab= handlung: ‚Die Bedeutung der mittelalterlichen Formel obli= gare ad peccatum‘. Es ist darin quellenmäßig nachgewiesen: 1. daß die betreffende Constitution nachgebildet ist der Tertiarier= regel des Franz von Assisi c. 20 und dem Prolog der Dominikanerconstitutionen c. 4—6; 2. daß der Ausdruck obligare ad peccatum, ad culpam, ad poenam taxatam nicht bloß in diesen Ordensgesetzgebungen vorkommt, sondern durch die ganze Scholastik in der Besprechung der Verbind= lichkeit der Mönchsgelübbe durchläuft (vergl. z. B. Thomas Summ. II. II. q. 186 a. 9); 3. daß die Formeln statutum aut transgressio obligat ad peccatum aut ad poenam (scl. transgressorem) nichts anderes heißen als: das Ordens= statut, beziehungsweise die Uebertretung desselben, verstrickt den Uebertreter in eine Sünde oder in eine Ordnungsstrafe; 4. daß der Sinn der jesuitischen Verordnung der ist: damit dem Gewissen keine überflüssige Beschwerung zugemuthet werde, so sollen keine Ordensgesetze, mit Ausnahme der vier Ordens= gelübbe, eine solche Kraft haben, daß sie den Uebertreter in eine Tod= oder läßliche Sünde verstricken, es sei denn, daß der Superior den Inhalt eines solchen Ordenssta= tutes im Namen Christi oder in virtute obedientiae mit ausdrücklichem Befehle einschärft."[52]

Das ist der Inhalt der Gelübbe der Gesellschaft Jesu. Es sind die Gelübbe des katholischen Ordensstandes überhaupt,

in den Dienst gestellt des besondern Zweckes der Gesellschaft:
der apostolischen Vollkommenheit. Auf dieser Grundlage er=
hebt sich dann der übrige Bau unseres Institutes.

Freiheit und Beweglichkeit auf der einen Seite, auf der
andern feste Gliederung und einheitliche Leitung, ist unseren
Satzungen eigen. Umfassend dem Ziele nach: Gottes Ehre
durch das Heil der Seelen, umfassend auch in den Mitteln.
So ernst und nachhaltig die Regeln des Jesuiten auch hin=
weisen auf Selbstverläugnung und allseitige Tugendübung [53],
ebensoviel Freiheit und Selbstbestimmung überlassen sie dem
einzelnen, dies unausgesetzte Streben nach eigener und fremder
Heiligung zu bethätigen. Feste und starre Vorschriften, inner=
halb welcher die verschiedenen Tugenden ausschließlich zu üben
sind, stellt die Gesellschaft Jesu nicht auf. Hat sie einmal
die Liebe zu Gott und zu Jesus Christus, den Eifer für die
göttliche Ehre und das Heil der unsterblichen Seelen in dem
Herzen ihrer Söhne wachgerufen, dann überläßt sie in ziel=
bewußter Weitherzigkeit dem einzelnen nach Verschiedenheit von
Zeit, Ort und Personen, den innern apostolischen Geist durch
äußere Arbeit und Mühe zur Wirksamkeit zu bringen. Dem
entsprechend, d. h. im Hinblick auf den größern Dienst Gottes,
unterscheidet sich auch die äußere Lebensart in der Gesellschaft
nicht von der gewöhnlichen. Das innere Gesetz der Liebe,
welches der Heilige Geist in das Herz zu schreiben und ein=
zudrücken pflegt, soll mehr als alle äußerlichen Satzungen
die Lebensregel des Jesuiten bilden [54].

Einfach und schön ist der Geist, welcher den wahren
Jesuiten beseelen soll, in der 17. Regel gezeichnet: „Es sollen
sich alle einer reinen und guten Meinung befleißen, nicht
allein hinsichtlich ihres Berufes, sondern auch in allen einzelnen
Handlungen; so zwar, daß sie darin der göttlichen Güte
vielmehr um ihrer selbst und um der Liebe und um der überaus
großen Wohlthaten willen, welche sie so zuvorkommend uns
erwiesen hat, als aus Furcht vor den Strafen oder aus Hoff=

3**

nung der Belohnungen, mit aufrichtigem Herzen zu dienen
und zu gefallen suchen, obschon sie auch die letzteren Beweg=
gründe zu Hilfe nehmen müssen. Gott allein sollen sie in
allem suchen und daher so viel wie möglich alle Anhänglich=
keit an erschaffene Dinge ablegen, um ihr ganzes Herz dem
Schöpfer zuzuwenden, indem sie ihn in allen Geschöpfen und
alle Geschöpfe in ihm gemäß seinem heiligen und göttlichen
Willen lieben."

Große Hemmnisse für Freiheit des Handelns und große
Gefahren für die Ruhe und den Frieden innerhalb einer Ge=
nossenschaft bieten Ehrenstellen und Würden. Deshalb hat
der hl. Ignatius auch hier einen kräftigen Riegel vorgeschoben.
Wiederholt wird das Streben nach irgend einem Ehrenamt
außerhalb oder innerhalb der Gesellschaft verboten, und ein
besonderes Gelübde macht es den Professen zur Pflicht, keine
Würde in der Kirche anzunehmen, es sei denn, daß es der
Papst ausdrücklich befiehlt <sup>55</sup>.

### Aeußere Verfassung.

18. Es wird nicht überflüssig sein, auch kurz die äußere
Verfassung unseres Ordens anzugeben. Auch sie ist fest und
bestimmt in Institutum Societatis Jesu gezeichnet. Von
Geheimnißkrämerei ist keine Rede. Die Mitglieder des Ordens
zerfallen in vier Klassen: 1. Die Novizen, d. h. solche,
welche sich in der zweijährigen Probezeit befinden; sie sind
durch kein Gelübde oder Versprechen gebunden. 2. Die
approbirten Scholastiker oder Studirenden. Es sind
solche, welche nach zweijährigem Noviziat die einfachen Ordens=
gelübde abgelegt haben, dadurch dem Orden im wahren Sinne
angehören und sich, während sie auf dieser Stufe sind, in
den Wissenschaften ausbilden. Gegen Ende seiner Studienzeit,
welche nicht selten neun Jahre umfaßt, wird der Scholastiker
zum Priester geweiht. Im weitern Sinn gehören zu dieser
Stufe auch die Laienbrüder, welche ihre einfachen Gelübbe

schon abgelegt haben, aber noch nicht formirte Coadjutoren geworden sind. 3. Die formirten Coadjutoren. Sie zerfallen in zwei Abtheilungen: solche, welche Priester sind (geistliche Coadjutoren), und solche, welche Laienbrüder bleiben (zeitliche Coadjutoren). Diese Stufe wird erreicht durch Ablegung der letzten Gelübde, welche zwar öffentlich, aber nicht feierlich sind. Dadurch unterscheidet sich hauptsächlich diese Stufe von der letzten Stufe, den Professen. 4. Die Professen. Sie sind alle Priester und legen außer den drei feierlichen Ordensgelübden noch ein viertes feierliches Gelübde ab, dasjenige eines ganz besondern Gehorsams gegen den Papst, in Bezug auf die Missionen. Die Professen bilden im eigentlichsten Sinne die Gesellschaft Jesu. Zu dieser Stufe verhalten sich alle anderen entweder wie Vorstufen (Novizen, Scholastiker), oder wie Erweiterungen (formirte Coadjutoren). Besondere Vorrechte genießen sie nicht; wohl aber können nur aus den Professen der General, seine Assistenten, sein Admonitor, die Vorsteher der einzelnen Provinzen (Provinziale) und die Oberen der Profeßhäuser genommen werden. Auch treten aus ihrer Mitte die zu den Provinzial- und Generalcongregationen Gewählten zusammen. Ausnahmsweise können Mitglieder des Ordens auch Professen von nur drei Gelübden werden. Weltliche Mitglieder hat der Orden keine. Diese sogen. Jesuiten in kurzen Röcken, welche in Zeitungen, Romanen oder Schmähschriften gegen uns eine so große Rolle spielen, sind eine Lüge, oder im besten Fall eine Fabel. Die höchste gesetzgeberische Gewalt im Orden besitzt die Generalcongregation. Sie allein hat das Recht, den General zu wählen und ihn in bestimmt vorgesehenen Fällen abzusetzen. Sie besteht aus dem General, seinem Vikar, den Assistenten, den zeitigen Provinzialen und aus je zwei Abgesandten jeder Provinz. Letztere werden von den Provinzialcongregationen gewählt. Der General ist das auf Lebenszeit erwählte Oberhaupt der ganzen Gesellschaft. Er besitzt die Fülle der Jurisdictions- und Administrationsgewalt; fünf Assistenten stehen ihm als Berather zur Seite. Unter dem General und von ihm ernannt stehen die Provinziale, b. h. die Vorsteher der einzelnen Provinzen. Die Verfassung der Gesellschaft ist, wie man sieht, eine gemäßigt monarchische*).

### Die Mittel des Jesuitenordens.

**19.** Was die Mittel betrifft, welcher die Gesellschaft Jesu sich zur Erreichung ihres Zweckes bedient, so sind dieselben im vorhergehenden schon angedeutet: Christliche Tugendübung in sich und anderen, das Leben aus dem Glauben, enger Anschluß an Christus, den Weg, die Wahrheit und das Leben (Joh. 14, 6). Da aber der Jesuitenorden wesentlich ein Priesterorden der katholischen Kirche ist, so liegt auch der Schwerpunkt seiner Mittel in der nach dem Geiste der Kirche geübten priesterlichen Thätigkeit. Die von Christus eingesetzten großen Heilsmittel, die heiligen Sacramente und die Verkündigung des Wortes Gottes, das waren und sind in Verbindung mit der Jugenderziehung unsere Mittel; es sind die Mittel der katholischen Kirche selbst.

### Die Exercitien.

**20.** Ein Mittel ist freilich unserm Orden eigenthümlich, die sogen. Exercitien oder geistlichen Uebungen. Aber die Eigenthümlichkeit dieses Mittels liegt nicht in der Sache, nicht in dem, was dieses Mittel bietet, sondern in der Art und

---

*) Was an Entstellungen über den Jesuitenorden geleistet worden ist und noch geleistet wird, ist unglaublich. Mit das Unglaublichste hat in neuester Zeit E. Eisele, Pfarrer in Neipperg, zusammengeschrieben (Jesuitismus und Katholicismus. Eine Studie. Halle 1888). Das Buch ist von der ersten bis zur letzten Seite aus Unwahrheiten und Unwissenheit zusammengesetzt. Und doch, wie viele Protestanten bilden sich aus solchen Schmähschriften ihr Urtheil über uns!

Weise, wie es dies bietet. Der Inhalt der Exercitien des hl. Ignatius ist vom ersten bis zum letzten Wort katholische Wahrheit, ganz und gar ruhend auf der göttlichen Grundlage der Heiligen Schrift. Die Form und planmäßige Gliederung des uralten Stoffes ist das Werk des hl. Ignatius, und somit ein Erbgut seiner Gesellschaft.

In christlich-psychologischer Anordnung führen die Exercitien dem Menschen den Ursprung seines Wesens, seine Abhängigkeit von Gott, die Unsterblichkeit seiner Seele, sein ewiges letztes Ziel und Ende vor Augen. Die Sünde, als Abirrung vom Ziel und Auflehnung gegen Gottes Willen, die Strafen der Sünde in Zeit und Ewigkeit bilden den naturgemäßen Abschluß des ersten Theiles der geistlichen Uebungen. Hiermit ist der Mensch orientirt über sein Woher und Wohin. Er ist von Gott, er ist für Gott, und sein Leben hier auf der Welt ist eine Pilgerschaft zum ewigen Vaterhaus. Jetzt heißt es, den richtigen Weg beschreiten, welcher zur überirdischen Heimat führt. Dieser Weg wird im zweiten, dritten und vierten Theil der Exercitien gezeigt; es ist das Leben und Leiden, die Auferstehung und Herrlichkeit unseres Herrn Jesu Christi: „Ich bin das Licht der Welt; wer mir nachfolgt, wandelt nicht in Finsterniß" (Joh. 8, 12).

Kann es etwas vom christlichen Standpunkt aus Einfacheres, Wahreres und Wirkungsvolleres geben? Und das und nichts anderes sind die Exercitien des hl. Ignatius. Man frage nur die Tausende von Katholiken aller Stände, welche diese Uebungen gemacht haben und noch machen. Dieses Zeugniß steht jedem, welcher die Wahrheit hören will, täglich zu Gebote. Ja, noch ein anderes Zeugniß kann ich hier anführen, ein Zeugniß vom Verdachte jeder Parteilichkeit frei, nämlich die amtlichen Berichte der königlich preußischen Behörden über die Thätigkeit und den Einfluß der Jesuitenmissionen. Was nämlich die Exercitien für den einzelnen, das sind die Missionen für das Volk; ein Urtheil über diese ist auch ein Zeugniß für jene.

Im Jahre 1853 wurde im preußischen Landtag über die Jesuitenmissionen verhandelt. Am 12. Februar dieses Jahres finden sich im amtlichen Sitzungsbericht folgende Worte des Berichterstatters, des Abgeordneten von Gerlach: „Lassen Sie mich noch einiges Material anführen, und zwar ipsissima verba. Dieses Material unterscheidet sich von allem, was ich bisher angeführt habe, dadurch, daß es aus der neuesten Zeit ist, unmittelbar auf unsern Gegenstand sich bezieht. Es ist mir möglich geworden, die amtlichen Berichte über die Thätigkeit der Jesuitenmissionen, namentlich in der Rhein= provinz, einzusehen; sie sind, soviel ich weiß, ausschließlich von Protestanten, gewiß größtentheils von Protestanten, und ich zweifle nicht, daß die Berichte über die Thätigkeit der Jesuitenmissionen in Schlesien, die mir nicht zugänglich ge= wesen sind, im wesentlichen darin übereinstimmen. Hören Sie nun den wörtlichen Inhalt:

„Von Proselytenmacherei oder Erregung confessionellen Unfriedens haben sich die Jesuiten vollkommen frei gehalten. Von protestantischer Seite ist daher auch ihrer Wirksamkeit vielfache Anerkennung zu theil geworden. Nur die Demo= kratie grollt, weil die Jesuiten überall als Sendboten des Grundsatzes der Autorität, in kirchlichen wie in staatlichen Dingen, auftreten, und die socialistischen Trugbilder, mit welchen die Demokratie auf die Selbstsucht der Massen speculirt, entlarven und schonungslos bekämpfen. Sie werden von den Anhängern der Demokratie als bestochene Agenten der Regierung bezeichnet und mit Schmähschriften bedroht. Indifferentisten, welche seit 20 Jahren kein Gottes= haus besucht hatten, mußten beschämt gestehen, daß ihnen hier, überzeugend und überzeugt, eine Glaubenskraft von solcher Tiefe und Gewalt entgegengetreten sei, wie sie deren Möglichkeit in dieser Zeit kaum geahnt hätten. Auch wissen die Landräthe übereinstimmend nicht genug zu rühmen, wie wohlthätig sich der praktische Erfolg ihrer Missionen ge=

ſtaltet habe, nicht bloß ſichtbar hervortretend auf dem Ge=
biete äußerer Sittlichkeit und Legalität in Vermeidung des
Schleichhandels, der Polizeivergehen, des Branntweintrinkens,
der nächtlichen Tanzluſtbarkeiten u. dgl., ſondern noch mehr
nach innen in der Erweckung des Geiſtes chriſtlicher Zucht
und Liebe zwiſchen Ehegatten, Eltern und Kindern, Herr=
ſchaft und Geſinde, und in den Verhältniſſen des Hauſes,
der Familie und der Gemeine.'"

Daß ein römiſcher Papſt (Paul III. im Jahre 1548)
die Exercitien (Miſſionen) gutheißt, belobt und ihre Wir=
kungen ſegensreich nennt, mag weniger auffallend erſcheinen
und in gewiſſen Kreiſen die Bedenken und Vorurtheile gegen
die Exercitien nicht beſeitigen; wenn aber drei Jahrhunderte
ſpäter im proteſtantiſchen Staate Preußen proteſtantiſche Staats=
behörden dieſes Urtheil wiederholen, ſo liegt doch darin eine
Gewähr für die Wahrheit des Geſagten, d. h. für die innere
Vortrefflichkeit und den chriſtlichen Geiſt der Exercitien, welche
nur verkannt werden kann von böſem Willen. Und — es
kann das nicht genug wiederholt werden — die Exercitien
ſind das eigentlich ſpecifiſche Mittel der Wirkſamkeit für den
Jeſuiten; in den Exercitien und durch ſie heiligt er nicht nur
andere, ſondern vor allem auch ſich ſelbſt. In dieſem Büch=
lein der Exercitien, welches ſich jeder verſchaffen kann, ſchöpft
der Jeſuit den Geiſt ſeines Ordens, ſchöpft die Stärke ſeines
Glaubens, die Lebendigkeit ſeiner überirdiſchen Hoffnung, die
Macht ſeiner Gottesliebe. Die Exercitien ſind für die Ge=
ſellſchaft Jeſu der Born, aus welchem ihr Leben, ihr Opfer=
muth, ihre Leidenskraft fort und fort quillt. „An praktiſchem
Werth für die wirkliche Lebensbeſſerung des Volkes, Geiſt=
lichen, Weltlichen, Gelehrten und Ungelehrten, kommt kein
Buch den Exercitien gleich. Jeder, welcher ihre Wirkungen
an ſich erprobt hat, wird nicht anſtehen, ſie für ein beſonderes
Gnadenwerk Gottes zu erklären, in unſerer zerriſſenen, dis=
putirſüchtigen, aber an wahrem, innern Glaubensleben ſo

armen Zeit." [56] So schreibt im Jahre 1564 der Wiener
Jurist Thomas Scheible.

Was sind Jesuiten? Drei Antworten auf diese Frage
habe ich gegeben. Es sind katholische Ordensleute, katholische
Priester, von Päpsten, Bischöfen und von dem katholischen
Volk geachtet und geliebt; es sind Söhne eines Heiligen der
katholischen Kirche, lebend nach der von diesem Heiligen ver=
faßten Regel, und nur nach dieser. Eines, was sich zwar
eigentlich von selbst versteht, möchte ich noch bemerken, ehe ich
weitergehe.

Um den Jesuiten o r d e n, nicht um den einzelnen Jesuiten
handelt es sich bei allem, was bisheran gesagt wurde. Der
Sache, der Institution, ihrem Geist und ihren Grundsätzen
gilt das Lob, nicht den Personen. Die Idee und die Grund=
züge unseres Ordens enthalten eben (wie die Grundzüge aller
katholischen Orden überhaupt) das I d e a l christkatholischer,
apostolischer Vollkommenheit; es erreicht zu haben, wird kein
Jesuit von sich denken oder behaupten. Allein wie ein Christ
seine Kirche loben und erheben darf im Bewußtsein, daß es eine
heilige, göttliche Institution, und zugleich in der Ueberzeugung,
daß er selbst weit davon entfernt ist, Christ im vollen Umfang
des Wortes zu sein, so darf auch in gleichem Bewußtsein und
in gleicher Ueberzeugung ein Jesuit von seinem Orden sprechen.

Christen in der vollendetsten Form, welche das Vorbild,
gezeichnet vom Apostel Paulus im 8. Kapitel des Römer=
briefes, in sich ausgeprägt haben, sind nur die Heiligen
Gottes. Es sind die zur Vollreife gelangten Früchte vom
edeln Baum. Auch der Jesuitenorden hat solche Edelfrüchte
aufzuweisen: Männer, welche im Glanze der Heiligkeit er=
strahlen und von den Hunderten von Millionen katholischer
Christen als Heilige verehrt und angerufen werden. Ein
Blick auf diese Heiligen gibt die volle Antwort auf die Frage:
Was ist ein Jesuit, welcher unter der Gnade Gottes den
ganzen Geist seines Ordens in sich aufgenommen und dem

Walten dieses Geistes, wiederum mit der Gnade Gottes, treu und beständig gefolgt ist?

Wer auch nur in etwa weiß und erwägt, wie genau und vorsichtig die katholische Kirche zu Werke geht bei den Heilig= und Seligsprechungsprocessen, welche umständliche und gewissen= hafte Zeugenaufnahme veranstaltet wird über das Leben und Wirken der Betreffenden, der muß sich sagen, daß ein Orden, welcher zahlreiche solcher Heroen christlicher Vollkommenheit hervorbringt, von einem großen, reinen und edlen Geist be= seelt ist.

### Die Heiligen der Gesellschaft Jesu.

21. An der Spitze dieser Heiligen der katholischen Kirche aus dem Jesuitenorden steht sein Stifter, der hl. Igna= tius von Loyola († 31. Juli 1556), nicht bloß, wie er oft irrthümlicherweise aufgefaßt worden ist, der ascetische Leiter der Gesellschaft, sondern auch der Urheber ihrer Verfassung und der Begründer ihrer gesammten äußern Thätigkeit. Ihm schließen sich an der hl. Franz Xaver, der große Apostel von Indien und Japan († 2. December 1552); der hl. Franz von Borgia, Herzog von Gandia († 30. September 1572), ein erhabenes Bild der Buße, Entsagung und Weltverachtung; der hl. Franz Regis († 31. December 1640), ein Apostel der armen Landbevölkerung; der hl. Franz von Hieronymo († 11. Mai. 1716), der unermüdliche Volksmissionär; der hl. Peter Claver († 8. September 1654), der opfermüthige Apostel der verlassenen Negersklaven; die heiligen Blutzeugen Paul Miki, Johannes de Goto und Jakob Kisai (gekreuzigt 5. Februar 1597); die heiligen Aloysius von Gonzaga († 21. Juni 1591), Johannes Berchmans († 13. August 1621), Stanislaus Kostka († 15. August 1568) und der heilige Laienbruder Alfons Rodriguez († 31. October 1617). Die vielen, welchen die Ehre der Seligsprechung zu theil ge= worden, sind vorzüglich Blutzeugen, welche in den verschie=

densten Ländern den christlichen Glauben mit ihrem Blute be=
siegelten. Zu ihnen zählen Johannes de Britto († 1693),
Andreas Bobola († 1657), Ignatius de Azevedo mit 39 Ge=
fährten († 1570), Joh. Bapt. Machado († 1617), Dibacus
Carvalho († 1624), Michael Carvalho († 1624), Paul
Navarro, Dionysius Fugirima und Peter Onizuchius († 1622),
Leonhard Chimura († 1619), Franz Pacheco mit acht Ge=
fährten († 1626), Anton Friba († 1632), Thomas Tzugius
(† 1627), Michael Nagarima († 1628), Karl Spinola mit
acht Gefährten († 1622), Ambrosius Fernandez († 1620),
Camillus Constanzo und Augustin Ota († 1622), Hierony=
mus de Angelis und Simon Jempo († 1623), Edmund
Campion († 1581), Alexander Briant († 1581), Thomas
Cottam († 1582). Als Bekenner aber schließen sich einem
Ignatius, Xaver und Borgia an die beiden ersten Jesuiten,
welche in Deutschland wirkten, der selige Peter Faber († 1546)
und der selige Peter Canisius († 1597) [57]. Ebenbürtig stehen
neben diesen all die Tausende aus dem Jesuitenorden, welche
im Dienste der leidenden und kranken Menschheit ihr Leben
dahingegeben haben; so wurden in dem einen Jahrhundert
1556—1657 über 1100 Jesuiten das Opfer ihrer Hingebung
bei der Pflege der Pestkranken.

Es sind nur Namen, welche hier aneinandergereiht sind,
aber diese Namen in ihrer lakonischen Kürze enthalten eine
bändereiche Geschichte christlichen Heldenmuthes, civilisatorischer
Thaten, glaubensstarken Opfermuthes.

### Gesinnungen hervorragender Jesuiten.

**22.** Etwas von dem Geist, welcher in den Herzen dieser
großen und heiligen Männer aus dem Jesuitenorden lebte,
möchte ich aber doch bekanntgeben. Wer Augen hat zu sehen
und einen christlich=gläubigen Sinn zum Verstehen, wird in
diesem Geiste wahrer Jesuiten auch den echten Geist der Gottes=
liebe, die Gesinnungen Christi, unseres Herrn, wiedererkennen.

Schon oben (S. 5) habe ich einige Aeußerungen des hl. Ignatius mitgetheilt, welche sein edles, selbstloses Herz bekunden. Ich lasse hier einen Brief des Heiligen an den römischen König Ferdinand I. folgen, in welchem er denselben bittet, abzustehen von der beabsichtigten Erhebung des P. Le Jai zum Bischof von Trient. Das Schreiben in seiner Einfachheit spricht für sich selbst und zeigt, wie sehr der Geist richtiger Weltverachtung Ignatius für sich und seinen Orden beseelte.

„Eurer Majestät geneigter Wille, unsere Gesellschaft zu befördern, sowie Ihr Eifer, für das Seelenheil Ihrer Völker zu sorgen, ist mir wohl bekannt. Für beides sage ich Dank, und zwar so großen, als meine Schwäche nur immer erlaubt, indem ich von der höchsten Güte und Weisheit erstehe, daß sie Eurer Majestät die Mittel eingebe, durch welche Sie dasjenige, was Sie mit so heiligem Eifer erstreben, auf das zweckmäßigste ausführen können. Für uns aber wird es die größte Wohlthat, die höchste Gunst sein, wenn Eure Majestät dazu beitragen, daß wir auf dem Wege unseres Berufes aufrichtig und treu fortwandeln. Daß aber Ehrenstellen dafür hinderlich sind, ist mir so gewiß, daß ich unbedenklich und aus innigster Ueberzeugung behaupte, wenn man ein Mittel ersinnen wolle, um unsern Orden zu verderben, ich nichts Schlimmeres erdenken könnte, als die Annahme von Bisthümern. Denn alle, welche zuerst zu dieser Gesellschaft sich vereinigten, hatten die Absicht und den Vorsatz, nach jedem Lande der Erde auf den Wink des obersten Hirten zum Besten der Religion zu gehen, so daß der ursprüngliche und echte Geist dieser Genossenschaft der ist, in aller Demuth und Einfalt aus einer Stadt in die andere, aus einer Provinz in die andere für die Ehre Gottes und das Heil der Seelen zu wandern, ohne uns auf ein bestimmtes Gebiet zu beschränken. Und diese Verfassung und Lebensordnung hat nicht allein der Apostolische Stuhl bestätigt, sondern auch Gott selbst vom Himmel hat offenbare Beweise gegeben, daß sie ihm wohlgefällig sei, durch vielfältigen Fortschritt der Frömmigkeit, indem er in seiner Güte unsere Arbeiten gesegnet hat. Da nun in der Erhaltung des ursprünglichen Geistes gleichsam die Seele der klösterlichen Genossenschaften liegt, so ist kein Zweifel, daß, wenn wir ihn bewahren, wir unsere Gesellschaft erhalten, wenn wir ihn aufgeben, wir sie zerstören werden. Auch aus folgendem kann man deutlich ersehen, welche Gefahr uns durch die Annahme von Bisthümern droht. Da wir nämlich zur Zeit nur neun Professen sind und vieren oder fünfen von ihnen die bischöflichen Ehren angetragen sind, welche jeder für sich auf das standhafteste ausgeschlagen hat, so würden, wenn nur einer sie annähme, die übrigen auch glauben, es stände ihnen frei, und dadurch würde die Gesellschaft nicht nur von ihrem ersten Geiste ausarten, sondern sich auch auflösen, indem die Mitglieder sich nach allen Seiten zerstreuen. Endlich, da dieser geringe Orden durch das Beispiel der Demuth und Armuth bisher vielen Nutzen gestiftet hat, würde sich, wenn die Völker uns jetzt in Würde und Reichthum sähen, die gute Meinung in das Gegentheil verkehren und zum Aergernisse vieler der künftigen heilsamen Wirksamkeit für das Seelenheil die Thüre verschlossen werden. Doch mehr Gründe anzuführen bedarf es nicht. Wir nehmen unsere Zuflucht zu Eurer Majestät Milde und Weisheit; Ihrer Treue, Ihrem Schutze überlassen wir uns, und da ich für gewiß halte, daß daraus für unsere Gesellschaft der Untergang bevorstehe, bitte ich flehentlich, um des Blutes Jesu Christi willen, Eure Majestät wolle nach Ihrer Güte und Gewissenhaftigkeit solches von uns fernhalten und die Gefahren abwenden und diese kleine, unlängst entstandene Heerde als die Ihrige betrachten und dieselbe unverletzt erhalten zur Ehre der ewigen Majeſtät, welche Sie ſchützen und ſtets mit reicheren himmliſchen Gaben zieren wolle." [58]

Und will man einen Blick thun in die innerſte Seele des großen Mannes, ſehen, was die Triebfeder ſeines ganzen Lebens war, ſo leſe man die Worte, welche, von ihm ſelbſt niedergeſchrieben, den Höhe= und Schlußpunkt der Exercitien bilden. Faſt ſcheue ich mich, an dieſer Stelle jenes Gebet niederzuſchreiben: „Nimm hin, o Herr, und empfange von mir meine ganze Freiheit, mein Gedächtniß, meinen Verſtand und all meinen Willen. Was immer ich habe und beſitze: du haſt mir dies alles gegeben; dir, o Herr, ſtelle ich alles wieder anheim. Alles iſt dein Eigenthum, ſchalte damit nach deinem Willen. Gib mir nur deine Liebe und Gnade; denn ſie genügt mir."

Würdig reiht ſich an den Vater ſein großer Sohn, der Apoſtel Indiens, der hl. Franz Xaver. Aus ſeinen zahlreichen Briefen, welche man in den Händen aller Feinde unſerer Geſellſchaft wünſchen möchte, hebe ich nur wenige Stellen hervor:

„... Auf die göttliche Hilfe, welche gewiß nicht unwirk= ſam ſein wird, ſetzen wir unſere Hoffnung, auf ſie gründen wir unſer ganzes Vertrauen, um ein ſo großartiges Werk (die Bekehrung Indiens) zu unternehmen. In dieſer Hilfe wurzelt unſere Kraft." [59] „Ich bin ganz von dem Ge= danken erfüllt, daß die Freunde des Kreuzes unſeres Herrn Jeſu Chriſti ihre Seligkeit in einem Leben voll Prüfungen und Leiden finden. Das Kreuz fliehen oder von demſelben befreit werden, iſt in ihren Augen ein wahrer Tod. Und fürwahr, kann es wohl einen ſchrecklicheren Tod geben, als ohne Jeſus Chriſtus zu leben, nachdem man einmal ſeine Liebe verkoſtet hat, und ihn zu verlaſſen, um ſeinen eigenen Leidenſchaften zu folgen? Gewiß iſt kein Kreuz dieſem Un= glück zu vergleichen. Wie ſüß iſt es dagegen, ſo zu leben, daß man täglich ſtirbt und ſeine Neigungen ertödtet, um nicht ſich ſelbſt zu ſuchen, ſondern was Jeſu Chriſti iſt!" [60] „Ich bitte Sie inständigst, gegen das ganze Volk, gegen Vornehme und Angesehene sowohl wie gegen die Niedrigsten, eine große Liebe zu hegen, dies wird Ihnen die Liebe aller erwerben. Und haben Sie diese, so werden die Arbeiten, wodurch Sie dieselben zur Kenntniß und Liebe unseres Herrn und Gottes zu führen suchen, besser von statten gehen und reichlichere Früchte tragen." [61] „Wir müssen uns darüber freuen, uns dort zu befinden, nicht wo wir selbst wünschen möchten, sondern wo der heiligste Wille unseres Herrn und Gottes, sowie die Rücksicht auf sein Reich und seine Ehre es erfordert." [62] Einem Mitbruder, welchem er das Amt eines Obern übertragen hatte, ertheilt Franz Xaver folgende Vorschriften: „Glauben Sie, daß alles, was Fleisch und Blut, d. h. die Schlechtigkeit der verdorbenen Natur, räth, Ihnen große Gefahr und bedeutenden Nachtheil bringen wird, wenn Sie es nicht mit Entschiedenheit abweisen. Und seien Sie fest davon überzeugt, daß Gott reichliche Gnaden und Gaben mit Freigebigkeit denen zu spenden pflege, welche schwere Anfeindungen, ohne den Wunsch, sich zu rächen, um seinetwillen geduldig ertragen, indem sie jedes Verlangen, die Unbill zu vergelten, durch die Süßigkeit der göttlichen Liebe unterdrücken. . . Vor allem suchen Sie Ihrem Geiste beständig das Bewußtsein Ihrer eigenen Niedrigkeit gegenwärtig zu halten. Behandeln Sie die Väter, sowohl die, welche mit Ihnen in demselben Hause leben, als auch die auswärtigen, welche unter Ihrem Gehorsam stehen, mit großer Bescheidenheit, Leutseligkeit und Liebe. Die wohlgeordnete Nächstenliebe verlangt, daß wir unsere Sorge zuerst und in höherem Grade unseren Hausgenossen als den Auswärtigen zuwenden. Darum sehen Sie vor allem darauf, daß Sie zuerst gegen unsere Mitbrüder, gegen die Kinder und Waisen der Eingeborenen und gegen die Zöglinge unseres Hauses die Pflichten eines Vaters vollkommen erfüllen. . . Diejenigen, welche, mit einer schönen Außenseite zufrieden, den Menschen gefallen wollen und sich

nicht darum kümmern, Gott zu gefallen, deſſen Blicken das
Innerſte der Seele offen liegt, begehen ungefähr denſelben
Fehler, wie diejenigen, welche, unbekümmert um die Klagen
der Hausgenoſſen, um die Gunſt der Stadt buhlen." [63]

Vom fernen Indien ins Herz unſeres deutſchen Vater=
landes! Dort wirkten im 16. Jahrhundert die beiden hervor=
ragenden Glieder unſeres Ordens, Peter Faber und Peter
Caniſius. In der Einleitung habe ich ſie ſchon erwähnt.

Faber war der erſte Gefährte des hl. Ignatius und ſein
Lieblingsſchüler; ein Mann, welcher den jeſuitiſchen Geiſt ſo
ſehr in ſich aufgenommen hatte und ihm gemäß lebte, daß
bei der Wahl des erſten Generals der Geſellſchaft Jeſu die
Stimmen der Wählenden zwar einſtimmig Ignatius von Loyola
bezeichneten, aber ebenſo einſtimmig ſich an zweiter Stelle auf
Peter Faber vereinigten. Caniſius, ein Deutſcher von Geburt,
war ſein Schüler und Nachfolger in Deutſchland. Beide
Männer hat die katholiſche Kirche auf die Altäre erhoben.
Doppelt intereſſant und lehrreich iſt es deshalb, ihre Herzens=
geſinnungen kennen zu lernen, das Gepräge ihres durch und
durch jeſuitiſchen Geiſtes anzuſchauen.

Peter Faber befand ſich in Parma, als der Befehl des
Papſtes ihn nach Deutſchland ſandte. Einer frommen Ver=
einigung von Parmenſern hinterließ er einige Lebensregeln.
Es heißt darin:

„Auch eure zeitlichen Geſchäfte und alles, was auf den
Leib Bezug hat, müßt ihr ſo betreiben, daß die körperliche
Arbeit und Anſtrengung auf die Verherrlichung Gottes, euer
eigenes Seelenheil und das Beſte eures Nächſten hingerichtet
ſei. Suchet deshalb Gottes Ehre in der Arbeit und in der
Ruhe. Nächſt Gottes Ehre aber komme das Heil eurer Seele,
dann das Wohl der Seele eures Nächſten, darauf die Wohl=
fahrt eures Leibes und die des Leibes eures Mitmenſchen, end=
lich die Sorge für euer Vermögen und für die Dinge, welche
zum Unterhalte des Leibes nöthig ſind. Denn nur dann

wird die von Gott gewollte Ordnung eingehalten, wenn man das Vermögen betrachtet als Diener des Leibes, den Leib als Diener des Geistes, den Geist aber als Diener Gottes; wenn demgemäß euer zeitlicher Gewinn sich richtet nach dem Bedürfniß des Leibes, die Wohlfahrt des Leibes nach dem Heile der Seele, das Streben der Seele nach der Richtschnur des ewigen Gesetzes. Von diesem ewigen Gesetze müßt ihr stets ausgehen, und unter euren verschiedenen Pflichten verdienen diejenigen, welche sich auf die Seele beziehen, immer den Vorrang, dann erst folgen die anderen in ihrer bestimmten Ordnung." [64] Auf eine Anfrage seines Mitbruders, des spätern Ordensgenerals Jacobus Laynez, wie man die Irrlehrer zum Glauben zurückführen solle, antwortete der Selige: „Mehrmals schon hast du in deinen Briefen mich gebeten, für diejenigen, welche unter den Irrgläubigen mit Nutzen arbeiten wollen, ohne sich selbst zu schaden, einige Winke zu geben. Ich theile dir mit, was mir gerade in dieser Beziehung einfällt. Vor allem müssen diejenigen, welche den heutigen Irrgläubigen nützlich sein wollen, sich durch eine große Liebe zu ihnen auszeichnen und sie wahrhaft hochschätzen, indem sie alle Gedanken fernhalten, die irgendwie ihre Achtung gegen dieselben mindern könnten." [65] Es ist derselbe Geist, welchen er später einem seiner Schüler einzuprägen suchte: „Vor allem meide pharisäische Härte und vergiß nicht, daß du des sanftmüthigen Heilandes Stelle vertrittst. Wenn du zuweilen Strenge anwenden mußt, mildere sie durch Liebe. Nie entlasse jemanden so, daß er nicht gerne zu dir zurückkehrt." [66] Vom Reichstag zu Regensburg aus (1541) richtete er einen Brief an seinen Ordensgeneral, worin sich folgende schöne Stelle findet: „Es ist für mich ein schweres Kreuz und ein tiefer Seelenschmerz, zu sehen, wie Deutschland, dieses so große und herrliche Land, der einstige Glanzpunkt der Religion, die unvergleichliche Perle der Kirche, der Ruhm der Christenheit, theils ganz niederliegt, theils im Fallen begriffen ist, theils hin und her wankt." [67] An einige jüngere Ordensmitglieder, welche auf der Pariser Hochschule studirten, schreibt er, gleichfalls von Regensburg aus, nachstehende Ermahnungen: „Die Gnade und der Friede unseres Herrn Jesus Christus sei immerfort in unseren Herzen! Euer Brief hat mir Anlaß geboten, Gott den innigsten Dank zu sagen, sowohl wegen eurer glücklichen Ankunft, als wegen eurer aller Wohlergehen. Möge unser Herr und Heiland Jesus Christus euch reiche Gnade verleihen, damit ihr eure Studien immer auf jenes Ziel, welches ihr stets im Auge haben müßt, hinrichtet, und damit ihr euch am Ende, wenn ihr mit der Wissenschaft ein heiliges Leben verbunden habt, des errungenen Sieges wirklich freuen könnt. Dieser mein sehnlichster Wunsch, welcher auch der Wunsch der ganzen Gesellschaft ist, wird mit der Hilfe Gottes sicher in Erfüllung gehen, wofern jener höchste Lehrer, der zuletzt jede Wissenschaft eingießen muß, auch immer bei euren Studien zur Seite steht. Dieser höchste Lehrer ist der Heilige Geist... Wissenschaft allein vermag gegenwärtig sehr wenig gegen die Irrlehre. Bei dermaliger Lage der Dinge helfen keine anderen Beweise mehr als gute Werke und Selbstaufopferung bis zum Verlust des Lebens. Bemühet euch deshalb, daß ihr den lebendigen Geist der Wissenschaft, verbunden mit einem heiligen Leben, in der Nachahmung Christi erringet, damit ihr den im Irrthum Befangenen Führer zum Glauben werden könnt. Der Herr verleihe euch Beharrlichkeit in der Liebe Gottes und in der Geduld Jesu Christi." [68]

In den Geist des Meisters geht Canisius ganz ein: „Es gibt keine Nation auf Erden," schreibt er im Jahre 1558 an Herzog Albrecht von Bayern, „welche uns Jesuiten mehr am Herzen liegen muß und uns einen weitern Spielraum zur Uebung der Geduld bietet, als die deutsche." [69] „Italiens und Spaniens", mahnt er einen Mitbruder, „müssen wir vergessen und uns Deutschland allein hingeben.... Wie sollen wir uns in unseren Bemühungen für die Verbreitung des Evangeliums unseres Herrn und Seligmachers irgendwie irre machen lassen durch Beschimpfungen, die man uns anthut, durch Verleumdungen, die man über uns verbreitet? Haben wir nicht versprochen, willig alle Schmach zu leiden für die Ehre und nach dem Vorbild des Erlösers?" [70] „Mir dichten die Lutheraner", schreibt er seinem Ordensgeneral, „in ihren Schriften nicht geringe Verbrechen an; sie wollen dadurch mein Ansehen, welches ich weder suche noch vertheidige, verdunkeln. Vom Hasse gegen die Jesuiten glühen alle Irrlehrer. Sie belasten uns mit schrecklichen Verleumdungen und kommen vielleicht von den Worten und Schmähungen bald zu Schlägen und Wunden. Möchten doch wir noch eifriger sie lieben, als sie uns heruntersetzen. Sie verdienen es, auch wenn sie uns verfolgen, um des Blutes und der Liebe Christi willen geliebt zu werden, schon deshalb, weil die meisten aus ihnen aus Unwissenheit irren." [71] „Mir haben die zahlreichen offenen und verdeckten Angriffe auf die Gesellschaft Jesu meinen Beruf niemals verleidet, vielmehr meinen Eifer und mein Glück in demselben gesteigert, weil ich würdig erachtet wurde, um des Namens Jesu willen Schimpf zu leiden und von den Feinden der Kirche fälschlich angeklagt und gelästert zu werden. Könnte ich doch nur ihnen das Heil der Seele bringen, müßte ich es auch um den Preis meines Blutes erkaufen. Das würde ich wahrlich für einen Gewinn erachten, und ihnen damit, dem Gebote des Herrn gemäß, die Aufrichtigkeit meiner Liebe beweisen." [72] „In Deutschland gibt es unendlich viele, welche im Glauben irren, aber sie irren ohne Eigensinn, ohne Verbissenheit und Verstocktheit." [73] „Wenn ich schriftstellerisch auftreten werde, so hoffe ich wenigstens an Liebe und Bescheidenheit die meisten Schriftsteller zu übertreffen, die ich weiß nicht welch einen Ungestüm und welch menschliche Regungen in ihre Schriften hineintragen und die Deutschen durch dieses harte Verfahren eher verletzen als heilen." [74]

Aehnliche Stellen könnte ich beliebig vervielfältigen, aber sie genügen vollauf als Probe des Geistes dieser echten und wahren Jesuiten, welche noch immer als die Leuchten unseres Ordens, als die Bannerträger seiner Grundsätze gelten. Um so beachtenswerther sind solche Aeußerungen, weil sie entnommen sind den vertrautesten Privatbriefen, Schriftstücken, welche niemals für die Oeffentlichkeit bestimmt waren.

Was sind Jesuiten? Wahrscheinlich doch das, was ihr Generalobere von ihnen zu sein verlangt. Die Rundschreiben unserer Ordensgenerale werden wohl ohne Zweifel eine wahrheitsgetreue Antwort auf diese Frage geben.

Ich wünschte in der That, diese Schreiben wären in den Händen unserer Gegner. Es würde ihnen beim Lesen derselben die Schamröthe ins Antlitz steigen ob der Unbild und der Schmach, welche sie seit Jahrhunderten schon einer Gesellschaft von Männern zugefügt haben, deren einziger Ehrgeiz, deren einziger Ruhm, deren einziges Streben ist, den Geist des Evangeliums Jesu Christi in sich lebendig zu erhalten.

Aus zwei dieser Rundschreiben lasse ich einige Stellen folgen. Das eine ist datirt vom 29. Juni 1756, also aus der Zeit, wo — um mit einem weltlichen Ausdruck zu reden — unsere Gesellschaft sich auf der Höhe ihres Glanzes, in der Fülle ihrer Ausdehnung befand. Es trägt die Unterschrift des 17. Generals, Aloysius Centurioni. Der zweite Brief ist aus dem Jahre 1830, fünfzehn Jahre nach der allgemeinen Wiederherstellung der Gesellschaft durch Pius VII.; sein Verfasser ist der 23. Ordensgeneral, Johannes Roothaan. Ersteres Schreiben hat zur Aufschrift: „Ueber den Geist unseres Berufes"; letzteres: „Ueber die Liebe zur Gesellschaft".

P. Centurioni wendet sich zum erstenmal, kurz nach seiner Wahl, an die ganze Gesellschaft: „. . . Vor allem also umfasse ich alle Väter und Brüder der Gesellschaft mit aufrichtiger Liebe und beschwöre die einzelnen, daß sie eingedenk seien ihres erhabenen, von Gott gegebenen Berufes. Ernst

4*

mögen sie vor dem Herrn erwägen, ob sie diesem Berufe, jeder an seiner Stelle, im wahren Geiste, nämlich aufrichtig, eifrig, unverdrossen, beharrlich, entsprechen. Denn dieser Geist soll das sichtbare Kennzeichen unseres Berufes sein. . . . Wenn ich euch als vorzügliches Mittel, der göttlichen Majestät zu dienen und Arbeiten für sie zu übernehmen, den Geist unseres Berufes vorhalte, so verstehe ich darunter nichts anderes als jenen bewundernswerthen und heiligen Eifer, welchen die gött= liche Gnade selbst, da sie uns zu dieser Lebensgemeinschaft berief, in uns erweckte. Diese göttliche Gnade war es, welche von Anfang an uns so an sich zog, daß wir nichts Begehrens= wertheres, nichts Liebenswertheres kannten, als das erhabene Ziel unserer Gesellschaft: die größere Ehre Gottes und das Heil der Seelen. . . . Mit den Worten des Apostels flehe ich zu Gott, welcher uns zu solch herrlicher Aufgabe berufen hat und dessen Geschenk es ist, daß wir durch unsere Arbeiten und Mühen ihm dienen können, ‚damit er die Augen eures Herzens erleuchte, auf daß ihr erkennet, welches sei die Hoffnung unserer Berufung, und welches seien die Schätze des Ruhmes seiner Erbschaft in den Heiligen' (Ephes. 1, 18). . . . . Niemand aber kann zur Vollkommenheit dieses reinen und lautern Eifers gelangen, wer nicht mit Gott zu verkehren gewohnt ist und sich nicht in unermüdlichem Eifer dem Gebete ergibt. Das, hochwürdige Väter und theuerste Mitbrüder in Christo, ist das entscheidende Zeichen unseres Berufes, hierauf richte ich besonders eure Aufmerksamkeit. In der Schule des Gebetes ist der Geist der Gesellschaft gebildet worden. . . ."

P. Roothaan berichtigt zuerst den Irrthum, als ob die wahre Liebe zur Gesellschaft darin bestehe, die Zahl ihrer Mitglieder möglichst zu vermehren, und fährt dann fort: „Diesem Irrthum ist jener verwandt, aus sogen. Liebe zur Gesellschaft jene Beschäftigungen besonders anzustreben, welche den Beifall der Menschen, zumal der wissenschaftlich gebildeten, erregen und dazu geeignet sind, uns in den Augen der Welt berühmt zu machen. . . . Solches Streben ist dem Geiste unserer Gesellschaft gänzlich fremd. Ihre ganze Arbeit richtet sich auf die Ehre Gottes durch das Heil des Nächsten, nicht auf menschlichen Ruhm. . . . Die thatsächliche Liebe zur Gesellschaft zeigt sich bei ihren Gliedern vor allem in der Uebung dessen, was unser heiliger Vater Ignatius als das Fundament unseres Lebens bezeichnet . . ., es ist die Abtödtung, welche ich meine. Möchten wir doch verstehen, wie nothwendig diese Selbstverläugnung ist. So nothwendig, daß, wie uns ohne dieselbe Christus sein ‚Du kannst mein Jünger nicht sein!‘ entgegenhält, so auch ohne die Abtödtung keiner von uns sich einen wahren Sohn der Gesellschaft nennen kann." [75]

### Zeugnisse für die Jesuiten.

**23.** Was sind Jesuiten, was ist der Jesuitenorden? Die letzte Antwort auf diese Frage mögen andere geben:

„Nachdem ich alles gelesen habe, was für und gegen die Jesuiten geschrieben worden, fühle ich mich überzeugt, daß sie großen Nutzen stiften, und daß ihre Verfolger eine große Ungerechtigkeit begehen. Die Gesellschaft Jesu ist die einzige, welche mit Erfolg gegen die so mächtigen und verbreiteten geheimen Gesellschaften in die Schranken treten kann, welche jeder rechtmäßigen Ordnung den Untergang bereiten, um auf den Trümmern der Altäre und der Throne ihre eigene Herrschaft zu begründen. . . . Die ganze Welt weiß, daß die Ausrottung der Jesuiten das Werk der Leidenschaften und der Sieg der falschen Doctrinen war. . . . Nur die Feinde der Religion und des Königthums waren es, die ihren Einfluß fürchteten." (Vicomte de Bonald, Réflexions sur le Mémoire à consulter de Mr. de Montlosier.)

„. . . Es ist nicht meines Thuns, die Handlung und den Betrag zu untersuchen, welchen diese Priester (Jesuiten) in anderen Ländern gehabt haben mögen; mir steht es zu, allein von dem zu reden, was den mir anvertrauten Kirchensprengel

betrifft, und in diesem Gesichtspunkt allein Ew. K. K. Majestät
den geistlichen Nutzen nicht zu verhalten, welchen mehrerwähnte
Glieder der Societät verschaffen, und den Schaden aufzudecken,
welchen wegen ihrem Abgang nicht ohne Grund befürchte. . . .
Die ganze Stadt wird Zeugniß geben, mit was Liebe und
Unverdrossenheit sie den Kranken und Sterbenden beistehen,
und mir ist am besten bekannt, wie viel Früchte der Gott=
seligkeit und der Buße ihre Missionen auf dem Lande hervor=
bringen." (Migazzi, Cardinal=Erzbischof von Wien, Eingabe
an Maria Theresia vom 29. April 1773.)

„. . . Selbst der letzte hier gewesene französische Bot=
schafter, der gewiß ein Zeuge ohne alle Parteilichkeit war,
hatte, wie ich Ew. Majestät versichern kann, keinen Anstand,
zu behaupten, daß, wenn die Jesuiten nicht wären
aufgehoben worden, Frankreich die in ihren Folgen
so schädliche Revolution nicht würde erlebt haben,
weil die jugendliche Erziehung keineswegs in einen so tiefen
Grad des Verderbens würde hinabgesunken sein. Wann wird
es also erwünschlicher sein, daß ein ganzer geistlicher Körper
mit vereinigten Kräften dem allgemeinen Verderben entgegen=
arbeite, als zu unsern Zeiten, zu welchen die böse
Welt mit weitausgebreiteten, ebenso schlauen
als mächtigen Verbindungen noch immer an dem
Sturze der Religion und der Monarchie arbeitet."
(Derselbe an Kaiser Franz II.)

„. . . Mein Gewissen überzeugt mich ein für allemal,
daß dieser Orden bei uns in Teutschland vor allen andern
fromme Christen und gute Unterthanen verschafft und also
Gott und der Welt sehr ersprießlich sei." (Anton Ignaz, Graf
Fugger, Bischof von Regensburg, Schreiben vom 11. Sep=
tember 1773 an den Fürstbischof von Freising. Histor. Jahr=
buch 1885, S. 424 ff.)

„. . . Zwanzig Jahre lang habe ich Gelegenheit gehabt,
diese Männer in ihrer mannigfachen Thätigkeit durch eigene

Erfahrung kennen zu lernen, ihren tadellosen, sittenreinen Wandel zu beobachten, ihre gründliche philosophische und theologische Bildung zu würdigen und von der Liebe und Anhänglichkeit mich zu überzeugen, welche allerorts, wo sie gearbeitet haben, ihnen in hohem Maße zu theil geworden ist. Nirgendwo in meiner gemischten Diöcese ist durch die Jesuiten der confessionelle Friede gestört worden . . ." (Peter Joseph Blum, Bischof von Limburg. Erklärung vom 17. Oct. 1870.)

„. . . Wir erklären hiermit öffentlich, daß wir dem Jesuitenorden für die von seinen Priestern in der Erzbiöcese Bamberg entfaltete Thätigkeit in Volksmissionen, Conferenzen und Exercitien herzlich dankbar sind, und bezeugen, daß die Missionäre aus dem Jesuitenorden in ihren Vorträgen niemals — Zeuge hierfür sind noch Tausende ihrer Zuhörer — eines Angriffes auf Andersgläubige oder irgend einer Verletzung der Rechte derselben oder der denselben gebührenden Achtung und Liebe sich schuldig gemacht haben . . . Wohl aber waren die Jesuiten bemüht, die Liebe zu Gott und die Liebe zum Nebenmenschen, wie sie der göttliche Heiland uns aufgetragen hat, den Gehorsam gegen die Obrigkeit und gegen jede von Gott gesetzte Autorität in den Herzen ihrer Zuhörer zu wecken und zu befestigen." (Michael von Deinlein, Erzbischof von Bamberg. Erklärung vom 26. October 1871.)

„. . . Es ist auch in selbigen Landen, woselbst ich mich nun bald ein ganzes Jahr lang aufgehalten habe (Frankreich), keine einzige Haushaltung, so recht christlich denket, welche nicht den Jesuiten zugethan; ihre Feinde hingegen sind durchgehends entweder Jansenisten, Freigeister oder dem Indifferentismo oder dem liederlichen Leben zugethane Menschen." (Fürst von Hohenlohe-Schillingsfürst, Schreiben an den Fürstbischof von Freising vom 4. August 1773. Histor. Jahrbuch 1885, S. 414—417.)

„Ich meines Theils rechne es mir zur Ehre an, die Trüm=
mer dieses Ordens in Schlesien aufzubewahren, so sehr ich
auch ein Ketzer bin. Mit der Zeit wird man in Frankreich
die Verbannung dieses Ordens empfinden, und in den ersten
Jahren wird die Erziehung der Jugend darunter leiden." „Die
Jesuiten sind vertrieben, werden Sie sagen; ich gebe es zu, allein
wenn Sie es verlangen, will ich Ihnen beweisen, daß hierbei
nur Eitelkeit, geheime Nachsucht, Kabalen und endlich Eigennutz
alles gethan haben." „Nicht so die ehrlichen Jesuiten und Patres,
für welche ich nun einmal eine verwünschte Zärtlichkeit hege."
(Friedrich der Große von Preußen, Briefe an d'Alembert vom
22. April 1769, 3. April 1770, 5. August 1775.)

„Ich habe nirgends bessere Priester gefunden, als die
Jesuiten sind." (Derselbe an seinen Geschäftsträger in Rom.)

Folgende Stellen sind den Briefen des Königs an den
Jesuitenpater Reinach zu Wartenberg in Schlesien entnommen.
Die Originalbriefe liegen im Gymnasialarchiv von Glatz:

„Potsdam, den 27. April 1775. Würdiger, lieber, ge=
treuer. Ich werde nicht ermüden, Mich für die Erhaltung eures
Instituts in Meinen Landen fernerhin beim neuen Papst zu ver=
wenden... Indeß bin ich euer gnädiger König Friedrich."

„Potsdam, den 8. October 1775. Würdiger, lieber, ge=
treuer! Um eurem Orden ein neues Merkmal meiner
königlichen Zuneigung zu geben, habe Ich den Ver=
such gemacht, den Papst wenigstens dahin zu bringen, daß er
selbst den Bischöfen in Meinen Landen anbefehlen möchte, den=
selben in allen seinen bisherigen Ordensverrichtungen zu be=
stätigen... Euer geneigter König Friedrich."

„... Zu all diesem, was ihren Ruf vermehrte, fügten
die Jesuiten noch das Wirksamste hinzu: musterhaften Lebens=
wandel und tadellose Sitten. Ihre Aufführung ist ebenso
streng wie weise, und was auch immer die Verleumdung ge=
schmäht hat, man muß eingestehen, daß kein anderer Orden
weniger Angriffspunkte in dieser Beziehung bietet." Das

schreibt der Encyklopädist und Voltairianer d'Alembert in seiner von Haß gegen die Gesellschaft Jesu erfüllten Schrift: Sur la destruction des Jésuites en France (Edit. Paris 1869, p. 52).

„Der edelste Theil der alten Zucht war in den Schulen der Jesuiten wieder zurückgerufen. Ich kann den Fleiß und das Talent dieser Meister, womit sie den Geist und die Sitten der Jugend bilden, nicht betrachten, ohne mir die Worte des Agesilaus über Pharnabazus ins Gedächtniß zurückzurufen: ‚Da du das bist, was du bist, möchtest du doch einer der Unsrigen sein.'" (Baco, De dignit. et augm. scient. l. 1.)

„Was habe ich während der sieben Jahre, als ich im Hause der Jesuiten lebte, bei ihnen gesehen? Das thätigste, frugalste und geregelste Leben. Ich berufe mich auf Tausende von Männern, welche dort wie ich erzogen wurden; deshalb kann ich auch nicht auf= hören, mein Erstaunen darüber zu äußern, daß man sie beschuldigt, als hätten sie eine verderb= liche Moral gelehrt. . . . Man ziehe einmal eine Pa= rallele zwischen den lettres provinciales und den Predigten des P. Bourdaloue, und man wird aus ersterm die Kunst zu spotten, gleichgiltige Dinge in verbrecherischem Gewande darzustellen und mit rednerischem Schmuck zu insultiren lernen; aus P. Bourdaloue aber wird man die Kunst lernen, strenge gegen sich und nachsichtig gegen andere zu sein. Ich frage demnach: Auf welcher Seite ist die wahre Moral? Ich ge= traue mir zu behaupten, es gibt nichts Wider= sprechenderes, Unbilligeres und Schimpflicheres für die Menschheit, als Männer einer laxen Moral zu beschuldigen, welche in Europa das här= teste Leben führen und in den entlegensten Win= keln von Asien und Amerika dem Tod entgegen= gehen." (Voltaire, Oeuvres complètes. Edit. A. Kehl 1785. tom. 64 p. 95.)

4**

„Es ist Sitte geworden, die Jesuiten als Unmenschen voll
Bosheit, Hinterlist und Verrath zu schildern, obschon doch
recht gut bekannt sein muß, daß die ihnen vorgeworfenen
Verbrechen historisch durchaus nicht erwiesen sind." (Friedrich
Körner, Geschichte der Pädagogik. Leipzig 1857. S. 120.)

„Die Gesellschaft Jesu hat in den letzten hundert Jahren
und darüber hinaus mehr in der Wissenschaft erfahrene und
zugleich gottesfürchtige Männer hervorgebracht, als irgend eine
andere." (Hugo Grotius, Pro pace eccles., p. 658.)

„Der Jesuitenorden ist, abgesehen von jedem confessionellen
Standpunkt, in seinem Princip eine der bewunderns= und
achtungswürdigsten sittlichen Institutionen, der wir keine ähn=
liche an die Seite zu stellen vermögen. Eine Gesellschaft,
welche der Idee, für die Ehre Gottes in der Erweckung der
Glückseligkeit unter ihren Mitmenschen — unter Entsagung
aller irdischen Lebensgenüsse, der Befriedigung des Ehrgeizes —
selbst auf Gefahr des Lebens unermüdet wirksam zu sein,
einzig und allein ihr Leben widmet, muß die Hochachtung
selbst derjenigen verdienen, welche mit dem Wege, wie diese
Förderung echter Gottseligkeit zu erreichen sei, nach ihren
confessionellen Ansichten nicht einverstanden sein können."

„Insofern nach den Grundsätzen ihrer Kirche der Begriff
der Religiösität in dem des Katholicismus aufgeht, gibt eine
Vergangenheit von 300 Jahren diesem Verein das Zeugniß,
daß sie, als Corporation betrachtet, nie von ihrer ursprüng=
lichen Verpflichtung abgewichen ist, wenn auch einzelne Glieder
sich nicht probehaltig erwiesen haben und der menschlichen
Gebrechlichkeit erlegen sind. Aber alle aus der verfehlten
Richtung einzelner der Corporation aufgewälzte Vergehen er=
scheinen vor dem Richterstuhl der Geschichte als unbegründet.
Was das Auftreten der Congregation in der Gegenwart an=
langt, so kann kein unbefangener Beobachter der Zeitereig=
nisse verkennen, daß in der heutigen Tages sichtbaren Er=
kaltung des religiösen Sinns im Volke die Hauptquelle der

Staatszerrüttung, die Empörung gegen alle Auctorität im Staats-, Gemeinde- und selbst Familienleben zu suchen ist, daß daher jedes Mittel zur Erweckung und Stärkung der Religiösität und Pietät, von welcher confessionellen Seite es auch zur Anwendung kommt, die größte Unterstützung aller der Regierungen verdient, welche sich von dem Wahne frei halten, durch Beschränkung und Aufgabe eines Theils ihrer Regentengewalt ihre Auctorität und dynastischen Berechtigungen retten zu können."

„Indem in der Thätigkeit des Jesuitenordens ein solches Mittel erkannt werden muß, welches vorzugsweise in seiner unmittelbaren Wirkung auf die Belebung der Religiösität in allen Staatsbürgerklassen den staatsgefährlichen Verlockungen der Umsturzpartei planstörend in den Weg tritt, ist es natür-lich, daß dieses Wirken den ganzen Haß aller derjenigen auf sich laden wird, welche sich offen oder versteckt dieser Partei zugewendet haben."

„Daher finden sich auch die Hauptschreier gegen die Je-suiten unter den ersten Koryphäen der Revolution, denen sich noch eine Reihe Deorum minorum gentium, Pam-phletisten und Zeitungsredacteure angeschlossen haben, und indem sie in einem uralten Volksvorurtheil einen günstigen Boden für sich haben, eine große Zahl harmloser Leute, welche in Dingen dieser Art kein Urtheil besitzen, blindlings mit sich fortreißen, besonders da sich keine unbetheiligte Stimme da-gegen erhebt."

„Es gehört aber unter die schmachvollen Erscheinungen unserer Zeit, daß der revolutionäre Terrorismus gerade die sachkundigen Männer, deren Auctorität solchen Zeitirrthümern der öffentlichen Meinung mit dem gewichtigen Wort der Wissen-schaft am eindringlichsten entgegenzutreten vermöchte, allent-halben einschüchtert. So muß das Volk irre geleitet und mit Anklageschriften zum Ueberdruß überladen werden, ohne daß eine Vertheidigung und Berichtigung ihm vor die Augen tritt."

„Jeder, der sich in dem Namen eines deutschen Mannes
gefällt, beherzige daher wohl, was uns bei allen Nationen
die Anerkennung des Prädicats ‚deutsche Biederkeit‘ erworben
hat. Es ist die besonnene Ruhe in der Prüfung, die ge-
wissenhafte Gerechtigkeit im Urtheil, und die feste Treue im
Handeln. Ferne von der Anmaßung, mein subjectives Urtheil in dieser Jesuitenstreitsache irgend jemanden als eine
Auctorität aufdringen zu wollen, darf ich aber jeden, welcher
der öffentlichen Meinung huldigend, über eine ganze Standes-
klasse so unbedenklich den Stab bricht, die Frage ans Herz
legen, ob er sich denn die Mühe gegeben habe, die factische
Wahrheit der zu Grunde liegenden Anschuldigungen zu untersuchen und die Folgerichtigkeit der darauf gebauten Schlüsse
zu prüfen. Kann er sich hierüber nicht rechtfertigen und
glaubt er sich berechtigt, die Volksstimme als ein Gottesur-
theil anzuerkennen, so erinnere ich ihn an ein ähnliches Volks-
urtheil:

„Der sachverständige Richter sprach: ‚Fürwahr, ich finde
keine Schuld an dem Menschen.‘ Aber da rief alles Volk:
‚Kreuzige ihn, kreuzige ihn.‘“ So der Protestant Hannibal
Fischer, Großherzoglich Oldenburgischer Geheimer Staatsrath,
Ritter des Königlich Preußischen Rothen Adlerordens II. Klasse
(Aburtheilung der Jesuitensache. Leipzig 1853. S. 118—120).

Solche Aussprüche von Männern der verschiedensten Richtungen müssen doch zu denken geben.

# II

# Was wollen die Jesuiten?

Zunächst wollen Jesuiten, wie andere Menschen auch, leben, und wollen, wie andere Menschen auch, ihrem Beruf entsprechend leben; wollen, wie andere Menschen auch, nicht unrechtmäßig gestört werden in einer erlaubten, edlen, segensreichen Thätigkeit; wollen, wie andere Menschen auch, nicht behandelt werden als Verbrecher, nicht verleumdet, nicht verurtheilt werden ungehört, ohne Beweis.

Das sind allgemein menschliche Grundforderungen, und auch die Jesuiten beanspruchen dieselben, aber ihnen, und ihnen allein, verweigert man diese elementaren Rechtsansprüche. Doch von diesem „Wollen" der Jesuiten an einer andern Stelle.

Was wir wollen, ist eigentlich schon enthalten in der Antwort auf die Frage, was wir sind. Eine weitere Ausführung ist aber doch geboten.

### Jesuiten wollen dasselbe, was katholische Ordensleute wollen.

24. Ich habe gezeigt, daß wir katholische Ordensleute sind, daß wir also eingegliedert sind in jene gewaltige Schaar aus allen Ständen, allen Geschlechtern, allen Völkern, welche seit den allerersten Zeiten des Christenthums den steilen Weg der christlichen Vollkommenheit zu wandeln suchen. Diese christliche Vollkommenheit als Stand baut sich auf und hat zur wesentlichen Grundlage die Befolgung der sogen. evange=

lischen Räthe, d. h. jener dem freien Willen des Menschen
überlassenen Anweisungen unseres Herrn und Heilandes Jesu
Christi, auf eine vollkommenere Art Gott zu dienen, als dies
durch Beobachtung der Gebote geschieht.

### Wesen des katholischen Ordensstandes.

25. Christus hat allerdings alle Menschen zu seiner Nachfolge aufgefordert und hat allen Menschen das Wort zuge-
rufen: „Seid vollkommen, wie euer Vater im Himmel vollkommen ist" (Matth. 5, 48). Aber ebenso wahr ist es, daß
er zur Erlangung der Seligkeit als Pflicht nur die Haltung
der Gebote vorgeschrieben, die Vollkommenheit aber abhängig gemacht hat von einem höhern, schwierigern Tugend-
streben: „Wenn du aber willst in das Leben eingehen,
so halte die Gebote. . . Wenn du willst vollkommen
sein, geh, verkaufe, was du hast, und gib es den
Armen" (Matth. 19, 17. 21).

Dieses Wort unseres Heilandes, von dem Streben nach
Vollkommenheit, ist nicht spurlos verhallt. Mehr noch hat
sein gnadenvolles Beispiel gewirkt.

Er, der Gottmensch, der wesensgleiche Sohn des ewigen
Vaters, war vom Himmel herabgestiegen, um uns zu erlösen,
um uns den verlorenen Weg zum Himmel wieder zu zeigen; er
hätte erscheinen können in Pracht und Glanz, in dem Schmuck
und der Herrlichkeit dieser Welt; aber er kam in freiwilliger Armuth: Krippe und Kreuz, Bethlehem und Gol-
gatha sind der Ausgangs- und Endpunkt seines Lebens. Er
hätte erscheinen können als König und Gebieter der Menschheit: er war es; aber er kam als ein demüthiges Kind, gehorsam seinen Eltern, gehorsam dem elendesten der Schergen,
die ihn zur Richtstätte schleppten: „Christus ist gehorsam geworden bis zum Tode, bis zum Tode des Kreuzes" (Phil. 2, 8).
Er kam in die von Sinnenrausch und Fleischeslust erfüllte
Welt als makelloser, wunderbarer Strahl des ewigen, un-

erschaffenen Lichtes. Geboren als Sohn einer Jungfrau, rief er, der Jungfräulichste der Jungfräulichen, das gewaltige Wort hinein in die Herzen der Menschen: „Es gibt Verschnittene, welche sich selbst verschnitten haben um des Himmelreiches willen. Wer es fassen kann, fasse es!" (Matth. 19, 12.) Und dieses Wort wurde zum zweiten Schöpfer= wort. In den Fußspuren des menschgewordenen Gottes sproßten auf die ungezählten Mengen jungfräulicher Seelen, und seit den Tagen Jesu Christi zieht hinter diesem Gottes= lamme her schon hier auf Erden jener wunderbare Zug, welchen der jungfräuliche Lieblingsjünger des Heilands, der hl. Johannes, im himmlischen Jerusalem schaute: „Und ich hörte eine Stimme aus dem Himmel, wie eine Stimme vieler Wasser, und wie mächtigen Donners Stimme; und die Stimme, welche ich hörte, war wie von Harfenspielern, die da spielen auf ihren Harfen. Und sie sangen wie ein neues Lied an= gesichts des Thrones, und niemand konnte singen das Lied, außer die Hundertvierundvierzigtausende, welche erkauft worden von der Erde. Diese sind es, welche mit Weibern sich nicht befleckt haben, denn jungfräulich sind sie. Diese folgen dem Lamme, wohin immer es geht. Diese sind erkauft worden aus den Menschen, als Erstlinge für Gott und das Lamm, denn makellos sind sie" (Offenb. 14, 2—5).

Freiwillige Armuth, freiwillige Keuschheit, freiwilliger Gehorsam, dies alles Gott dargebracht als Gelübbe, das bildet die Grundlage und das Wesen des Standes der christ= lichen Vollkommenheit innerhalb der katholischen Kirche, des katholischen Ordensstandes. Die evangelische Armuth besteht in der freiwilligen Verzichtleistung auf das Eigenthum und den Besitz der irdischen Güter, um desto ungehinderter nach den höheren und ewigen Gütern trachten zu können. Die stete Keuschheit entsagt dem Recht und den sittlich erlaubten Genüssen des ehelichen Lebens, um sich ganz und ausschließlich mit Seele und Leib Gott zu weihen. Der religiöse Gehor=

sam besteht in der freiwilligen Unterwerfung des eigenen
Willens, aus Liebe und Ehrfurcht gegen Gott und seine Au=
torität, unter den Willen eines Obern hinsichtlich des Be=
reiches erlaubter, selbständiger Willensbethätigung.

Es ist, wie gesagt, die Befolgung der Räthe Christi,
noch außer der Beobachtung seiner Gebote, welche der katho=
lische Ordensmann sich zur Lebensaufgabe gemacht hat *).  Der
große Kirchenlehrer Thomas von Aquin möge uns die Ver=
nünftigkeit und christliche Erhabenheit dieses Strebens erklären:

„Zwischen Rath und Gebot besteht der Unterschied, daß das
Gebot dem Willen eine moralische Nöthigung auflegt, der
Rath aber der freien Wahl überlassen bleibt.  Im neuen
Gesetze, dem Gesetze der Freiheit, erscheinen Räthe an ihrem
Orte, welche im alten Gesetze der Knechtschaft keinen Raum
fanden.  Die Gebote des neuen Gesetzes schließen alles das
in ihre Forderungen ein, was zur Erlangung des absoluten
Zweckes unerläßlich ist.  Dieser Zweck ist die ewige Selig=
keit, auf welche das neue Gesetz unmittelbar hinführt.  Die
Räthe können sich aber nur auf dasjenige beziehen, wodurch
der Mensch besser und leichter den letzten Zweck erreicht.  Nun

---

\*) Die evangelische Armuth wurde von Christus gerathen: Matth. 19,
16—20; Marc. 10, 17 ff.; Luc. 18, 18 ff.: „Wenn du willst voll=
kommen sein, geh, verkaufe, was du hast, und gib es den Armen." „Geh
hin, was du hast, verkaufe und gib den Armen." „Verkaufe alles, was
du hast, und vergebe es an Arme." Christus selbst war das vollkom=
menste Beispiel dieser Armuth: Matth. 8, 20; 2 Kor. 8, 9. Ebenso
sind Beispiele dieser Armuth Johannes der Täufer: Matth. 3, 4; die
Apostel: Matth. 19, 27; die ersten Christen: Apg. 4, 32—37. Die
Keuschheit ist vom Herrn gerathen in der im Text angeführten Stelle.
Paulus gibt denselben Rath: 1 Kor. 7, 7 und 32—38 und ermuntert
zu dessen Befolgung durch sein Beispiel: „Denn ich wünsche, ihr alle
möchtet sein, wie ich selber. . . . Sonach denn, welcher verheiratet seine
Jungfrau (Tochter), thut recht; und wer sie nicht verheiratet, thut
besser." Endlich stellte der Herr in seinem ganzen Leben das voll=
kommenste Vorbild des Gehorsams dar: Phil. 2, 8; Hebr. 10, 7.

aber steht der Mensch in der Mitte zwischen den irdischen und überirdischen Gütern, in welch letzteren die ewige Seligkeit beruht. Je mehr sich der Mensch an die einen dieser Güter hingibt, desto weiter entfernt er sich von den anderen. Wer sich an die ersteren derartig hängt, daß die Bestimmungsgründe seiner Handlungen lediglich aus ihnen hervorgehen, der geht der überirdischen Güter völlig verlustig. Dieser Unordnung arbeiten die Gebote entgegen. Daß aber der Mensch auf die zeitlichen Güter gänzlich verzichte, ist zur Erreichung des letzten Zweckes nicht nothwendig. Denn er kann auch diese Güter gebrauchend selig werden, sofern er nur sein letztes Ziel nicht in sie setzt. Aber leichter*) wird er den Endzweck erreichen, wenn er sich der irdischen Güter gänzlich entschlägt, und dies empfehlen die evangelischen Räthe. Die irdischen Güter aber, welche der Mensch gebrauchen kann, umfassen drei Gattungen: den Reichthum, welcher der Augenlust entspricht, die sinnlichen Genüsse, welche der Fleischeslust, und Ehren und Würden, welche der Hoffart des Lebens entsprechen (vgl. 1 Joh. 2). Diesen drei Gütern, soweit es möglich ist, ganz zu entsagen, wird vom Evangelium gerathen, weshalb auch jede religiöse Genossenschaft auf Grund der Befolgung dieser Räthe nach Vollkommenheit strebt. Denn dem Reichthum wird entsagt durch freiwillige Armuth, dem sinnlichen Vergnügen durch die stete Keuschheit, der Hoffart des Lebens durch den vollkommenen Gehorsam." [76]

Mit diesem Hinopfern der äußeren Güter dieses Lebens sind drei starke Bande, welche an das Irdische fesselten, gelöst; aber die Hochherzigkeit der ihrem Herrn und Gott starkmüthig folgenden Seele bleibt dabei nicht stehen. Sie hat aus dem Munde ihres Meisters noch ein anderes Wort vernommen, und auch dieser letzten Aufforderung leistet sie Folge: „Und Jeglicher, welcher verlassen hat Haus oder

---

*) D. h. sicherer.

Brüder oder Schwestern oder Vater oder Mutter oder Weib oder Kinder oder Aecker um meines Namens willen, wird Hundertfaches empfangen und ewiges Leben ererben" (Matth. 19, 29; Marc. 10, 30; Luc. 18, 30). Damit hat die Nach= folge Christi ihren Höhepunkt erreicht. Selbst auf die natür= lich=edeln, von Gott selbst gestatteten Freuden des Familien= lebens, des häuslichen Herdes, verzichtet der Mensch aus Liebe zu Gott. Er verzichtet auf sie nicht in gefühlloser Härte, in stoischer Gleichgiltigkeit, sondern in opferwilliger Hingabe für Höheres, im glaubensstarken Bewußtsein, nach diesem kurzen Erdenleben all die Lieben, welche er hier um Christi willen verlassen hat, bei Christus wiederzufinden, um sie nicht mehr zu verlieren. Er tritt nicht die heiligsten Gefühle mit Füßen, sondern bewahrt sie treu in seinem Herzen; aber er läutert sie, heiligt sie durch die höhere und mächtigere Gottesliebe, welche sein Herz erfüllt und alle anderen Regungen desselben durchdringt und umschließt.

So steht der im Stande der Vollkommenheit Gott dienende Mensch in der Welt und doch außerhalb der Welt. Der katholische Ordensstand ist die vollendetste Form und die tiefste Erfassung des Christenthums. Die Thatsache seines Be= stehens, seiner seit zwei Jahrtausenden ununterbrochenen Fort= dauer ist der schlagendste Beweis für die Göttlichkeit der christ= lichen Religion, ihres übernatürlichen Ursprungs, ihres über= natürlichen Endziels. Im katholischen Ordensstand hallt das große Wort des Apostels fort, erneuert sich von Geschlecht zu Geschlecht und wird zur That und Wahrheit: „Was mir Gewinn gewesen, dies habe ich Christi willen erachtet als Verlust. Ja, denn annoch erachte ich, daß alles Verlust sei, ob der überschwänglichen Erkenntniß Jesu Christi, meines Herrn, um dessen willen ich alles verloren gegeben und erachtet habe für Koth, damit ich Christus gewinne" (Phil. 3, 7. 8).

Und der Kern des Willensentschlusses, welcher den Menschen antreibt, den Ordensstand zu erwählen, welches ist er? Kurz gefaßt die inhaltreichen Worte der heiligen Schrift: „Fromm leben wollen in Christus Jesus" (2 Tim. 3, 12) und „unbefleckt sich bewahren vor dieser Welt" (Jac. 1, 27).

Im Ordensstand will der Mensch Gott dienen in Zurückgezogenheit und Verborgenheit, er will sich trennen von der Welt in Entsagung und Entbehrung. Er thut es. Aber der Segen Gottes, jenes Gottes, dem er einzig dient, läßt sein Schweigen zur Predigt, seine Entsagung zur Fruchtbarkeit werden.

Mit mächtiger Stimme gleichsam rufen die katholischen Ordensleute hinein in das Getriebe der Menschen: „Ihr seid nicht für diese Welt, ihr seid für ein Jenseits, ihr seid für den Himmel. Dieses Leben ist eine Pilgerschaft, eine Vorbereitung für das ewige Vaterhaus. Die Güter dieser Welt, die Freuden und Genüsse dieser Welt sind nicht die wahren, dauernden Güter; euer wahres Gut ist Gott und die Seligkeit des Himmels." Tausende und Millionen haben diesen Ruf verstanden. Krone und Scepter, Reichthum und Macht, Jugend und Schönheit, Ehre und Ansehen, kurz das Höchste, Begehrenswertheste, was die genußsüchtige Welt und der irdisch gesinnte Mensch kennt, sah er staunenden Auges für nichts geachtet und die Fürsten zu Bettlern, die Reichen zu Armen, die Hochstehenden zu Geringen werden. Der Herr wurde zum Diener, und die zu befehlen gewohnt waren, gehorchten. Und das alles aus Liebe zu Gott. Mächtig bringt diese Lehre von der Geringschätzung der Reichthümer, von dem demüthigen Gehorsam, welche aus dem katholischen Ordensstand heraustönt, in die Herzen der Menschen. Der Arme, beim Anblick der freiwilligen Armuth, söhnt sich aus mit seinem Loose; der Unzufriedene, beim Anblick des freiwilligen Gehorsams, beugt seine Stirn vor der von Gott gesetzten Obrigkeit; der Genußsüchtige, beim Anblick der freiwilligen Entsagung, zähmt seine verderblichen Begierden.

Darin liegt der unberechenbare Nutzen, der stille, aber sicher wirkende, segensreiche Einfluß des katholischen Ordenslebens für die menschliche Gesellschaft, für die staatliche Ordnung.

Bin ich etwa abgekommen von meinem Vorwurf: Was wollen Jesuiten? Die Jesuiten wollen katholische Ordensmänner sein, sind katholische Ordensmänner. Alles, was diese wollen, wollen auch sie: „Fromm leben in Christus Jesus“ und „sich unbefleckt bewahren vor dieser Welt“. Aber wie bei den übrigen Ordensleuten, so ist auch bei den Jesuiten damit noch ein Zweites untrennbar verbunden, und auch dieses, eben weil mit Nothwendigkeit aus dem Ordensstand sich ergebend, wollen die Jesuiten: den eben kurz angedeuteten heilsamen Einfluß, die Vertiefung des christlichen Bewußtseins, den Hinweis auf die übernatürliche Bestimmung des Menschen, die Heilung und Versöhnung der gesellschaftlichen Gegensätze durch die Lehren des Christenthums, die Kräftigung jeder von Gott gesetzten Autorität. Welch ein segensreiches Wollen für unsere Zeit!

#### Der Jesuitenorden will apostolisch wirken.

26. Aber sie wollen noch mehr. Der Jesuitenorden ist ein thätiger, apostolischer Orden, und für einen solchen Orden ist wesentlich die Arbeit am Ausbau, an der Ausbreitung des Reiches Gottes, der Kirche Jesu Christi.

Selbstverständlich ist für den Jesuiten die Kirche Christi die katholische Kirche, und nur die katholische Kirche. Das ist aber nichts dem Jesuiten Eigenthümliches, das ist die Ueberzeugung jedes Katholiken, vom Kind in der Dorfschule bis zum Papste selbst. Für uns alle gibt es in religiöser Beziehung nur eine Wahrheit, eine Kirche: „Ein Leib, Ein Geist, Eine Hoffnung, Ein Herr, Ein Glaube, Eine Taufe, Ein Gott und Vater Aller“ (Eph. 4, 4. 5).

In diese eine Kirche die Menschen führen, sie der Segnungen und des Friedens dieser Kirche theilhaftig machen, das wollen die Jesuiten.

Hier ist der Ort, unsere ursprüngliche Verfassungsurkunde im Wortlaute anzuführen. Es ist zu bemerken, daß diese Verfassungsurkunde von unserm Stifter, dem hl. Ignatius von Loyola, selbst niedergeschrieben und von mehr als 20 Päpsten gutgeheißen worden ist; daß sie wörtlich in mehrere päpstliche Bullen aufgenommen wurde und noch jetzt für den gesammten Jesuitenorden zu Recht besteht. Sie lautet:

„Wer immer in unserer Gesellschaft, welche wir durch den Namen Jesu zu schmücken wünschen, unter der Fahne des Kreuzes Gott Kriegsdienste leisten und ihm, dem alleinigen Herrn, und seinem Stellvertreter auf Erden, dem römischen Papste, dienen will, der soll nach feierlichem Gelübde der Keuschheit den Vorsatz machen, ein Theil sein zu wollen dieser Gesellschaft, welche deßhalb besonders gestiftet worden ist, um die Förderung der Seelen in christlichem Leben und christlicher Lehre, die Verbreitung des Glaubens durch öffentliche Predigten und den Dienst des Wortes Gottes, durch geistliche Uebungen und Werke der Liebe und namentlich durch Unterweisung der Knaben und Unwissenden im Christenthum und durch das Beichthören der Gläubigen, den geistlichen Trost zu erzielen; und er sorge, zuerst Gott, dann dieses sein Institut, welches gewissermaßen ein Weg zu jenem ist, jederzeit vor Augen zu haben und diesen der Gesellschaft von Gott vorgesetzten Zweck zu erreichen; jedoch ein jeder nach der ihm vom Heiligen Geiste verliehenen Gnade und dem eigenen Grade seines Berufes, damit niemand etwa einen Eifer hege, aber nicht gemäß der Wissenschaft. . . Alle Mitglieder sollen wissen, daß sie nicht bloß bei der ersten Ablegung ihrer Profession, sondern solange sie leben, täglich erwägen sollen, daß diese gesammte Gesellschaft und ihre einzelnen Mitglieder Kriegsdienste leisten unter dem Gehorsame unseres Heiligen Vaters und Herrn, des römischen Papstes, und seiner Nachfolger. Und obwohl wir durch das Evangelium belehrt sind und aus dem wahren Glauben erkennen und bekennen, daß alle

Christgläubigen dem römischen Papste als ihrem Oberhaupte und dem Statthalter Jesu Christi Gehorsam schulden, so haben wir doch zur größern Demuth unserer Gesellschaft und zur vollkommenen Abtödtung eines jeden und zur Verläugnung unseres Willens als höchst zweckmäßig erachtet, daß wir alle außer jenem gemeinsamen Bande durch ein besonderes Gelübde gebunden werden, so daß, was immer zum Heile der Seelen und zur Verbreitung des Glaubens der gegenwärtige römische Papst und seine Nachfolger gebieten wird, und in welche Theile der Welt sie uns senden werden, wir gehalten sind, ohne jede Zögerung oder Entschuldigung diesem sofort, soweit wir es können, Folge zu leisten; sei es auch, daß wir zu den Türken oder anderen Ungläubigen, nach Indien zu den Irrgläubigen, oder den von der Kirche Getrennten geschickt würden. Darum sollen jene, welche uns beitreten wollen, ehe sie ihren Schultern diese Verpflichtung auflegen, lange und reiflich überlegen, ob sie auch so viel geistliches Gut im Vermögen haben, daß sie diesen Thurm nach dem Rathe des Herrn vollenden können (Luc. 14, 28). Das heißt, ob der Heilige Geist, welcher sie antreibt, so viel Gnade ihnen verspreche, daß sie das Gewicht dieser Berufung mit seiner Hilfe zu tragen hoffen, und nachdem sie einmal dieser Eingebung des Herrn folgend sich dieser Kriegsschaar Jesu Christi angeschlossen haben, sie Tag und Nacht die Lenden umgürtet und zur Zahlung einer so großen Schuld bereit sein sollen. . ." *)

Das ist das ganze Wollen der Jesuiten, klar und scharf ausgedrückt und — immer und immer muß dies wiederholt

---

*) Die hier ausgelassenen Stellen beziehen sich auf die äußere Gliederung der Gesellschaft und auf die drei Ordensgelübde: Armuth, Keuschheit und Gehorsam, und sind inhaltlich schon oben (S. 41 ff. und S. 54 ff) mitgetheilt worden. — Die Verfassungsurkunde selbst, die sogen. Formula Instituti, findet sich in jeder Ausgabe des Institutum Societatis Jesu, in den päpstlichen Bestätigungsbullen.

werden — versehen mit der ausdrücklichen Billigung der katho=
lischen Kirche. Denn unmittelbar nach Einschaltung der an=
geführten Wort fahren die Päpste Paul III. und Julius III.
fort: „Da aber hierin nichts gefunden wird, was nicht Fröm=
migkeit und Heiligkeit kundgibt u. s. w."

Wer wird zu behaupten wagen, daß dies Wollen ein ver=
werfliches, unerlaubtes sei? Ist es etwa die Weltherrschaft,
welche die Jesuiten hiermit anstreben? Nicht sich wollen sie
die Welt unterwerfen, sondern Christus, seinem Gesetze. Ein
Protestant sagt darüber: „Die angesehensten protestantischen
Schriftsteller machen das Zugeständniß: ‚Es ist das Recht
der Religion in den Confessionen auf die All=
gemeinheit und geistige Herrschaft in der Welt
auszugehen' (Marheineke, Die Reform der Kirche durch
den Staat, Leipzig 1844). Gestehen wir aber dieses zu,
dann ist auch in keiner Beziehung abzusehen, mit welchem
Rechte wir den Katholiken das Streben, ihrer Kirche die
möglichste Ausbreitung zu verschaffen, bestreiten und beschränken
wollen." [77]

Wenn ich einen glaubenstreuen Protestanten, einen seelen=
eifrigen protestantischen Geistlichen fragen würde: „Wollen
Sie Ihren Glauben ausbreiten, wollen Sie, daß alle Katho=
liken, die ganze Welt von Herzen protestantisch werde?" die
Antwort wäre ohne Zweifel ein kräftiges: „Gewiß will ich
das." Nun wohl, was für den protestantischen Laien, den
protestantischen Geistlichen, den protestantischen Missionär von
seinem Standpunkte aus erlaubt und edel ist, das sollte für
den katholischen Christen, für den katholischen Priester, für
den katholischen Ordensmann, für den katholischen Jesuiten
unerlaubt, strafbar, schlecht sein?! Hier, in dem Streben,
mit rechtmäßigen Mitteln, auf rechtmäßige Weise das eigene
Glaubensbekenntniß zu schützen, auszubreiten, ist der Angel=
punkt der Parität, welche auch der preußische Staat als Staats=
grundgesetz anerkennt.

„In der in allen deutschen Staaten beiden christlichen Hauptconfessionen zugestandenen Rechtsgleichheit liegt die Berechtigung für beide, alle und jede den Pflichten des Rechtes und der Moral nicht zuwiderlaufenden Mittel zur Ausbreitung und Befestigung ihrer Glaubenslehre zu benutzen. Daß hier der Zuwachs der einen Partei in den meisten Fällen auf Kosten der andern errungen wird, liegt in der Natur der Sache und gehört zu den unvermeidlichen Interessenconflicten, in denen sich das ganze Staatsleben bewegt." [78]

### Der Jesuitenorden nicht gestiftet gegen den Protestantismus.

27. Es ist eine oft gehörte und nicht selten mit leidenschaftlichem Hasse vorgebrachte Behauptung: der Jesuitenorden wolle den Protestantismus vernichten; das sei sein eigentlicher Zweck, die Triebfeder seiner gesammten Thätigkeit.

Ein ruhiger und besonnener Leser wird jetzt leicht herausfinden, was an dieser Behauptung Wahres ist.

Insofern und weil der Protestantismus der katholischen Kirche entgegengesetzt ist, und weil die katholische Kirche vom Standpunkt jedes Katholiken aus die wahre Kirche ist, insofern und deshalb will auch der Jesuitenorden und jeder einzelne Jesuit die Protestanten zu dieser Kirche hinüberführen und dadurch — man mag es immerhin so nennen — den Protestantismus vernichten. Aber das ist genau dasselbe, was auch der Protestantismus mit den Katholiken und auch mit den Jesuiten will.

Wenn man aber glaubt, wir Jesuiten seien gegen den Protestantismus gestiftet worden, unser Hauptziel, die eigentliche Triebfeder unserer gesammten Thätigkeit sei der Kampf gegen die Lehre Luthers, so ist das grundfalsch.

Nein, wahrlich nicht! Unser Orden hat größere Zwecke, eine umfassendere Aufgabe. Nicht nur hier oder dort wollen wir für die Kirche Christi arbeiten; nicht nur diese oder jene

Irrlehre bekämpfen, nicht nur irgend ein bestimmtes Land
zum römisch-katholischen und apostolischen Glauben zurück=
führen, sondern überall, wo unsere Kirche ist, leidet und
blutet, da wollen auch wir sein, leiden und bluten; wo immer
ein Gegner der katholischen Wahrheit ersteht, da wollen auch
wir uns ihm entgegenstellen. Wie unsere Kirche, so er=
kennen auch wir in allen Menschen auf der großen, weiten
Erde das mit seinem göttlichen Blute erkaufte rechtmäßige
Erbe Jesu Christi. Dies Erbe wollen wir bewahren, dies
Erbe vertheidigen, dies Erbe vermehren. Das ist unsere
Aufgabe.

Hiermit läugne ich keineswegs, daß thatsächlich der Jesuiten=
orden von Anfang an gegen den Protestantismus auftrat. Aber
das liegt eben in dem geschichtlichen Zusammentreffen der
Stiftung unseres Ordens mit dem Auftreten Luthers. Oder
will man uns im Ernste daraus einen Vorwurf machen, daß
Gott Ignatius von Loyola aus dem Hof= und Kriegsleben
zur Gründung eines Ordens berief gerade damals, als in
Deutschland der kirchliche Abfall begann? Will man es ta=
deln, daß Jesuiten auf Befehl des Papstes nach Deutsch=
land gingen, um dort an der Herstellung des kirchlichen Frie=
dens zu arbeiten? Freilich hat im Laufe der Zeit gerade die
Gesellschaft Jesu ein mächtiges Bollwerk gebildet zum Schutze
der katholischen Kirche in Deutschland, ganze Städte und
Länderstriche sind durch die Predigt und die Seelsorge der
Jesuiten dem katholischen Glauben erhalten worden. Aber
liegt darin etwa ein ungerechtes Verhalten? Kann man es
katholischen Priestern, katholischen Ordensleuten — und diese
Eigenschaft ist uns wesentlich — verargen, daß sie einstehen
für ihren alten Glauben? Auch das gebe ich zu, daß der
Kampf gegen den neu erstehenden Protestantismus oft heiß
und bitter, oft viel zu bitter, in Wort und Schrift von ein=
zelnen Jesuiten geführt wurde. Aber das alles beweist nicht,
was zu beweisen wäre, daß nämlich der Jesuitenorden ge=

stiftet worden ist gegen den Protestantismus, daß unsere
Aufgabe der Kampf gegen das Lutherthum ist.

In keiner einzigen päpstlichen Bulle, welche auf unsere
Stiftung Bezug hat, geschieht des Protestantismus Erwähnung; in keiner einzigen unserer Regeln, in keinem einzigen
Kapitel unserer Constitutionen kommt ein Wort über Luther
und seine Lehre vor, in keiner einzigen von den 21 Ordi-
nationen unserer Generale, welche die Thätigkeit und Arbeits-
weise der Gesellschaft betreffen, steht irgend etwas über den
Protestantismus.

Jesuiten haben in Deutschland gearbeitet, haben den
Protestantismus bekämpft, ja. Aber ist etwa die gesammte
Kraft, oder auch nur die Hauptkraft gegen das protestantische
Deutschland gerichtet gewesen? Man frage doch nur die
Geschichte.

Als in Deutschland die Noth für die katholische Kirche
aufs höchste gestiegen war, als selbst der Kölner Kurfürst
Hermann von Wied mit dem Abfall drohte, da wurde derjenige Mann, welcher am einflußreichsten die katholische Sache
in Deutschland vertrat und stützte, der Jesuit Peter Faber,
von seinem Wirkungsfeld abberufen. Zur nämlichen Zeit
sandte Ignatius die gewaltigste Kraft, welche unser Orden
vielleicht jemals besessen hat, den hl. Franciscus Xaverius,
nicht nach Deutschland, sondern nach Indien, und überhaupt
sind die größten Männer unserer Gesellschaft nicht in Deutschland und gegen den Protestantismus, sondern in katholischen
Ländern oder gegen den Unglauben thätig gewesen.

„Vermöge unseres Berufes haben wir verschiedene Orte
zu durchwandern, und unser Leben in jeder beliebigen Welt-
gegend zuzubringen, wenn sich daselbst vorzugsweise der Dienst
Gottes und die Hilfe der Seelen hoffen läßt" (Summ. Const.
S. J. reg. 3). Diese Worte umschreiben das Feld unserer
Arbeit, drücken das Ziel unserer Thätigkeit aus: das Heil
der unsterblichen Seelen!

Im Jahre 1543 schrieb der eben erwähnte große Apostel In=
diens, der größte Sohn der Gesellschaft Jesu, der hl. Franciscus
Xaverius, die folgenden Worte an seine Mitbrüder in Rom:

„. . . Wie groß die Zahl derjenigen ist, welche zur
Heerde Christi sich schaaren, können Sie schon daraus ab=
nehmen, daß meine Arme, infolge der Spendung der Taufe,
vor Ermüdung ganz gelähmt sind; zuweilen reinigte ich ganze
Dörfer an einem Tage durch das heilige Bad der Wieder=
geburt. Nicht selten kommt es vor, daß mir durch die oft=
malige Wiederholung des Glaubensbekenntnisses Stimme und
Kräfte versagen. . . Viele werden in diesen Gegenden einzig
aus dem Grunde nicht Christen, weil es an solchen fehlt,
welche ihnen das Evangelium verkünden. Darum durch=
wandere ich oft im Geiste die Universitäten Europa's, erhebe
meine Stimme und rufe denjenigen, welche mehr Wissenschaft
als Liebe besitzen, zu: Wehe! welch ungeheure Zahl von
Seelen geht durch eure Schuld des Himmels verlustig und
fährt auf ewig zur Hölle! O wenn diese Gelehrten doch nicht
allein an ihre Wissenschaft, sondern auch an die Rechenschaft
dächten, welche sie Gott dereinst von ihrem Wissen und von
den ihnen anvertrauten Talenten geben müssen. Gewiß
würden viele durch diesen Gedanken bewogen werden, fromme
Erwägungen anzustellen, um zu vernehmen, was Gott zu
ihnen redete; sie würden ihren Leidenschaften und der Welt
entsagen, um sich ganz dem göttlichen Willen und Wohl=
gefallen zu fügen. Von ganzem Herzen würden sie ausrufen:
Sieh, Herr, hier bin ich, sende mich, wohin du willst, selbst
bis nach Indien! O Gott, um wie viel freudiger und
ruhiger würden sie dann leben können; wie viel zuversichtlicher
auf die göttliche Barmherzigkeit vertrauen, wenn sie im Augen=
blicke des Todes vor das entscheidende Gericht Gottes treten
müssen, dem niemand entgehen kann. Dann würden sie
freudig mit dem Knecht im Evangelium sagen können: Herr,
du hast mir fünf Talente gegeben, siehe, ich habe fünf

5 *

andere hinzu gewonnen (Matth. 25, 20). Wenn sie so viel
Mühe, als sie Tag und Nacht auf Aneignung der Wissenschaft verwenden, sich geben würden, um gebiegene Früchte
der Wissenschaft zu ernten; wenn sie den Fleiß, welchen sie
der Erweiterung ihrer Kenntnisse widmen, auf den Unterricht
der Unwissenden in dem, was zum Heile nothwendig ist,
verwendeten, o gewiß, es würde ihnen die Rechenschaft leichter
werden, wenn der Herr dereinst sagen wird: Gib Rechenschaft von deiner Verwaltung (Luc. 16, 2)... Ich nehme
Gott zum Zeugen: weil ich selbst nicht nach Europa zurück-
kehren kann, so hätte ich beinahe den Entschluß gefaßt, an
die Universität von Paris zu schreiben, um auseinanderzu-
setzen, wie viel tausend Heiden der christlichen Religion gewonnen werden könnten, wenn nur Männer da wären,
welche nicht das Ihrige, sondern das, was Jesu Christi
ist, suchten. Darum, theuerste Mitbrüder, bitten Sie den
Herrn der Ernte, daß er Arbeiter in seine Ernte sende." [79]

Es gehört christlicher Glaubensgeist dazu, diese Worte zu
verstehen. Die Gesellschaft Jesu hat sie verstanden, hat sie
auf ihre Fahnen geschrieben und drei Jahrhunderte lang un-
entwegt sie befolgt. Lese man doch die Rundschreiben unserer
Ordensgenerale, namentlich eines Jakob Laynez (Brief vom
12. December 1548), Claudius Aquaviva (Briefe vom
12. Januar und 12. Mai 1590; vom 1. August 1594; vom
12. Mai 1599), Johannes Roothaan (Brief vom 3. December 1833). Wo wird die Sprache am eindringlichsten,
wo tritt der Geist, welcher in diesen unseren Führern wohnte,
am kraftvollsten zu Tage? Dort, wo es sich darum handelt,
zu begeistern für das Heil der Seelen.

Bis zum Jahre 1871 haben 317 Männer aus dem Jesuitenorden für ihren und für den Glauben der ihnen anvertrauten
Heerden das Leben dahingegeben. Im Jahre 1883 wirkten
3592 Jesuiten in den auswärtigen Missionen, darunter
1653 Priester, 932 Scholastiker und 1007 Laienbrüder;

61 481 Kinder und 10 594 Erwachsene empfingen durch die
Hand dieser Jesuitenmissionäre das Sacrament der Taufe;
10 426 Waisenknaben wurden in 72 Waisenhäusern erzogen.
Und was in diesem einen Jahre 1883 geschehen ist, geschieht
jährlich, geschah durch zwei volle Jahrhunderte hindurch.

Selbst Leopold von Ranke ruft bei Betrachtung des all-
umfassenden Seeleneifers der Jesuiten aus: „Eine unermeßliche, weltumspannende Thätigkeit! Auf diesem unbegrenzten
Schauplatz jedoch allenthalben frisch und ganz und unermüd-
lich; der Antrieb, der in dem Mittelpunkt thätig ist, begeistert,
und zwar vielleicht noch lebhafter und inniger, jeden Arbeiter
an den äußersten Grenzen.“ [50] Alexander von Humboldt [51],
Washington Irving [52], Southey [53], Campbell [54] und Macaulay
legen das gleiche Zeugniß ab. Letzterer schreibt [55]: „Es gab
keine Gegend auf dem Erdball, kein Gebiet des wissenschaftlichen oder thätigen Lebens, wo nicht Jesuiten zu finden gewesen wären... Sie zogen in Länder, zu deren Erforschung
weder kaufmännische Habsucht, noch wissenschaftliche Neugier
jemals einen Fremden getrieben hatte. Man fand sie in
Mandarinentracht als Aufseher der Sternwarte zu Peking,
man fand sie, wie sie, den Spaten in der Hand, die Wilden
von Paraguay die Anfangsgründe des Ackerbaues lehrten.
Ob der Jesuit unter dem Polarkreis oder unter dem Aequator
leben sollte, ob er sein Leben mit der Anordnung von Gem-
men und Vergleichung von Handschriften im Vatican, oder
damit hinbringen sollte, nackte Wilde auf der südlichen Halb-
kugel zu überreden, sich nicht untereinander aufzufressen, das
waren Fragen, deren Entscheidung er andern überließ. Brauchte
man ihn in Lima, so war er mit der nächsten Flotte auf dem
Atlantischen Ocean; brauchte man ihn in Bagdad, so ritt er
mit der nächsten Karawane durch die Wüste. Bedurfte man
seiner Dienste in einem Lande, wo sein Leben unsicherer war,
als das eines Wolfes, wo es als ein Verbrechen galt, ihn
zu beherbergen, wo die Köpfe und Viertheile seiner Brüder

an öffentlichen Plätzen aufgesteckt ihm zeigten, was er zu er=
warten habe: so ging er ohne Widerrede und Zaudern seinem
Schicksal entgegen."

Gewiß ist manch schwülstiges Wort in diesen Aussprüchen
von Männern, welche eben vom katholischen Ordensleben keinen
Begriff haben. Eines aber beweist dies Lob der Gegner doch:
daß der Jesuit nichts Irdisches sucht, keinen weltlichen Ruhm,
keine weltliche Ehre anstrebt. Er ist ein Streiter Jesu Christi,
der das Gottesreich erweitern, seine eigene und viele andere
Seelen zum Himmel führen will, freilich an der Hand der
katholischen Kirche.

Und schließlich, liegt denn im Kampfe gegen den Pro=
testantismus etwas Unrechtes? Ein eifriger, aber besonnener
und rechtlich denkender Protestant schreibt darüber:

„Wenn die katholische Kirche ihre Interessen vertheidigt,
so ist sie dazu berechtigt, und wer sich seines Rechtes bedient,
begeht kein Unrecht, selbst wenn dadurch fremde Interessen
verletzt werden. Wenn sie in der Verfolgung ihrer
Interessen in den Jesuiten eifrige Diener benutzt,
so sind auch diese in ihrer Pflichtübung in ihrem
Recht. Uns Protestanten mögen diese Leute, sofern ihr
Pflichteifer unsere Interessen beeinträchtigt, sehr unbequem,
lästig, selbst gefährlich sein, allein solange sie den Boden
der Gesetzmäßigkeit nicht verlassen, können auch wir uns
nur auf den der Defensive beschränken. Nur wenn sie im
Gebiete des Unrechts unsere Interessen beeinträchtigen, sind
wir zur Beschwerde berechtigt." [86]

Und noch nie und nimmer hat der Jesuitenorden den
Boden der Gesetzmäßigkeit verlassen, sich noch nie in das
Gebiet des Unrechts begeben. Ich sage: der Jesuitenorden.
Ob einzelne aus demselben vielleicht ungesetzmäßig gehandelt,
unrechte Mittel gebraucht haben, darum handelt es sich hier
nicht. Bei einem Orden, der Jahrhunderte lang besteht, der
nach ungefährer Schätzung an die hunderttausend Mitglieder

zählt, ist es gewiß nicht zu verwundern, wenn hie und da der eine oder der andere Fehler, selbst große Fehler begeht; aber der Orden als Orden hat stets nach lautern, echt christlichen Grundsätzen gehandelt. Und der Segen, welcher überall seinem Wirken folgte, die Liebe und das Zutrauen, welches er sich allenthalben erworben hat, legen lautes Zeugniß dafür ab.

Eine Zeit und ein Land gibt es, wo die Grundsätze des Jesuitenordens unumschränkt geherrscht haben, wo das Streben und Wollen der Jesuiten ganz zur Ausführung gelangt ist. Und die Geschichte dieser Zeit und dieses Landes ist die Geschichte eines freien, eines glücklichen, eines christlichen Volkes.

Viel ist geschrieben und gelogen worden über das „Jesuiten= reich" in Paraguay. Es war kein „Reich" im weltlichen Sinne; es war eine christliche, katholische Mission, geleitet zwar auch in ihren irdischen Angelegenheiten von Mitgliedern des Jesuitenordens, aber unter Spaniens Scepter. Wie lautet darüber das Urtheil unparteiischer Männer?

Professor J. E. Wappäus, Mitglied der Gesellschaft für Erdkunde zu Berlin, schreibt: „In dem sogen. Reich der Je= suiten führten zur Zeit der Vertreibung seiner Gründer 100 000 Indianer, wie jetzt von allen unparteiischen Beurtheilern anerkannt wird, unter eigenthümlichen, aber ihren Naturgaben durchaus angemessenen Institutionen ein friedliches und behagliches Leben, während gegenwärtig dieser Landstrich, nachdem er alsbald nach der brutalen Ver= treibung der Väter in ein Chaos zerfiel, wiederum größten= theils zu einer menschenleeren Einöde geworden ist. . . Die Feinde des Ordens triumphirten, die Mehrheit der Bewohner des spanischen Südamerika's aber wurde mit Schrecken erfüllt über diese harten Maßregeln gegen die Jesuitenpatres, welche sie als die treuesten Unterthanen Spaniens, als eifrige und unermüdliche Stützen des Katholicismus, als die Verbreiter der Civilisation unter den Indianern und als Förderer des

Unterrichts unter den Creolen zu betrachten gewohnt waren. Heutzutage noch lebt dort das Andenken der Jesuiten in Segen fort unter den Indianern, welche von der Regierung der Patres mit Begeisterung, wie von ihrem goldenen Zeitalter reden." [67] Buffon: „Ja, was auch die Verleumdung für ein Geschrei erheben mag, die Jesuiten sind es, welche Paraguay erobert haben. Die Milde, das Beispiel, die Nächstenliebe und die Ausübung jeder Tugend, wie sie von diesen Missionären geübt wurden, haben den Weg in die Herzen dieser Wilden gefunden. Nichts kann der Religion zu größerer Ehre gereichen, als daß sie diese Völkerschaften der Gesittung gewonnen und unter ihnen ein Reich begründet hat ohne andere Waffen, als die der Tugend." [68]

Wir brauchen übrigens nicht nach Amerika zu gehen, um Beweise zu erhalten für die Wahrheit, daß die Jesuiten nur das Gute wollen und das Gute auch erreichen. Welches Schauspiel bot vor 20 Jahren Deutschland, als die Vertreibung der Jesuiten durchgeführt wurde?

Das ganze katholische Deutschland, Bischöfe, Priester, Adel und Volk, erhob sich wie ein Mann und erklärte auf Ehre und Gewissen: Die gegen die Jesuiten erhobenen Anschuldigungen sind unwahr, die Zwecke und Mittel des Jesuitenordens sind gut und heilig [69].

Dieser Stimme gegenüber bleibt nur eine doppelte Annahme möglich: entweder sind die 17 Millionen deutscher Katholiken gleichfalls schlechte Menschen und Uebelthäter, oder diese 17 Millionen Bischöfe, Priester, Adel und Volk sind so beschränkt, daß sie trotz mehr als 20jährigen vertrauten Umgangs mit den Jesuiten deren Schlechtigkeit nicht erkannt haben.

„Fromm leben in Christus Jesus", das ist, wie schon gesagt, der kurze Inbegriff dessen, was die Jesuiten für sich selbst und für andere wollen.

Wie fassen sie nun aber dies fromme Leben auf, welches ist sein Inhalt? Das Wort unseres Herrn: „Gebet also Gott, was Gottes ist, und dem Kaiser, was des Kaisers ist" (Matth. 22, 21). Hierin liegt beschlossen das ganze Leben der Menschen, des einzelnen wie der Gesammtheit: häusliche, kirchliche und staatliche Ordnung.

### Volksmissionen.

28. Schon oben ist ausgeführt worden, daß die Mittel, welche der Jesuitenorden benutzt, wesentlich die Mittel der katholischen Kirche, des katholischen Priesterthums sind: Verkündigung des Wortes Gottes, Ausspendung der heiligen Sacramente, Erziehung und Unterricht der Jugend. Wie sich unser Orden des ersten Mittels: Verkündigung des Wortes Gottes, auf eine ihm eigenthümliche Weise bedient, in den sogen. Exercitien und Volksmissionen, wurde gleichfalls erwähnt. Hier muß ich darauf zurückkommen, weil eben im Gebrauch dieses Mittels das Wollen der Jesuiten, welches im allgemeinen das Heil der Seelen, Gottesfurcht und Tugend bezweckt, seine ganz concrete Gestaltung, sein echt jesuitisches Gepräge erhält.

In seinem Hirtenbriefe vom Frohnleichnamsfeste 1852 gibt der Cardinal-Fürstbischof von Breslau, Melchior Freiherr von Diepenbrock, das Wesen einer jesuitischen Volksmission kurz und gut also an: „. . . Es sind die Grundlehren und Heilswahrheiten des Christenthums: die Lehren von Gott, dem Dreieinigen, Heiligen, Gerechten, von der Schöpfung, dem Sündenfalle, der Erlösung, Buße, Rechtfertigung und Heiligung, von den letzten Dingen, von den Pflichten des Christen in der Kirche, in der Familie, im Staate, von der Nächsten- und Feindesliebe, von den christlichen Tugenden der Gerechtigkeit, Mäßigkeit, Keuschheit, der Ergebung in Gottes Willen, Geduld in Trübsal, kurz, die gesammte christliche Lehre von der göttlichen Weltordnung." [90] Es ist, wie man

5 **

sieht, der ganze Umfang des christlichen Lebens mit allen seinen Pflichten, welcher hier zur Sprache kommt: „Gebet also Gott, was Gottes ist, und dem Kaiser, was des Kaisers ist."

Wie haben diese Missionen gewirkt? An den Früchten erkennt man doch den Baum.

Ich beschränke mich auf die Volksmissionen in Deutschland.

In diesem Jahrhundert begann der Jesuitenorden seine Missionsthätigkeit in Deutschland im Jahre 1849. Dreiundzwanzig Jahre hat diese Thätigkeit gedauert bis zum Jahre 1872. In diesem Zeitraum wurden in 1600 Städten und Ortschaften Deutschlands Missionen gegeben; unter anderen in Berlin, Breslau, Hannover, Magdeburg, Halle, Hamburg, Glogau, Bruchsal, Karlsruhe, Baden-Baden, Rastatt, Mannheim, Heidelberg, Augsburg, München, Aschaffenburg, Frankfurt a. M., Bremen, Duisburg, Essen, Mainz, Wiesbaden, Darmstadt, Fulda, Worms, Bonn, Köln, Aachen, Düsseldorf, Münster, Paderborn. Wer einmal die gefüllten Kirchen bei einer Mission gesehen hat, weiß, welch eine gewaltige Zuhörerschaft allein die Nennung dieser Städte einschließt. Dazu nehme man die Zuhörer der übrigen 1569 Orte, und man wird nicht fehl gehen, die Zahl derjenigen, welche den Jesuitenpredigten beiwohnten, auf Hunderttausende anzugeben. Das Publikum bestand aus Katholiken und Protestanten, aus Mitgliedern aller Stände, aller Berufsklassen. In Karlsruhe predigte der Jesuitenpater Roh auf Verlangen des Großherzogs vor dem Militär. In Hannover war laut dem „Hannover'schen Courier" (1860) die königliche Familie bei den Missionspredigten über Christus und die Kirche zugegen; auch in München und Stuttgart erschien der königliche Hof mehrmals in den Vorträgen der Jesuiten; in Hamburg waren bei solchen Gelegenheiten Consuln und Vertreter auswärtiger Mächte ständige Besucher der katholischen Kirche.

Diese wenigen Angaben sind in sich schon eine beredte Vertheidigung und glänzende Rechtfertigung der Jesuiten= missionen. Wir haben hier nicht nur das katholische, son= dern auch einen großen Theil des protestantischen Deutschlands, protestantische Staatsmänner, Fürsten und Könige, welche Zeugniß ablegen für die segensreiche Wirksamkeit der missionirenden Jesuiten.

Einige andere Zeugnisse mögen hier noch folgen: Vom 27. October bis 10. November 1850 hielten die Jesuiten Roh, Haßlacher, v. Klinkowström, Roder, Ketterer und Wilmers eine große Mission in Köln; die liberale „Köl= nische Zeitung" berichtet darüber: „Während der ganzen Zeit versammelten und erbauten die im hohen Dome und in der St.=Severins=Kirche dreimal täglich gehaltenen Vorträge Tausende aus den verschiedenen Klassen der Bürgerschaft. Das allgemeine Urtheil über diese Vorträge spricht sich dahin aus, daß die Väter mit wahr= haft apostolischem Eifer, zarter Mäßigung und großer Klarheit die Grundlehren des Christen= thums dem Volke dargelegt und Gottes= und Nächstenliebe so eindringlich gepredigt haben, daß die besten Früchte davon zu erwarten stehen."[91] Diesem Urtheil stimmt bei die „Rheinisch=Westphälische Zeitung", das Organ des protestantischen Wupperthals: „Bei den Predigten der Jesuiten sind die Kirchen gedrängt voll, die Beichtstühle sind über und über mit Bußfertigen be= setzt, und das heilige Abendmahl wird so häufig ausgetheilt, wie nie zuvor" (3. November 1850). Ein protestantisches Blatt der Hauptstadt Berlin schreibt über die dort gehaltene Mission: „Die Predigten des Jesuiten Haßlacher werden von Angehörigen aller Confessionen besucht. Man hat sich hier auf protestantischer Seite unter Jesuiten bis jetzt Geistliche gedacht, welche Feuer vom Himmel herabsehen, um alles zu

verzehren, was nicht katholischen Glaubens ist, und findet jetzt
in ihnen Männer, welche so praktisch predigen, wie sich's das
Herz nur wünschen kann, und welche — das Christenthum
predigen. Wenn die Patres morgen wiederkämen, oder wenn
sie gar hier blieben und ihrer mehr und mehr würden,
was thät's?"[92] Im „Hannover'schen Courier" (vom
27. März bis 12. April 1860) sind die Predigten des Jesuiten Roh also beschrieben: „Worin besteht der Zauber dieser
gewaltigen Beredsamkeit? Liegt bloß Talent, oder liegt
noch etwas anderes zu Grunde? Und kann man durch bloße
Kunst ein so gemischtes Publikum, kann man durch dieselbe
wirklich Katholiken, Protestanten und Juden gleichmäßig
fesseln, ergreifen und hinreißen? Man kann es nicht. Beredsamkeit ist eine Kunst, aber Beredsamkeit ist auch eine
Tugend: sittliche Eigenschaften sind erforderlich, um so zu
sprechen."

### Urtheil preußischer Behörden über die Missionen.

**29.** Doch noch eine ganz andere Stimme als Zeitungs-
berichte hat sich für die Jesuitenmissionen erhoben; es ist
der Wortlaut der amtlichen Berichte königlich
preußischer Behörden, aufgenommen in den Sitzungsbericht des preußischen Landtags vom 12. Februar 1853:
Abgeordneter von Gerlach: „Lassen Sie mich noch einiges
Material anführen, und zwar ipsissima verba. Es ist mir
möglich geworden, die amtlichen Berichte über die Thätigkeit
der Jesuitenmissionen einzusehen; sie sind, soviel ich weiß,
ausschließlich von Protestanten, gewiß größtentheils von Protestanten. Hören Sie nun den wörtlichen Inhalt:

‚Von Proselytenmacherei oder Erregung confessionellen Unfriedens haben sich die Jesuiten
vollkommen frei gehalten. Von protestantischer
Seite ist daher auch ihrer Wirksamkeit vielfache
Anerkennung zu theil geworden. **Nur die Demo-**

kratie grollt, weil die Jesuiten überall als Send=
boten des Grundsatzes der Autorität, in kirch=
lichen wie staatlichen Dingen, auftreten und
die socialistischen Trugbilder, mit welchen die
Demokratie auf die Selbstsucht der Massen spe=
culirt, entlarven und schonungslos bekämpfen.
Sie werden von den Anhängern der Demokratie
als bestochene Agenten der Regierung bezeichnet
und mit Schmähschriften bedroht. Indifferen=
tisten, welche seit zwanzig Jahren ein Gottes=
haus besucht hatten, mußten beschämt gestehen,
daß ihnen hier, überzeugend und überzeugt, eine
Glaubenskraft von solcher Tiefe entgegen=
getreten sei, wie sie deren Möglichkeit in dieser
Zeit kaum geahnt hätten. Auch wissen die Land=
räthe übereinstimmend nicht genug zu rühmen,
wie wohlthätig sich der praktische Erfolg ihrer
Missionen gestaltet habe, nicht bloß sichtbar
hervortretend auf dem Gebiete äußerer Sitt=
lichkeit und Legalität in Vermeidung des
Schleichhandels, der Polizeivergehen, des
Branntweintrinkens, der nächtlichen Tanzlust=
barkeiten, sondern noch mehr nach innen in der
Erweckung des Geistes christlicher Zucht und
Liebe zwischen Ehegatten, Eltern und Kindern,
Herrschaft und Gesinde, und in den Verhältnissen
des Hauses, der Familie und der Gemeine.'"

Diese Worte sind schon früher angeführt worden; aber
man begreift, daß ich sie hier wiederhole. Kann es ein un=
befangeneres, gewichtigeres Zeugniß für die Wahrheit geben,
daß das Streben der Jesuiten dahin geht, jenes Wort zu
verwirklichen: „Gebet also Gott, was Gottes ist, und dem
Kaiser, was des Kaisers ist"?

Ja, es gibt noch ein gewichtigeres Zeugniß.

**Urtheil Kaiser Wilhelms I. über die Jesuitenmissionen.**

30. Als im Jahre 1849 Prinz Wilhelm von Preußen,
der nachmalige Kaiser Wilhelm I., den badischen Aufstand
niederwarf, da begleitete ihn als Civilcommissär der preußische
Gesandte am badischen Hof, Karl Friedrich von Savigny.
Die äußere Ruhe war durch das Schwert wiederhergestellt;
jetzt galt es, daß mißleitete Volk wieder daran zu gewöhnen,
zu geben „Gott, was Gottes ist, und dem Kaiser, was des
Kaisers ist". Und welches Mittel hielt Prinz Wilhelm von
Preußen dafür am geeignetsten? Er äußerte Herrn von Savigny gegenüber den Wunsch, daß in den badischen Landen
möglichst bald Jesuitenmissionen abgehalten würden, um Ruhe
und Ordnung im Volke herzustellen oder zu befestigen. Diese
Thatsache hat ein Freund Savigny's mir erzählt, mit der
Versicherung, sie aus dem Munde des Verstorbenen selbst gehört zu haben.

Es ist ein unvergänglicher Ruhm für die Gesellschaft Jesu,
daß, wo immer sie auftrat, sie erschien als Freund, Beschützer,
Vertheidiger der Ordnung.

Allerdings ist dieser Ruhm etwas Selbstverständliches, nothwendig mit dem Wesen unserer Gesellschaft, als eines katholischen Ordens, verbunden. Auch wird es keinem Jesuiten
einfallen, sich auf diese Thatsache etwas Besonderes einzubilden;
er weiß eben, daß sie der gemeinsame Ehrenvorzug ist aller
wahren Katholiken, aller echten Ordensmänner. Nichtsdesto-
weniger erinnere ich daran, und zwar aus gutem Grund.

Während die Kräfte der Tiefe, die Leidenschaften ver-
blendeter, verleiteter Massen immer wilder zu toben beginnen
gegen die bestehenden Verhältnisse und in unserm Deutschland
dem Königthum von Gottes Gnaden offen den Krieg erklären,
hält man einen Verein von Männern ferne, welche mit Wort
und Schrift einstehen für dies Königthum, welche durch ihre
Vergangenheit Bürgschaft bieten, daß ihr Einstehen von Erfolg begleitet ist.

Finden etwa diese Worte auch jetzt, obwohl mit der Be=
stätigung der preußischen Behörden, eines preußischen Königs
und deutschen Kaisers versehen, noch keinen Glauben? Nun,
so frage man die Gegner. Der Socialdemokrat Lieb=
knecht erklärte am 11. Januar 1883 im deutschen Reichs=
tag, daß sein und seiner Partei Bestreben dahin gehe, die
Jesuiten auszurotten (Stenographischer Bericht, S. 839).
Es weiß eben die Socialdemokratie, was die Je=
suiten wollen: christliches Leben und staatliche
Ordnung, und deshalb „grollt die Socialdemokratie", wenn
die Jesuiten zurückkommen.

„Gebet Gott, was Gottes ist, und dem Kaiser,
was des Kaisers ist", das ist das Wollen der
Jesuiten.

# III

# Was wirft man den Jesuiten vor?

### Macht der Lüge.

31. „Die Lüge hat das mit der freveln Gewalt gemein, daß sie den, der sich ihrer bedient, anlügt und betrügt, wie die andere ihn meistert und überwältigt. Man hat die Unwahrheit so oft einander vorgesagt, daß, obgleich jeder für sich an seinem Theil keinen Glauben ihr beimessen konnte, er sie doch, da er sie immer wieder in so vieler Munde gefunden, von diesen als wahr und glaubhaft hingenommen; wo denn, indem immer einer den andern angelogen, die Lüge scheinbar denselben Charakter von Allgemeinheit gewonnen, der sonst nur die Wahrheit unterscheidet. Ein Umstand, der dann wieder zurückwirkend die Gerngetäuschten nur noch tiefer in ihre Täuschungen verstrickte."

Was hier Görres in seinem „Athanasius" im allgemeinen von der Macht der Lüge sagt, das gilt besonders von der Lüge über die Jesuiten. „Es wird ja", wie der Rationalist und Jesuitenfeind Desmaizeaux schreibt, „alles, was man gegen die Jesuiten veröffentlicht, geglaubt. Man braucht nur kühn etwas zu behaupten, und es ist gewiß, daß die große Menge es glaubt" (vgl. Anm. 18). Den gesunden Sinn und die Ehrlichkeit des Calviners Bayle haben nur wenige unserer Gegner: „Ich hatte den Vorwitz, zu lesen, was die Jesuiten auf die Anklagen ihrer Gegner erwiederten, was man ihnen entgegnete, und was sie selbst wieder antworteten; und es

schien mir, daß ihre Ankläger in mehreren Stücken im Nachtheil blieben. Dies führt mich auf den Glauben, daß man
ihnen gar vieles zur Last legt, wofür man keine Beweise hat;
daß man es aber, von Vorurtheilen getrieben, leichtgläubig
hinnimmt." [93]

Uebrigens werde ich durchaus nicht auf alle jene Be-
schuldigungen eingehen, welche in Zeitungen und Pamphleten
gegen die Jesuiten vorgebracht werden. Wenn sie auch erscheinen unter dem Schutze des „Evangelischen Bundes" und
gedeckt mit dem Ansehen hochklingender protestantischer Namen,
so sind sie inhaltlich und vielfach auch der Form nach nur
eine Wiederholung der von wüstestem Unflath und lästernder
Beleidigung starrenden Schrift des protestantischen Theologen
Martin Chemnitz: „Vom neuen Orden der Jesuiten" (1562),
worin die Jesuiten genannt werden: „meineidige, eidvergessene,
eidbrüchige, ehrlose, verzweifelte, abgefeimte Buben". Solche
Schreibart ist zwar tief zu beklagen, aber in den Augen an-
ständiger Leute richtet sie sich selbst.

Nein, ich werde auf Anklagen erwiedern, welche vor einem
erlauchten Gerichtshof im Angesicht von ganz Europa gemacht
worden sind.

### Die Anklage im Reichstag 1872.

**32.** In den Reichstagsverhandlungen vom Mai und Juni
des Jahres 1872 saß die deutsche Volksvertretung über die
Jesuiten zu Gericht. Jede der damals gegen uns gehaltenen
Reden könnte ich als Ausgangspunkt meiner Widerlegung
benutzen. Eine empfiehlt sich aber dazu am besten. Es ist
die Rede des Abgeordneten Windthorst-Berlin, gehalten in
der Sitzung vom 15. Mai 1872.

Der Hauptsatz des Redners lautet: „Ich erhebe gegen
den Jesuitenorden die fünffache Anklage, daß er
staatsgefährlich, reichsgefährlich, culturgefährlich ist, daß er den confessionellen Frieden zer-

stört und daß er die Sittlichkeit und Bildung des Volkes gefährdet."

Die Ausführung dieser Anklagen und der Beweis dafür füllt 18 enggedruckte Spalten. Meine Widerlegung wird ungleich kürzer, wird sehr kurz ausfallen. So schwer nämlich die Anklagen, so leicht sind die Beweise, so leicht, daß am Schlusse der ganzen Verhandlungen ein antikatholischer Reichs= bote, der Abgeordnete Dr. Bähr, gegen das Jesuitengesetz stimmte unter folgender Erklärung:

„Die Ausweisung eines Staatsangehörigen aus dem Orte, wo er seine Heimat hat, sowie die Verweisung desselben in einen bestimmten andern Ort halte ich für einen so schweren Eingriff in die Rechte der Persönlichkeit, daß ich die Ver= hängung eines solchen Nachtheils nur etwa als Strafe für ein Vergehen oder Verbrechen oder als Folge einer solchen Strafe als statthaft erachten könnte. Das vorliegende Gesetz aber verhängt diese Nachtheile gegen Per= sonen, die sich keines Vergehens oder Verbrechens schuldig gemacht haben, einfach als Polizeimaßregel. Aus diesen Gründen habe ich gegen das ganze Gesetz ge= stimmt, während ich einer Gesetzesvorlage, welche die staats= gefährliche Thätigkeit der Jesuiten unter Strafe gestellt hätte, meine Zustimmung nicht versagt haben würde. Berlin, den 19. Juni 1872. Dr. Bähr" (S. 1156).

Jetzt folge ich dem Ankläger im Reichstag.

1. „Der Jesuitenorden ist staatsgefährlich, weil er unbedingte Unterordnung des Staates unter die Kirche fordert, weil er der Kirche die Rechte zueignen will, auf welche allein der Staat Anspruch hat, weil er die unbedingte Wirk= samkeit der bürgerlichen Gesetze negirt und damit die Grund= lagen der staatlichen Organisation in Frage stellt" (S. 384).

Das gerade Gegentheil dieser Behauptungen ist allgemein anerkannte Lehre innerhalb des Jesuitenordens. Hier einige Sätze eines noch lebenden jesuitischen Schriftstellers: „... Die

Menschen müssen in Staaten zusammenleben; das ist ein Gesetz der moralischen Ordnung, welches, vom Schöpfer in die Natur des Menschen hineingelegt, sich ganz unfehlbar Geltung verschafft. Weil aber Gott die Natur gemacht hat, darum hat Gott selber dieses Gesetz gegeben, und darum wird die Berechtigung zum Dasein der Staaten und aller zum Staatswesen nöthigen Elemente mit vollem Grund auf den Willen Gottes selbst zurückgeführt. ... Gott hat also den Staat gewollt, mithin hat er auch alles gewollt, was zum Bestande des Staates als solchen unerläßlich nothwendig ist, d. h. vor allem die Regierungsgewalt. Das ist es ja, was mit klaren Worten auch die Offenbarung lehrt: ‚Jedermann sei den höheren Gewalten unterthan; denn es gibt keine Gewalt außer von Gott. Wer sich darum der Gewalt widersetzt, der widersetzt sich der Anordnung Gottes' (Röm. 13, 1. 2). ... Der Staat ist an letzter Stelle auf den Willen Gottes zurückzuführen. ... Der durch das Naturgesetz geoffenbarte Wille Gottes ist der einzige, aber auch der vollgiltige und unerschütterliche Rechts- titel der bürgerlichen Gewalt." Und über das Verhältniß von Kirche und Staat äußert sich der nämliche Jesuit also: „Weder der Staat noch die Kirche können einfach nach Belieben das Recht schaffen, nach welchem ihr gegenseitiges Verhältniß zu ordnen wäre. Würde der Staat sagen: Ich mache meine Gesetze nach meinem Gutdünken, die Kirche hat sich denselben zu fügen; und würde die Kirche umgekehrt sagen: Was kümmert mich der Staat, ich bestimme mein Recht und werde dasselbe gegen jeden Angriff verthei- digen — so müßte ein ewiger Krieg und eine ewige Unord- nung die nothwendige Folge sein. Gott aber ist der Gott des Friedens und der Ordnung; und da von ihm beide Ge- walten ausgehen, so muß auch er die Grundsätze niedergelegt und festgesetzt haben, nach welchen harmonische Eintracht zwischen beiden erzielt werden kann. ... Kirche und Staat sind zwei durchaus unterschiedene Gesellschaften, verschieden in ihrem Wesen, verschieden in ihrem Zweck, verschieden in ihren Mitteln. ... Wie also der Staat kein Recht hat, sich in die Verwaltung der kirchlichen Heilsmittel einzumischen, so hat umgekehrt die Kirche die Pflicht, den Staat seine politischen Angelegenheiten selbst besorgen zu lassen. Die Kirche würde darum so gut eines Uebergriffes sich schuldig machen, wenn sie sich in die Staatsgeschäfte als solche einmischen wollte, wie der Staat, wenn er rein kirchliche Dinge vor sein Forum zöge. Die Kirche ist nicht Staat und der Staat ist nicht Kirche, beide bestehen als geschlossene Einheiten neben und unabhängig von einander. Das ist die echt kirchliche Anschauung, und wenn nicht selten selbst hochgebildete Männer das gerade Gegentheil als Lehre der Kirche bezeichnen (wie der Abgeordnete Windthorst-Berlin im Reichstag von 1872), um dann mit großer Entrüstung gegen solch eine herrschsüchtige Anmaßung zu kämpfen, so liegt diesem Verfahren entweder eine merkwürdige Verblendung oder aber eine sehr unehrliche und unedle Taktik zu Grunde." [94]

Diese Worte schrieb ein Jesuit im Jahre 1887; und sie sind nicht etwa neu und unerhört innerhalb des Jesuitenordens, sondern von jeher war dies jesuitische Lehre. Unsere bedeutendsten Schriftsteller sagen dasselbe. Bellarmin stellt folgende Sätze auf: „Der Papst ist weder der Herr des ganzen Erdkreises, noch auch der ganzen christlichen Welt, noch hat er überhaupt nach göttlichem Recht irgend eine directe weltliche Jurisdiction. Denn wie Christus als Stifter der Kirche kein weltlicher Herrscher war, ebenso wenig ist es der Papst als solcher. Die weltliche Macht hat ihre eigenen Herren, Gesetze, Gerichte u. s. w., und die Kirche die ihrigen. Die

geiſtliche Gewalt hat ſich an und für ſich nicht in weltliche
Geſchäfte zu miſchen. Der Papſt kann keine weltlichen Be-
amten ein- und abſetzen, keine bürgerlichen Geſetze erlaſſen,
beſtätigen oder aufheben, es ſei denn etwas Derartiges zum
Heile der Seelen nothwendig. Wenn aber ein bürgerliches
Geſetz ſich mit rein zeitlichen Angelegenheiten befaßt, ſo iſt es
nicht möglich, daß eine päpſtliche Verfügung daſſelbe abſchafft.
Beide Gewalten ſind auf ihrem Gebiete ſouverän und unabhängig [95]. Suarez lehrt: „Die chriſtlichen Könige haben
auf ihrem Gebiete ſouveräne Gewalt und erkennen in zeitlichen oder bürgerlichen Dingen keinen directen Obern über
ſich an, von dem ſie in der Ausübung ihrer Macht abhängig wären." [96] Molina ſchreibt: „Die königliche Gewalt iſt durchaus verſchieden von der päpſtlichen; beide kommen
von Gott, aber auf verſchiedene Weiſe: jene auf natürliche,
dieſe auf übernatürliche Weiſe. Die Gnade aber zerſtört
die Natur nicht. Da es nun vor Chriſtus unabhängige
Könige und Fürſten gab, ſo haben dieſe durch die Stiftung
der Kirche ihre Macht und Herrſchaft nicht eingebüßt." [97]
Nur in einem hat der Ankläger Recht, daß nämlich der
Jeſuitenorden die unbedingte Wirkſamkeit der bürgerlichen
Geſetze negirt; aber das thut nicht nur der Jeſuitenorden,
ſondern jeder gläubige Chriſt. Wie keinem Chriſten, ſo wird
es auch keinem Jeſuiten jemals einfallen, alle communiſtiſchen
„Geſetze" eines ſocialdemokratiſchen Staates für bindend an-
zuſehen.

Dieſen Ausführungen der erſten Auflage dieſes Schrift-
chens wurde von hochſtehender proteſtantiſcher Seite folgende
Einrede entgegengehalten: „Die Staatstheorie des Jeſuitenordens, bei aller Anerkennung des göttlichen Rechts des Staates
im Unterſatz, läuft dennoch in der Schlußfolgerung ſtets auf
eine Bevormundung des Staates durch die Kirche hinaus."
Das ſchlecht gewählte Wort „Bevormundung" ſollte wohl
ausdrücken, daß bei einem Widerſtreit zwiſchen den Rechten

des Staates und den Rechten der Kirche letztere den Vorzug
beanspruchen dürfe. Ist denn das „jesuitische" Staatstheorie,
und nicht wiederum die Staatslehre des gläubig er=
faßten Christenthums?

Welcher gläubige Christ wird nicht bereitwillig folgende
Sätze unterschreiben: 1. Das letzte Ziel und Ende des
Menschen, seine von Gott gewollte letzte Bestimmung ist nicht
hier auf dieser Welt, sondern im Jenseits: es ist die ewige
Seligkeit. 2. Die staatliche Ordnung, der Staat, ist gött=
lichen Ursprungs, insofern Gott der Herr dem Menschen jene
Natur gegeben hat, welche, infolge ihrer gesellschaftlichen
Veranlagung, nothwendig zur Bildung von Gemeinwesen oder
Staaten führt.

Hieraus folgt nun aber mit zwingender Logik, daß zwischen
der Erreichung seiner letzten Bestimmung und dem Leben des
Menschen hier auf Erden in einem staatlichen Verbande kein
Widerspruch bestehen darf, sondern die vollkommenste Ueber=
einstimmung herrschen muß. Gott ist ja der Urheber der
Menschennatur, und da Er dieser einen Menschennatur einer=
seits das ewige, im Jenseits erst zu erreichende Ziel vorgesteckt
hat, andererseits sie für ihr irdisches Dasein, welches nur
eine Vorstufe, eine Vorbereitung ihres zukünftigen Lebens
ist, angewiesen hat auf die staatliche Ordnung, so muß
Gott auch gewollt haben, daß der eine Mensch diese zwei
Aufgaben — um mich so auszudrücken — einheitlich, geordnet
lösen könne.

Noch mehr. Da der Begriff des letzten Zieles, welches
der höchste souveräne Herr des Menschen, sein Schöpfer und
Gott, ihm gesteckt hat, nothwendig bedingt, daß derjenige,
welcher dies sein letztes Ziel erreichen soll, alles Vorher=
gehende diesem letzten Ziel unterordne, so muß eben auch
das irdische Dasein und die irdische Daseinsweise des
Menschen seiner überirdischen letzten Bestimmung unter=
geordnet sein.

Ein gar hartes Wort scheint hiermit ausgesprochen; ein Wort, gegen welches sich das sogenannte moderne Bewußtsein von der Selbstherrlichkeit und Selbstgenügsamkeit des Staates leidenschaftlich aufbäumt: der Staat soll untergeordnet sein! Und doch enthält dieser Satz eine Wahrheit so einfach, so klar, daß auch das blödeste Auge sie anerkennen muß, wenn anders es sehen will. Bei uns Katholiken lernt jedes Schulkind diese Wahrheit schon in den allererften Stunden des Religionsunterrichtes. Die erste Seite im katholischen Kinder-Katechismus weist die Frage auf: „Wozu ist der Mensch auf Erden?" Die Antwort lautet: „Um Gott zu erkennen, Gott zu dienen und dadurch selig zu werden." Dieser Dienst Gottes, welcher hier entschieden als Hauptzweck des menschlichen Lebens auf dieser Welt bezeichnet wird, ist nicht nur Sache der Einzelmenschen, sondern auch der Gesammtheit, der Menschen in den politischen Gemeinwesen; er ist Sache der Staaten. Das ist eben die Thorheit — der Ausdruck ist ohne jede persönliche Spitze gebraucht — das ist die unheilvolle Thorheit unserer heutigen Politiker und Staatsmänner, daß sie über aller Theorie vom Staat und seinen Aufgaben das thatsächliche Fundament vergessen, welches Gott der Herr selbst für die staatliche Ordnung gelegt hat: nämlich ihre naturnothwendige Beziehung zum letzten Ziel und Ende des Menschen und der Menschheit, ihre naturnothwendige Unterordnung unter dieses letzte Ziel.

Wenn Se. Majestät der deutsche Kaiser als letztes Ziel einer großartigen militärischen Unternehmung etwa den Angriff und die Vertheidigung Berlins angegeben hätte, müßten dann nicht die theilnehmenden Armeecorps alle ihre einzelnen Bewegungen diesem vom höchsten Kriegsherrn gesteckten Ziele dienstbar machen? Dürften etwa die commandirenden Generale der verschiedenen Truppenkörper sagen: „Ich befehlige ein selbständiges Armeecorps, also kann ich auch selbständig, unabhängig von der ausgegebenen Manöveridee handeln"? Was einem irdischen Herrscher in seiner Macht= sphäre zusteht, das sollte dem allmächtigen Gott nicht zustehen? Dieser Gott hat als allerhöchster Kriegsherr uns Menschen das ewige Ziel gesteckt; die gesammte Menschheit ist dafür bestimmt. Dieses unermeßliche Menschenheer ist aber, gleich= falls durch göttliche Anordnung, für die Zeit des Ringens nach seinem Ziele eingetheilt gleichsam in verschiedene Armee= corps, die Staaten. Jeder Mensch — von den verschwinden= den Ausnahmen kann hier nicht die Rede sein — ist durch Geburt oder freie Wahl einer dieser Armeen zugewiesen. Also müssen auch diese Armeen selbst in allen ihren Einrichtungen, in allen ihren Thätigkeitsäußerungen derartig sein, daß von ihren Mannschaften das letzte und höchste Ziel erreicht werden kann. Kurz, um nicht mehr im Bilde zu sprechen, der Staat, als gottgewollte Vereinigungsform der Menschen, muß seinen göttlichen Ursprung da= durch anerkennen, daß er sich als abhängig be= kennt von Gott und dem letzten Ziele, welches Gott den Menschen, für welche der Staat da ist, gesetzt hat.

Wollte Gott, diese Staatstheorie hätte überall Geltung, es wäre dann kein Raum für die Umsturzbewegungen un= serer Tage.

2. „Der Jesuitenorden gefährdet das Deutsche Reich, weil er mit allen Mitteln seiner Macht dessen Schwächung und Verderben betreibt, weil er falsche Vor= stellungen über die Bedeutung und den Werth des Reiches verbreitet, und weil er im katholischen Volk insbesondere die falsche Meinung zu erwecken sucht, daß das Deutsche Reich der Feind und Gegner der Interessen der katholischen Kirche sei" (S. 387).

Die Antwort auf diese Phrasen liegt theils im Vorher= gehenden, theils haben die Millionen deutscher, reichstreuer

Katholiken sie gegeben, welche von Jesuiten begleitet auf den französischen Schlachtfeldern ihr Blut für das Reich vergossen, und welche trotz ihrer Reichstreue der Vertreibung der Jesuiten sich widersetzten und die Zurückberufung der Jesuiten verlangten und verlangen.

3. „Ich klage die Jesuiten an, daß sie cultur= gefährlich sind, daß sie der fortschreitenden Civilisation mit ihrer ungeheuren Macht sich widersetzen, daß sie alle Hebel in Bewegung setzen, um die großen Errungenschaften, auf welche unser Zeitalter stolz zu sein berechtigt ist, um alle jene erhabenen Ideen, auf denen das geläuterte Rechts= und Sittlichkeitsbewußtsein unserer Zeit beruht, vor der ihnen dienstbaren Masse des Volkes zu verlästern und ver= dammen. Jede Seite ihrer Bücher, jeder Satz ihrer Lehren bildet einen schneidenden Gegensatz gegen alles, was von der gebildeten Welt für gut, groß und wünschenswerth ge= halten wird.“

Hierauf erwiedere ich nichts. Die Geschichte unseres Ordens, in welchem von jeher Wissenschaft und Kunst mit regstem Eifer betrieben wurde, welcher in jedem Jahrhundert Träger wissenschaftlich berühmter Namen unter seinen Gliedern zählte, welcher über 20000 Schriftsteller aus seinen Reihen hervorgehen sah, macht eine Antwort unnöthig.

4. „Ich klage den Jesuitenorden an, daß er den Frieden der bürgerlichen Gesellschaft stört, daß er die confessionelle Toleranz verhindert und die kirchlichen Gegensätze zu schärfen bestrebt ist“ (S. 388).

Die Antwort liegt in der zwanzigjährigen Thätigkeit des Jesuitenordens in Deutschland, in den schon beigebrachten Zeugnissen protestantischer Zeitungen, protestantischer Männer, protestantischer Behörden über die rücksichtsvolle Behandlung Andersgläubiger von seiten der Jesuiten, über die Enthaltung von aller Proselytenmacherei.

So leid es mir ist, zu dieser Antwort muß ich einen Zusatz machen.

Man spricht so viel von Störung des confessionellen Friedens, von Verschärfung der kirchlichen Gegensätze. Aber wer ist denn eigentlich, der stört und verschärft? Es sind in den letzten Wochen auf seiten der Protestanten, bei dem bloßen Gedanken an die Möglichkeit der Rückkehr der Jesuiten, Ausbrüche des wildesten Fanatismus erfolgt. Der Ausbruck ist stark, aber leider berechtigt. In einer Protestversammlung zu Landau (Rheinpfalz) am 16. November dieses Jahres fielen in der Rede des protestantischen Rechtsanwaltes Pangratz folgende Sätze:

„Der schrecklichste Parteikampf aber würde jetzt entbrennen, wenn die Jesuiten wieder ins Vaterland kämen. Dann wird der Fanatismus der Protestanten sich entzünden, ein Feuer wird durch die Lande gehen, alle anderen Interessen werden gegenüber diesem Kampfe zurücktreten. Ich fühl's an meinem eigenen Körper, wie fanatisch ein Protestant werden kann. Und wenn ein Protestant fanatisch wird, dann erglüht er im Fanatismus zehnfach mehr als jeder andere; denn wir sind mit Bewußtsein fanatisch! Ich möchte nicht, daß wir gereizt werden, zu zeigen, wie leidenschaftlich wir werden können!"

Der zweite Redner, der protestantische Pfarrer Herr Risch, Districtsschulinspector von Walsheim, erklärte: „Ein Einwand der Ultramontanen ist der: Warum fürchtet ihr euch vor einer Handvoll Jesuiten? Darauf antworte ich: Was würde ein Bauer sagen, wenn man ihm ein Kistchen mit ‚einer Handvoll‘ Colorado-Käfer ins Kartoffelfeld, oder eine Handvoll Rebläuse in die Weingärten setzt? Wir müssen festhalten an der brüderlichen Liebe. Dann können wir getrost sagen: Und wenn die Welt voll Teufel wär' u. s. w."

Der Pfarrer der protestantischen Gemeinde zu Wiesbaden veröffentlichte am 26. November 1890 eine Erklärung gegen die Jesuiten. Um die Jesuiten als antipatriotische, reichsfeindliche Männer darzustellen, citirt er, als von Je= suiten verfaßt, eine Schrift, welche bei Gelegenheit der Vermählung der Erzherzogin Valerie von Oesterreich in Wien erschien. Nachdem er einige Stellen aus dieser Schrift ab= gedruckt, fährt Herr Pfarrer Bickel fort: „Solch glühender Haß erfüllt diese Hetzapostel (nämlich die Jesuiten) noch heute gegen Deutschland." Auf welcher Seite der „Haß" vor= handen, und wer der „Hetzapostel" ist, geht aus folgenden Thatsachen hervor: 1. Auf dem Titelblatt der Schrift steht klar und deutlich: „Julius Lang. Wien 1890. Im Selbstver= lage (!) des Verfassers: „Julius Lang, III. Hörnesgasse 17." Dieser Julius Lang schrieb noch vor kurzem für jüdische Zeitungen. 2. Selbst die „Kölnische Zeitung", welche zuerst diesen „Jesuiten" Lang erfunden, sah sich genöthigt, in ihre Ausgabe vom 1. October 1890 folgende Erklärung des österreichischen Jesuitenprovinzials P. Schwärzler aufzunehmen: „Die in der ‚Kölnischen Zeitung' vom 26. September d. J. erwähnte ‚Festschrift zur Vermählung der Kaisertochter Marie Valerie' hat weder einen Jesuiten zum Verfasser, noch haben Jesuiten irgendwelchen Einfluß auf die Abfassung des Mach= werkes gehabt." Also die Schmähschrift eines x=beliebigen Scri= benten wird von Pfarrer Bickel als „Jesuitenschrift" bezeichnet, und diese Fälschung dann als Hetzmittel gegen uns benutzt.

Nach dem „Vogtländ. Anz." erging sich am 28. No= vember 1890 auf einer Anti=Jesuitenversammlung zu Plauen Herr Professor Pötzschke in folgenden Ausdrücken über uns: „Will man den Orden empfehlen als Hilfsarbeiter gegen die Umsturzpartei im Reiche? Das hieße den Teufel mit dem Beelzebub austreiben wollen. Ein ehrlicher Socialdemokrat ist mir lieber als die ganze lügnerische Gesellschaft der Jünger Loyola's."

Und wenn ich erst in die Literatur des „Evangelischen Bundes" hinabstiege, so ließen sich noch ganz andere Sachen

6 *

zu Tage fördern; aber ich thue es nicht, weil ich meine Schreib=
weise nicht verbittern will.  Sehr wohl weiß ich, daß solche
Denk= und Ausdrucksweise von der Mehrzahl der Protestanten
nicht gebilligt wird, und solche Ausbrüche auf das Conto des
Protestantismus zu setzen, fällt keinem von uns ein.  Immer=
hin aber bleiben diejenigen, welche so denken und schreiben
und sprechen, ein erheblicher Bruchtheil — erheblich mehr
durch ihren Einfluß als durch ihre Zahl —; und da be=
kanntlich religiöse Verhetzungen den sichersten und tiefgehendsten
Erfolg haben, so liegt hier eine Störung des confessionellen
Friedens vor, wie sie schlimmer kaum gedacht werden kann.

5. „Ich erhebe die Anklage gegen den Jesu=
tenorden, daß er durch seine Wirksamkeit die
Sittlichkeit des Volkes zu untergraben droht"
(S. 389).

Daß nach dem Urtheil der preußischen Behörden die Wirk=
samkeit derselben Jesuiten das Gegentheil bewirkt, daß selbst
Voltaire und d'Alembert der Sittlichkeit des Jesuitenordens
ein glänzendes Zeugniß ausstellten, ist oben angeführt worden.
Der Ankläger im deutschen Reichstag beruft sich zum Beweise
seiner Beschuldigung auf verschiedene von Jesuiten verfaßte
Lehrbücher der Moraltheologie *).

*) Da man immer und immer wieder die jesuitischen Lehrbücher der
Moral, besonders jenes von Gury, angreift, so scheint es nicht über=
flüssig, folgende Erklärung zum Abdruck zu bringen:

„Erklärung der Professoren des bischöflichen Seminars in Mainz
auf die in der Schrift der Herren Superintendenten Dr. Zimmermann,
Dr. Simon und Dr. Schmitt enthaltenen Angriffe auf das Lehrbuch
von Gury.

„Die Herren Superintendenten Dr. Zimmermann, Dr. Simon und
Dr. Schmitt haben es für zweckmäßig erachtet, in ihrer Schrift gegen
den hochwürdigsten Herrn Bischof von Mainz das in unserem Seminar
seit vielen Jahren eingeführte Compendium der Moraltheologie von Gury
als ein Buch zu bezeichnen, welches unsittliche Grundsätze enthalte und
geeignet sei, die Sitten der jungen Geistlichen zu beschädigen.

Wirft man wohl einem Commentator zum deutschen Straf=
gesetzbuch Unsittlichkeit vor, weil er auch jene Paragraphen

„Die unterzeichneten Vorsteher und Professoren des bischöflichen Se=
minars zu Mainz glauben es ihrer Ehre und der Ehre ihrer zahlreichen
Schüler im geistlichen Stande schuldig zu sein, jene Insinuation mit
der ganzen Kraft ihres sittlichen Bewußtseins öffentlich zurückzuweisen
und an alle, welche sie und ihren Charakter kennen, die Frage zu richten:
ob sie uns entweder für so urtheilsunfähig oder für so gewissenlos
halten, daß wir wirklich ein unsittliches Buch als Lehrbuch in unserem
Seminare dulden und so lange Jahre gebrauchen könnten. In eine
Discussion über jene Vorurtheile und Mißverständnisse, worauf die
Herren Superintendenten ihre Anklage gründen, im einzelnen uns ein=
zulassen, würde nur zu nutzlosen Controversen führen. Nur die That=
sache wollen wir constatiren, daß das genannte Lehrbuch in zahlreichen
Unterrichtsanstalten Deutschlands, Italiens, Frankreichs, Belgiens, Eng=
lands und Nordamerika's im Gebrauche ist und von den Autoritäten
der katholischen Kirche und der katholischen Wissenschaft als ein durch
seine Kürze und Präcision sehr brauchbares Handbuch anerkannt ist,
welches sich in allem treu an die Lehre der katholischen Kirche und die
allgemeine und bewährte Doctrin der katholischen Theologen aller Zeiten
und aller Länder anschließt.
„Einen Punkt glauben wir jedoch ausdrücklich hervorheben zu müssen.
Die Herren Superintendenten machen es dem genannten Lehrbuche zum
besondern Vorwurfe, daß darin auch von den schwersten Unsittlichkeiten
gehandelt werde, was für die Sittenreinheit der Seminaristen gefährlich
sei. Wir können die heiligste Versicherung geben, daß uns nichts so
sehr am Herzen liegt, als sittliche Reinheit unserer Schüler, daß wir
nach Kräften bemüht sind, jedes, auch das geringste Aergerniß von ihnen
ferne zu halten. Allein so wenig es dem Studirenden der Jurispru=
denz erspart werden kann, alle, auch die entsetzlichsten Verbrechen, und
dem Studirenden der Medicin alle, auch die schlimmsten Krankheiten
kennen zu lernen: ebenso nothwendig ist es, daß der Theologe und zu=
künftige Seelsorger auch die traurigsten Verirrungen kennen lerne, damit
er sein Amt als Seelenarzt zu verwalten im Stande sei. Uns ist es
wahrhaft unbegreiflich, wie die Herren Superintendenten eine Gefahr
darin erblicken, wenn mit dem Ernste der Wissenschaft gereifte junge
Männer, ehe ihnen das so wichtige und schwierige Amt der Seelsorge
anvertraut wird, über die sittliche Beurtheilung solcher Sünden unter=
richtet werden, von denen auch in der Heiligen Schrift, und zwar in

commentirt, welche über die schwersten Unzuchtsvergehen han=
deln; wirft man einem Arzte Unsittlichkeit vor, weil er in
seinen Studien in den Schmutz des Lasters herabsteigt? Nun
wohl, der katholische Priester — und wir Jesuiten sind ka=
tholische Priester — ist ein Seelenarzt, auch er muß, um
überhaupt seines Amtes walten zu können, die Verirrungen
des menschlichen Herzens kennen.

Spreche man doch nicht immer von „Jesuitenmoral" im
Gegensatz zur Moral der katholischen Kirche. Es gibt zwischen
beiden keinen Unterschied; auch hier gilt: Wer den Jesuiten=
orden unsittlicher Grundsätze beschuldigt, beschuldigt auch die
katholische Kirche dieser Grundsätze. Unsere Moral haben
wir von unserer Mutter, der Kirche; schon 1500 Jahre vor=
dem es Jesuiten gab, war diese Moral in Uebung.

Will ich dadurch etwa jede einzelne Entscheidung jedes
einzelnen Jesuiten vertheidigen; will ich behaupten, es befände
sich in keinem von Jesuiten verfaßten Buche ein Irrthum?
Ganz gewiß nicht. Jeder Geschworene und noch mehr jeder
theoretisch und praktisch geschulte Jurist weiß, wie schwer
es oft ist, die allgemeinen Principien des natürlichen und
christlichen Sittengesetzes auf einen einzelnen Fall anzuwenden,
wie leicht dabei ein Irrthum mit unterläuft, eine irrige
Entscheidung getroffen wird. Was Hunderte von Malen in
der weltlich=richterlichen Casuistik — denn die Ausübung der
weltlichen Gerichtsbarkeit ist eben auch Casuistik — vorkommt,
das ereignet sich auch in der Casuistik des Beichtstuhles. Wir
katholische Priester und katholische Jesuiten haben aber den

der unumwundensten Weise, geredet wird, welche doch selbst den Schul=
kindern in die Hand zu geben die Herren Superintendenten nicht als
etwas die guten Sitten Gefährdendes bezeichnen werden.

Mainz, 29. April 1868.

Dr. Nickel.   Dr. Moufang.   Dr. Heinrich.   Dr. Hirschel.
Dr. Haffner.   Ohler.   Dr. Brück.   Dr. Holzammer.
Dr. Graf von Galen.   Hundhausen."

Vortheil, daß, wenn wir Irrthümer begehen, vielleicht selbst einen falschen Grundsatz aufstellen, daß dann die Lehrautorität unserer Kirche uns über den Irrthum belehrt und den Grund= satz richtigstellt.

### Pascals „Provinzialbriefe".

**33.** Ueberdies trifft leider auch hier zu, daß unsere Lehre fort und fort in der schmachvollsten Weise entstellt, verstüm= melt und gefälscht worden ist\*). Kein Buch hat so gewal=

---

\*) Eine aus der Unzahl solcher groben Fälschungen mag hier als Typus ihre Stelle finden. Auch sie ist den „Deutsch=evangelischen Blättern" und dem schon erwähnten Aufsatz des Herrn Dr. Bacmeister entnommen.

Auf Seite 543 wirft Bacmeister den Jesuiten die Lehre vor, es sei ein Irrthum, ja fast eine Ketzerei, zu behaupten, daß die innerliche Reue für den Empfang des Bußsacraments nothwendig sei. Und um diese in der That abscheuliche Lehre seinen Lesern recht einzuprägen, fährt er fort: „Pater Valentia hat die Sache dann vollends auf den Begriff gebracht: ‚Die wahrhafte innerliche Reue ist für die Haupt= wirkung des Sacraments durchaus unnöthig, ja sie ist vielmehr ein dieselbe abschwächendes Hinderniß.'" Dieses ganze „Citat" vom ersten bis zum letzten Wort ist eine grobe Fälschung.

Diese Fälschung ist um so schlimmer, weil ihr Inhalt geeignet ist, die Rechtfertigungslehre der katholischen Kirche als eine ganz verderb= liche erscheinen zu lassen.

Hier in aller Kürze die wirkliche Lehre des Pater Valentia über die beim Empfang des Bußsacraments nothwendige Reue. Ich citire seine Worte nach der Venediger Ausgabe seiner Werke aus dem Jahre 1600 (Gregorii de Valentia, e Societate Jesu, Commentariorum theologicorum tomus quartus). Colonne 1245 f. (des genannten 4. Bandes) spricht Pater de Valentia „von der Nothwendigkeit der Reue, welche den ersten Bestandtheil des Bußsacramentes bildet". Er definirt diese für die Hauptwirkung des Sacraments nöthige Reue als „Schmerz und Abscheu der Seele über die begangene Sünde, mit dem Vorsatz, in Zukunft nicht mehr zu sündigen" (C. 1247). Schon aus dieser Begriffsbestimmung geht klar und deutlich hervor, daß Pater Valentia die wahrhafte innerliche Reue, d. h. den Schmerz der

tiges Aufsehen erregt als Pascals „Provinzialbriefe"; es ist noch immer die Fundgrube für alle, welche gegen die „Je= suitenmoral" schreiben. Und wie urtheilen erklärte Jesuiten= gegner über dieses Werk? Voltaire gesteht: „Das ganze Buch beruht auf falschem Grunde. Man eignete der ganzen Gesellschaft auf eine künstliche Weise die irrige Mei= nung einiger spanischen und niederländischen Jesuiten an. Man hätte sie bei den Casuisten der Dominikaner und Franziskaner ebenso gut finden können, aber man wollte sich eben nur allein an den Jesuiten reiben. . . Es kam hier nicht darauf an, im Recht zu sein, sondern das Volk zu belustigen." [98] „Jeder Pro= testant, dem es um die Wahrheit der Beweise zu thun ist, muß über die Provinzialbriefe ihrer falschen Angaben wegen unwillig werden." [99] In dem Dictionnaire histo- rique et critique des Calviners Bayle (deutsch von Gottscheden, Leipzig 1743, von Leibniz mit Anmerkungen versehen) findet sich folgendes: „Es ist vor kurzem eine Antwort auf die Provinzialbriefe erschienen, welche dieselbe gänzlich zu Grunde

Seele, verlangt. Colonne 1337 wird dies noch klarer ausgesprochen. Dort beantwortet Pater Valentia die Frage, welche Eigenschaften das Bekenntniß der Sünden haben müsse. Er zählt diese Eigenschaften auf nach einem alten Gedächtnißverse, in welchem unter anderm auch verlangt wird, daß das Bekenntniß „unter Thränen" („lacrymabiliter") geschehen solle, und de Valentia gibt zu diesem „unter Thränen" die Erklärung: „d. h. zum mindesten mit innerem Schmerz (cum dolore interno), welcher häufig durch Thränen ausgedrückt wird".

Es ist ein eigenthümlicher Zufall! Wenige Zeilen nach dieser Fälschung schließt Herr Bacmeister diesen seinen „Beweis" über die Unmoralität der Jesuiten mit der rhetorischen Frage: „Was bedürfen wir weiter Zeugniß?" Als ich diese Worte las, fiel mir unwillkürlich die Scene ein vor dem jüdischen Hohenpriester. Ganz dieselben Worte, wie hier Herr Bacmeister gebrauchte damals Kaiphas, nachdem er durch falsches Zeugniß dem Heiland die Ehre genommen hatte und ihn auf Grund falschen Zeugnisses zum Tode verurtheilen wollte.

richtet, ohne ihnen Abbruch zu thun. Wie kann das sein? Weil, obwohl diese Antwort die Ungerechtigkeiten, die heftigen Verleumdungen, die schimpflichen Unwahrheiten offenbar zeigt, die in eben diesen Briefen ausgestreut sind, sie dennoch durch ihre witzige Einkleidung die Partei der Spötter, sowohl großer als kleiner, auf ihre Seite gezogen haben."

Was ist verbreiteter als die Behauptung, die Jesuiten befolgen den Grundsatz: Der Zweck heiligt die Mittel? Wie verleumberisch diese Behauptung ist, mag der Protestant Fischer (a. a. O. S. 55) uns sagen: „So viel steht in dieser Beziehung fest: daß der Jesuitenorden als geheimes Fundamentalinstitut die Maxime hege, der Zweck heilige die Mittel, ist nicht wahr, nicht einmal wahrscheinlich, ja selbst von den gründlichsten Forschern unter seinen Gegnern nicht einmal behauptet worden, sondern beruht einzig auf einer aus den seichtesten Quellen der Romanleserei und unreifer Raisonnements unter dem Volke entsprungenen und grundlosen, aber zu einer fixen Idee gewordenen Meinung."

### Verleumberische Anklagen.

**34.** So viel über die „unsittlichen" Grundsätze der Jesuiten. Und die Sittlichkeit der einzelnen?

Wohl keine Beschuldigung gibt es, welche im menschlichen Herzen so rasch Glauben findet oder wenigstens Verdacht erregt, als gerade die Beschuldigung der Unsittlichkeit. Erhebt man also diese Anklage, nicht etwa gegen einen einzelnen, sondern gegen eine ganze Schaar von Männern, so ist es eine der elementarsten Forderungen der Gerechtigkeit, daß man es nur thue auf Grund von Beweisen. Wie wird nun diese Forderung den Jesuiten gegenüber erfüllt?

Die Jesuiten sind die Verderber der Jugend, ihre Erziehungsanstalten sind Brutstätten des Lasters, — das ist die

6 **

Anklage. Hören wir einige Beweise. Es thut mir leid, diesen Schmutz zu berühren, aber es ist nothwendig.

Theobald Ziegler, ordentlicher Professor der Philosophie in Straßburg, schreibt in seiner „Geschichte der christlichen Ethik" (Straßburg 1886. II. Bd. S. 566): „Wir wissen aus älterer und neuerer Zeit, wie vielfach gerade in diesen jesuitischen Erziehungsanstalten die Jugend von ihren durch die mönchische Phantasie verdorbenen und zu viehischen Gelüsten fortgerissenen Lehrern mißbraucht worden ist." Welch eine Beschuldigung: Viehische Wollust! Und der Beweis? „Wir wissen."

Wagenmann schreibt in Schmids Encyklopädie (III. Bd. S. 782): „Wie es mit dem sittlichen Zustand der jesuitischen Schulen in Wirklichkeit bestellt war, ist bei dem tiefen Geheimniß, in welches die Gesellschaft alle ihre inneren Vorgänge zu hüllen weiß, nicht leicht zu beurtheilen (man vergleiche damit das Ziegler'sche: Wir wissen). Schwere Anklagen sind zu verschiedenen Zeiten und von verschiedenen Seiten her erhoben worden über Unsittlichkeiten, die mitunter vorkamen, ganz besonders auch über geheime Sünden (die hier fehlenden Worte sind zu gemein, als daß ich sie niederschreibe), welche zeitweise in grauenerregendem Grad unter Schülern und Lehrern geherrscht haben sollen. Schon 1610 wird behauptet, integra paene collegia contaminata fuisse." Wiederum, welch eine Beschuldigung! Und der Beweis? Ob es wahr ist, „ist nicht leicht zu beurtheilen"; „soll geherrscht haben"; „wird behauptet".

### Jesuitische Erziehungsanstalten in England.

35. Man schaue doch nur hinüber auf das protestantische England. Dort sind sechs der bedeutendsten Erziehungsanstalten in den Händen der Jesuiten: Stonyhurst, Beaumont, Mount St. Mary's, Glasgow, Liverpool und Bombay (Indien). In diesen sechs Anstalten zusammen werden gegenwärtig,

während ich dies schreibe, 2987 — zweitausendneunhundert=
undsiebenundachtzig — Knaben und Jünglinge aus den besten
Familien erzogen, und seit dem Anfang dieses Jahrhunderts
haben diese jesuitischen Erziehungsanstalten 23 482 Zöglinge
gehabt (die Zahl ist nicht größer, weil fünf dieser Anstalten
erst neuern Datums sind; auf das älteste Stonyhurst kommen
allein über 6000 Zöglinge).

Wer überhaupt überzeugt werden will, muß durch diese
Zahlen überzeugt werden, daß der Vorwurf der Unsittlichkeit
der Jesuiten eine schmähliche Verleumdung ist. Oder ist es
denkbar, daß unter diesen 23 482 Knaben auch nicht e i n e r
wäre, welcher die Verführungskünste seiner Lehrer gebrand=
markt hätte; daß auch nicht e i n Vater und e i n e Mutter
dieser 23 482 Kinder die Entsittlichung ihres Kindes wahr=
genommen und dagegen aufgetreten wäre? Ja, in Stonyhurst,
welches am längsten besteht, sitzt der Enkel auf demselben
Platz der Schulbank, auf welchem auch sein Vater und Groß=
vater gesessen; es ist also in vielen Familien Tradition ge=
worden, die Kinder von den „unsittlichen“ Jesuiten erziehen
zu lassen. Der gesunde Menschenverstand weist eine solche
Unterstellung als Thorheit zurück. Mir liegt ein officieller
Bericht des p r o t e s t a n t i s c h e n „Oxford und Cambridge
Examination Board“ vor. Derselbe ist datirt: „Emanuel
College, Cambridge, den 9. August 1887“, und unterzeichnet
von E. J. Groß und P. E. Matheson, Secretäre der Prü=
fungscommission.

Dieser Bericht enthält die ausführliche Mittheilung über
den Besuch und die Prüfung, welche Evelyn Shuckburgh,
Esq. M. A. (Master of Arts), im Auftrage der Commission
im Jesuitencolleg Stonyhurst vornahm. Dieser Herr schreibt
unter anderm: „Die Ordnung und das allgemeine Verhalten
der Knaben machte auf mich einen sehr vortheilhaften Ein=
druck. Es herrscht dort mehr Ueberwachung, als gewöhnlich
in englischen Schulen der Fall ist, aber das Verhältniß der

Knaben zu den Patres schien mir ein ausgezeichnetes...
Soweit ich urtheilen kann, ist der Ton unter den Knaben
ein sehr guter, und zwischen Erziehern und Zöglingen herrscht
ein vortreffliches Einvernehmen." Ist das wohl die Charak-
teristik einer Erziehungsanstalt, wo Unsittlichkeit herrscht?

Doch ich habe nicht nothwendig, auf England hinzuweisen.
Hunderte von Jesuitenschülern gibt es unter den Deutschen,
sind in Deutschland. In allen Ständen und Berufsklassen
finden sie sich: unter der Geistlichkeit, im Adel, im Bürger-
stande, Officiere, Beamte, Kaufleute, Gelehrte. Wie ein Mann
würden sie aufstehen und das Zeugniß ablegen für die Sittenreinheit ihrer Lehrer.

Man mag immerhin aus der 300jährigen Geschichte des
Ordens einige Mitglieder namhaft machen, welche sich Vergehen haben zu Schulden kommen lassen. Aber diese Mitglieder waren schlechte Mitglieder und wurden nach Entdeckung
der Vergehen ausgeschlossen oder schwer bestraft, und ihr Fall
beweist eben nur, was gar nicht bewiesen zu werden braucht,
daß auch der Jesuitenorden keine Sicherheit gegen die Sünde
gewährt für den, welcher sündigen will.

Auch das deutsche Officiercorps hat schon manche aus seinen
Reihen ausscheiden müssen wegen grober Sittlichkeitsvergehen.
Bliebe es trotzdem nicht die schwerste Verleumdung, zu sagen:
Das deutsche Officiercorps ist eine unsittliche Körperschaft?

*Erklärung des Bischofs von Mainz, Freih. v. Ketteler.*
*Ratio studiorum S. J.*

36. Doch genug und übergenug! Es fällt wahrlich
schwer, über einen solchen Gegenstand sprechen zu müssen. Ein
Zeugniß führe ich aber noch an, das Wort eines deutschen
Mannes, dessen Charakter bei Freund und Feind dasteht
als der Typus deutscher Geradheit, deutscher Ritterlichkeit,
deutscher Treue: Wilhelm Emanuel Freiherr von Ketteler,
Bischof von Mainz:

„Ich habe von meiner Jugend an Gelegenheit gehabt, Mitglieder dieses Ordens genau zu beobachten und ihre Grund=sätze kennen zu lernen. Ich bin in meiner Jugend von mei=nen Eltern einer von Jesuiten geleiteten Erziehungsanstalt übergeben worden und habe in derselben vier Jahre zuge=bracht. Ich brachte von dem elterlichen Hause eine so selb=ständige Gesinnung und reine sittliche Anschauung mit, daß, wenn ich nur einen Schatten von dem, was man so in der Welt die Grundsätze der Jesuiten nennt, bemerkt hätte, ich mich mit Ekel und Widerwillen von ihnen abgewandt hätte. Auch meine Eltern, deren Lebensstellung eine vollkommen un=abhängige war, und die selbst von der reinsten und innigsten Liebe zu ihren Kindern und ihrem wahren Wohle erfüllt waren, hätten mich wahrlich keinen Augenblick in dieser An=stalt gelassen, wenn sie etwas Aehnliches wahrgenommen hätten. Ich fand aber in dieser Anstalt nichts, was meinen in den reinsten Grundsätzen des Christenthums genährten jugendlichen Geist je verletzt hätte; und ich schied von allen meinen Lehrern mit der tiefsten Achtung und der zweifellosesten Ueberzeugung, daß sie Männer seien, die täglich an sich die höchsten sittlichen Anforderungen stellen. Von da an, also vom Jahre 1828, wo ich mit mehreren anderen westfälischen und rheinischen Jünglingen das Pensionat in der Schweiz verließ, bis zum Jahre 1848, wo durch die veränderten Ver=hältnisse die Jesuiten nach Deutschland kamen, habe ich mit keinem in Berührung gestanden. Seitdem habe ich aber in den verschiedensten Verhältnissen eine nicht unbedeutende An=zahl Priester aus dieser Gesellschaft kennen gelernt. Ich kenne eine Anzahl Priester, die früher am Rhein und in Westfalen mit hoher Auszeichnung in ihrer Heimat als Kapläne und Pfarrer gewirkt haben und dann in den Jesuitenorden ein=getreten sind; ich kenne eine Reihe von Jünglingen, gleichfalls aus Westfalen und vom Rhein, die von den besten Familien abstammen, sich in ihrer ganzen Jugendzeit durch ihren Eifer

in den Studien, durch ihr sittenreines Leben, durch ihre hohe
ideale Richtung ausgezeichnet haben, welche die Freude ihrer
Eltern und der Gegenstand der innigsten Hochachtung ihrer
Mitschüler waren und dann in diese Gesellschaft eingetreten
sind; seit ich Bischof bin, sind aus meiner Diöcese eine Anzahl
theils studirender Jünglinge, theils Priester in diese Gesell=
schaft eingetreten, deren Namen ich nur zu nennen brauchte,
um viele Zeugen dafür zu erhalten, daß sie in ungewöhn=
licher Achtung bei allen standen, welche sie früher kannten.
Ich kenne ferner eine Anzahl Jünglinge aus den höchsten
Ständen, geliebt und geehrt von den Ihrigen, mit allen An=
sprüchen reich ausgestattet, die Talent und Reichthum ge=
währen, und die alles verlassen haben, um Jesuiten zu wer=
den. Ich habe endlich eine Anzahl älterer Patres bei Mis=
sionen, bei den Exercitien kennen gelernt, und von diesen allen
habe ich die festeste Ueberzeugung, daß sie keinen Tag Jesuiten
bleiben würden, wenn sie je in jener Gesellschaft einen jener
Grundsätze angetroffen hätten, die derselben so oft vorgeworfen
werden. Ich glaube, daß niemand diese sogen. Jesuitengrund=
sätze mehr verabscheuen kann als die Jesuiten selbst. Von
dieser Ueberzeugung bin ich, sind mit mir alle Bischöfe der
Kirche und mit uns alle Katholiken erfüllt, die diese Gesell=
schaft kennen. Mainz, den 14. Februar 1866. W. E. Frei=
herr von Ketteler." (Mainzer Abendbl. Nr. 40, Beilage.)

Allerdings, solche Zeugnisse sind für Katholiken, welche
wissen, welcher Geist katholische Ordensgenossenschaften beseelt,
selbstverständlich. Protestanten, welche das leider nicht
wissen und welchen vielfach von Jugend auf die gröbsten Ent=
stellungen katholischen Lebens, katholischen Wirkens beigebracht
worden sind, mögen aus solchen Zeugnissen lernen. Für sie
setze ich auch noch die Worte hin, mit welchen der Jesuiten=
orden Ziel und Zweck der von ihm geleiteten Jugenderziehung
angibt. Da heißt es: „Die Jugend solle vorzugsweise zur
Erkenntniß und Liebe unseres Schöpfers und Er=

lösers aufgemuntert werden." „Die besondere Absicht
des Lehrers, sowohl in den Vorlesungen wie außerhalb derselben, gehe dahin, daß er seine Schüler zur Liebe Gottes
und zur Uebung der Tugenden, wodurch wir Gott gefallen
sollen, begeistere, und sie bestimme, dies als einziges Ziel
ihrer Studien im Auge zu behalten. Außerdem komme er
seinen Schülern durch häufige Gebete zu Gott und durch das
religiöse Beispiel seines eigenen Lebens zu Hilfe. Er ermuntere
sie vorzüglich zum Gebete, zur Meidung böser Gewohnheiten,
zum Abscheu vor dem Laster, und zum Streben nach Tugenden, welche den Christen zieren sollen" (Monumenta Ger-
maniae Paedagogica. V, p. 234. 287. Ed. M. Pacht-
ler S. J. 1887).

## „Politische Umtriebe der Jesuiten."

**37.** Der Ankläger im Reichstage hat eine Anklage vergessen; es ist die Anklage politischer Umtriebe. Auch
sie ist falsch, wie alle übrigen.

Politik und was mit ihr zusammenhängt, ist
dem Wesen unseres Ordens gänzlich fremd. Das
ist so wahr, daß in unseren Ordensstatuten eigene Vorschriften
darüber bestehen. Ich lasse dieselben (aus der fünften allgemeinen Ordensversammlung) wörtlich folgen: Decret 47:
„Wie unsere Gesellschaft, welche zur Verbreitung des Glaubens
und zur Gewinnung der Seelen vom Herrn erweckt wurde,
durch die ihrem Institute eigenen Verrichtungen, welche Waffen
des Geistes sind, das von ihr erstrebte Ziel zum Nutzen der
Kirche und zur Erbauung der Mitmenschen unter dem Banner
des Kreuzes glücklich erreichen kann: ebenso würde sie diese
guten Werke hindern und sich den größten Gefahren aussetzen,
wenn sie mit weltlichen, politischen und Staatsangelegenheiten
sich befassen würde. Deshalb haben unsere Vorfahren die
sehr weise Bestimmung getroffen, daß wir als Streiter Gottes
in solche, unserm Berufe fern liegende Dinge uns nicht ein-

mischen sollen. Da nun gerade in diesen schwierigen Zeiten unser Orden vielleicht aus Schuld oder Ehrsucht oder unklugem Eifer einzelner an mehreren Orten und bei verschiedenen Fürsten, deren Liebe und Zuneigung zu bewahren, nach der Meinung unseres Vaters Ignatius zum Dienste Gottes ersprießlich ist, in üblem Rufe steht; auf der andern Seite aber die durch die christliche Tugend hervorgerufene Achtung nothwendig ist, um Früchte hervorzubringen: so hält die Congregation dafür, daß man sich von jedem bösen Scheine fernhalte und soviel wie möglich auch die aus falschen Verdächtigungen herrührenden Klagen abschneide. Darum verbietet sie durch gegenwärtiges Decret allen Unsrigen ernst und feierlich, auf irgend welche Weise, auch wenn sie dazu eingeladen oder gewählt werden, in öffentliche Geschäfte sich einzumischen oder auf irgend welche Bitten und Ueberredungen hin vom Institute abzuweichen. Ueberdies hat sie den mit der Redaction der Beschlüsse betrauten Vätern aufgetragen, genau festzustellen und zu bestimmen, durch welche wirksameren Mittel diesem Uebel, soferne es irgendwo nothwendig wäre, vollständig abgeholfen werden solle."

48. „Auch muß mit der größten Sorgfalt verhütet werden, daß die Unsrigen zum Nachtheil des geistigen Wohles und der religiösen Disciplin mit Fürsten sich auf vertrauten Fuß setzen."

79. „Es wird den Unsrigen allen in Kraft des heiligen Gehorsams und unter Strafe der Ausschließung von allen Aemtern, Würden und Prälaturen und der Entziehung der activen wie passiven Stimme die Beobachtung des (oben angeführten) 47. Decretes anbefohlen, welches sagt, daß niemand in die sich auf den Staat beziehenden weltlichen Angelegenheiten der Fürsten in irgendwelcher Weise sich einmische oder solche politischen Geschäfte zu übernehmen wage, möge er von wem auch immer noch so sehr dazu angehalten und gedrängt werden. Den Obern aber wird es eindringlich empfohlen, nicht zu gestatten, daß die Unsrigen irgendwie in solche An-

gelegenheiten verwickelt werden. Und bemerken sie, daß einzelne dazu geneigt wären, so sollen sie den Provinzial darauf
aufmerksam machen, damit die Betreffenden, wenn Gelegenheit
oder Gefahr vorhanden, in dergleichen Verwicklungen zu gerathen, an einen andern Ort gesandt werden."

Die 7. und 16. Generalcongregation schärfte diese An-
ordnungen aufs neue ein. Letztere legt im 26. Decret den
Ordensmitgliedern die Verpflichtung auf, „jene Fürsten, welche
sich etwa der Hilfe der Unsrigen in politischen Angelegenheiten bedienen wollen, mit Bescheidenheit zwar, aber mit
Freimuth zu ermahnen, daß die Gesetze der Gesellschaft Jesu
es verbieten, in derartige Geschäfte sich einzumischen".

Man wird nicht einwenden können, dies alles sei nur so
zum Scheine vorgeschrieben worden, denn diese Verordnungen
sind nur für uns selbst, und nicht für die Oeffentlichkeit bestimmt; von einer Rücksichtnahme auf die Oeffentlichkeit kann
also dabei keine Rede sein. Die echtesten Jesuiten sprechen
sich denn auch in ihren vertraulichen Briefen mit aller Entschiedenheit gegen jede Einmischung in Politik aus. So schreibt
P. Canisius an seinen Ordensgeneral Mercurian:

„Ich weiß nicht, ob etwas sich erdenken läßt, was der
Einfalt unseres Ordens mehr widerstreitet, was uns mehr
Gehässigkeiten zuzieht und uns in größere Gefahren bringt";
er bittet, „der General möge Mittel und Wege finden, daß
die Patres nicht mit solch gehässigen Geschäften belastet würden,
sondern man sie in ihrem heiligen Beruf sich vervollkommnen
lasse, zur Erbauung des Nebenmenschen". „Ich bitte Ew.
Paternität, soviel ich nur vermag, sich durch die Gesuche der
Großen, wenn sie die Jesuiten zum Aufenthalt an ihren Höfen
begehren, nicht leicht bewegen zu lassen." [100]

Darauf antwortete ihm der Ordensgeneral:

„Bezüglich Ihrer dringenden Mahnung, die Unsrigen von den
Höfen fernzuhalten, glaube ich meinerseits versichern zu können,
daß niemand heißer als ich von diesem Wunsche beseelt ist." [101]

· Dieser Gegenstand mag beschlossen werden durch das Ur=
theil zweier den Jesuiten durchaus nicht günstig gesinnter
Schriftsteller. Der Königlich Preußische Regierungsrath und
Kammerherr Sr. Majestät des Deutschen Kaisers, Ernst
von Bertouch, schreibt:

„Es hält sehr schwer, ein allgemeines Vorurtheil zu be=
kämpfen. Der Geschichtschreiber darf aber von dem Odium
eines solchen Versuchs, auch bei einer befürchteten Erfolglosig=
keit, nicht zurückschrecken. . . . So auch beim Jesuitenorden.
Lust zu herrschen und sich Geltung zu verschaffen haben zu
allen Zeiten nicht bloß die Jesuiten — und zwar nicht
als solche, sondern lediglich als oft sehr hochbegabte und
wohl zum Herrschen veranlagte Männer — gehabt. . . .
Keineswegs war dies aber ihr Ordenszweck.
Wenn die Fürsten Mitglieder dieses Ordens wegen ihrer vor=
züglichen Befähigung zu ihren höchsten Rathgebern machten,
so trugen sie selbst die Schuld, wo dies zu Mißständen führte.
Der Orden hat dies, wie wir nachgewiesen haben,
stets gemißbilligt." (Geschichte der geistlichen Genossen=
schaften. Wiesbaden 1887. S. 187.)

M. Koch (Geschichte des Deutschen Reiches unter Ferdi=
nand III. Wien 1865. I. Bd. S. 8) äußert sich:

„Wir würden uns bei Erörterung der in der Regel ent=
stellten Jesuitenfrage einer Einseitigkeit schuldig machen, ließen
wir unerwähnt, daß die Hofprediger an den protestantischen
Höfen genau die Stelle der jesuitischen an den katholischen
einnahmen, und sogar, wie z. B. in Chursachsen zur Zeit
Johann Georgs, in den geheimen Rath berufen wurden. Hoë
von Hohenegg in Dresden, Jojanus und Scultetus in Hei=
delberg und andere machen die Lamormains in Wien ver=
gessen. Vom Dämon der jenem Zeitalter eigenthümlichen
Verdammungssucht besessen, predigte jener unaufhörlich von
der babylonischen Hure und dem Antichrist in Rom und
wurde wie die beiden andern starrsinnigen und polternden

Calvinisten geradeso wie die Beichtväter Ferdinands II. in allen Staatsangelegenheiten zu Rathe gezogen. Mit wenigen Ausnahmen hielt man es in allen protestantischen Ländern ebenso."

### Die Jesuiten und der „Tyrannenmord".

**38.** Auch bei diesem Gegenstand wurde der ersten Auflage dieser Schrift protestantischerseits der Vorwurf gemacht, die Frage über den „Tyrannenmord" sei ungenügend behandelt, und sie habe innerhalb unseres Ordens doch eine ernsthaftere Geschichte, als die von mir gemachten Bemerkungen ahnen ließen. Gerne erkenne ich an, daß für den mit der Sache nicht Vertrauten der immerhin wichtige Punkt zu kurzerhand abgemacht wurde; deßhalb hier das Ausführlichere.

Als Johann — ohne — Furcht, Herzog von Bourgogne, den einzigen Bruder Karls VI. von Frankreich ermorden ließ, vertheidigte ein Lehrer der Pariser Universität am 8. März 1408 in öffentlicher Sitzung den Satz, daß jeder Tyrann erlaubter und verdienstlicher Weise durch jedweden seiner Vasallen oder Unterthanen, kraft eigener Befugniß, mit List oder heimlich getödtet werden dürfe. Gerson, der damalige Kanzler der Universität, brachte diesen Vorgang beim Concil von Konstanz zur Anzeige, und dieses verwarf in seiner 15. Sitzung den obigen Satz als häretisch.

In den Schriften des großen Kirchenlehrers und Heiligen Thomas von Aquin finden sich folgende Stellen: „Wenn keine höhere Gewalt da ist, welche über den Tyrannen das Urtheil sprechen kann, dann handelt lobenswerth und verdienstvoll, wer immer, zur Befreiung des Vaterlandes, den Tyrannen tödtet" (L. 2 Sent. Dist. 44 q. 2 a. 2). „Die Erhebung gegen eine tyrannische Regierung hat deßhalb nicht den Charakter einer Empörung, außer die Erhebung sei von solchen Unordnungen begleitet, daß die Uebel aus der Erhebung für das Volk größer wären, als aus der Regierung des Tyrannen" (S. th. 2. 2 q. 42 a. 2). „Aod (als er

den König von Moab tödtete) hat den Feind und nicht den
Führer des Volkes umgebracht, obwohl der Getödtete Gewalt=
herrscher war" (Opusc. XXXIX. 1. 1 c. 6, edit. Piana).
Gleichlautend äußern sich der hl. Antonin, der hl. Bernard,
der hl. Bonaventura, der hl. Raimund von Pennaforte und
alle Theologen, Juristen und Universitäten des Mittelalters,
wann immer die Lehre vom „Tyrannenmord" zur Sprache
kam. Ist also die Ansicht all dieser heiligen und gelehrten
Männer durch das Concil von Konstanz als häretisch ver=
urtheilt worden? Mit nichten! Was das Concil verur=
theilte, war die Lehre: Jeder könne, kraft eigenen Rechtes,
einen rechtmäßigen Fürsten, welcher aber tyrannisch
regiere, tödten; jene Männer lehrten, ein unrechtmäßiger
Herrscher, ein Usurpator, könne, wenn es das Wohl des
Vaterlandes erheische, unter gewissen Umständen,
auch von einer Privatperson getödtet werden.

Ein gewaltiger Unterschied fürwahr; und die heillose
Verwirrung und Entstellung, welcher man in Hunderten von
Schriften in Bezug auf den „Tyrannenmord" begegnet, hat
ihren Grund darin, daß man den handgreiflichen Unterschied
nicht sah oder nicht sehen wollte, welcher mit dem Wort
„Tyrann" selbst gegeben ist und welcher von den genannten
Schriftstellern stets klar und bestimmt hervorgehoben wurde.

Würde man sich die Mühe nehmen, die betreffenden Werke
nachzulesen, so fände man, daß die Theologen und Juristen
des Mittelalters genau unterscheiden zwischen einem Usur=
pator und einem tyrannisch regierenden Fürsten.
Beide werden „tyrannus" genannt, aber der erstere tyrannus
usurpationis, letzterer tyrannus regiminis. Der Usur=
pator besitzt kein legitimes Recht, der tyrannisch re=
gierende Fürst ist bekleidet mit der legitimen Gewalt,
mißbraucht sie aber.

Dieser Unterschied im Wesen der „Tyrannei" begründet
auch den wesentlichen Unterschied, welchen das christliche Mittel=

alter aufstellte in Bezug auf die gestatteten Vertheidigungs=
mittel gegen einen „Tyrannen“. Den Usurpator, als
einen öffentlichen Feind, darf das Volk bekriegen, und die
Gesammtheit des Volkes darf die Vollziehung des Straf=
gerichtes an ihm auch einem einzelnen übertragen; ja der
einzelne kann zuweilen diese Uebertragung als geschehen vor=
aussetzen. Nicht so beim tyrannisch regierenden
Fürsten. Er ist rechtmäßiger Herrscher und hat wahre Unter=
thanen, und somit darf nie und nimmer ein einzelner kraft
eigenen Rechtes sich an einem solchen „Tyrann“ vergreifen.

Allerdings gestattete das christliche Mittelalter in seinen
wissenschaftlichen Vertretern, auch gegen den rechtmäßigen
Fürsten Maßregeln zu nehmen, wenn die tyrannische Herr=
schaft desselben den Ruin des Volkes herbeiführe. Aber auch
dann war nicht und niemals der einzelne berechtigt, gegen
den Tyrannen aufzutreten, sondern nur die Gesammtheit der
Bürger konnte solche Maßregeln feststellen, welche stufenweise
und der dringenden Noth entsprechend in Verbannung, Ab=
setzung und Hinrichtung bestehen konnten.

Das ist in kurzen Worten die Lehre des Mittelalters über
den „Tyrannenmord“ vor der Entscheidung des Konstanzer
Concils. Kein einziger der damaligen Schriftsteller ahnte
auch nur, daß dies Wort „Tyrannenmord“ durch falsche
Auslegung einst den Sinn von „Königsmord“ erhalten
würde. Nach dem Concil von Konstanz galten bei allen
katholischen Theologen, und zumal bei allen Theologen aus
dem Jesuitenorden (mit Ausnahme eines einzigen),
folgende Sätze für ausgemacht: 1. „Keine Privatperson
kann kraft eigenen Rechtes, unter was immer für
einem Vorwand, sei es auch dem der Tyrannei,
das Leben des rechtmäßigen Fürsten bedrohen.“
2. „Auch der Usurpator darf nicht mehr getödet
werden, wenn er im wirklichen Besitz der Re=
gierung ist, oder wenn er nachträglich die

Anerkennung der Usurpation erhält. Denn dann wird er aus einem Usurpator rechtmäßiger Fürst."*)

Und hiermit komme ich auf die Lehre vom „Tyrannenmord" innerhalb des Jesuitenordens. Gott sei Dank, kann ich kurz sein. Rein steht die Geschichte und Lehre unseres Ordens da, so rein wie es bei der Geschichte und Lehre eines katholischen Ordens geziemend, aber auch natürlich ist.

Fünfzehn Jesuiten haben sich eingehender mit der Frage vom „Tyrannenmord" beschäftigt: Emmanuel Sa († 1596), Delrio († 1608), Valentia († 1603), Mariana († 1624), Heissius († 1614), Keller († 1631), Salas († 1612), Suarez († 1617), Lessius († 1623), Tolet († 1596), Tanner († 1632), Castro=Palao († 1633), Becanus († 1624), Escobar († 1669), Gretser († 1625). Von diesen fünfzehn Jesuiten haben alle, mit alleiniger Ausnahme von Mariana, ganz dasselbe gelehrt, was ich soeben als die Lehre der großen Theologen= und Juristenschulen des Mittelalters kurz skizzirt habe: Niemals und unter keinen Umständen darf der einzelne seinem rechtmäßigen Fürsten nach dem Leben streben; niemals ist der Königsmord erlaubt. Alle gegentheiligen Citate, welche man aus den Schriften der Genannten so häufig und so be-

*) Der viel und schwer verleumdete Jesuit Gury sagt (Compendium theolog. moralis, t. I. p. 375 n. 394, edit. Romana 1878): Certum est, non licere occidere tyrannum regiminis, seu legitimum principem tyrannice populum regentem, atque etiam opprimentem: obedire enim oportet dominis etiam dyscolis (1 Petr. 2, 18). Ita communiter. Nec licet occidere tyrannum usurpationis, si jam in regni possessionem venerit. Sententia autem opposita dicenda est improbabilis et falsa; quia juxta S. Thomam usurpator ut legitimus haberi debet, saltem in praxi, si postea subditi illum ut talem agnoscant. Praeterea bonum publicum requirit, ut obedientia ei praestetur ad reipublicae perturbationes et eversiones praecavendas.

harrlich vorführt als Beweise für „die jesuitische Lehre vom
Königsmord", sind entweder gefälscht oder durch Herausreißen
aus ihrem Zusammenhang entstellt. Das gilt namentlich von
den sogen. Citaten aus Suarez, Delrio, Escobar und Sa.

Und jetzt zu Juan Mariana. Im Jahre 1599 erschien
sein berühmtes Buch De rege et regis institutione. Der
staatliche Büchercensor verlieh das Imprimatur und empfahl
es „denen, welche das Staatsruder in Händen haben". Auch
der Visitator des Jesuitenordens für die Provinz Toledo,
Stephan Hojeda, gab die Druckerlaubniß *). König Philipp III.
schützte es durch ein Privileg und nahm die Widmung des
Werkes entgegen. Das absolut=monarchische Spanien mit
seinem absoluten Monarchen an der Spitze glaubte also nicht

---

*) Eine Bestätigung durch den Orden oder auch nur durch den
Ordensgeneral hat das Buch Mariana's nie erhalten. Was dar=
über protestantischerseits (z. B. in der Realencyklopädie für protestant.
Theologie, 2. Aufl., IX. Bd. S. 328) gesagt wird, ist vollständig
aus der Luft gegriffen. Die Druckerlaubniß des Visitators Hojeda
ist in keiner Weise eine Gutheißung durch den Orden; sie stützt sich
lediglich auf das Gutachten von vier Büchercensoren aus dem Je=
suitenorden, deren Bescheid aber sowohl bei diesem Buche wie bei allen
innerhalb unseres Ordens censirten Büchern Privatansicht der be=
treffenden Censoren ist. Daß die Censoren Mariana's Buch
günstig beurtheilten, wird durch die Thatsache erklärlich, daß Mariana
sein Werk verfaßte auf Bitten des Don Garcia de Loaysa, des Hof=
meisters Philipps III. Der Visitator Hojeda hatte das Manuscript
Mariana's höchst wahrscheinlich gar nicht gelesen. Alle nach der ersten
Ausgabe von 1599 veranstalteten Nachdrucke des Buches Mariana's
sind gegen den Willen des Ordensgenerals, theils von Calvinisten,
theils von anderen den Jesuiten gänzlich fernstehenden Leuten, heraus=
gegeben worden. Die auch in diesen Nachdrucken stehende Approbation
Aquaviva's ist der widerrechtliche Abdruck der Approbation der
ersten Ausgabe. Daß auch diese erste Approbation keine Ordens=
approbation war, und daß Aquaviva selbst für sie nicht verantwortlich
gemacht werden kann, gesteht selbst der Calvinist und Jesuitenfeind Bayle
zu (Dictionnaire historique et critique, t. 3, p. 334).

eine so furchtbare Gefahr für Throne und Herrscherleben in
dem Buche erkennen zu müssen. Und wenn nicht gerade damals die religiöse und politische Erregung ihren Höhepunkt
erreicht hätte und die Anschläge auf gekrönte Häupter so
häufig gewesen wären, nie hätte man Mariana als „Königs-
mörder" gebrandmarkt. Doch das nur nebenbei. Mariana's
Buch enthielt, wenn auch unter vielen Klauseln,
eine gefährliche und verwerfliche Lehre, und ihre
Verurtheilung durch unsern Orden ließ nicht
lange auf sich warten. Noch im nämlichen Jahre, in
welchem es erschien, 1599, sprach der Ordensgeneral Aquaviva sein Bedauern über dessen Herausgabe aus. Er habe
sofort den Befehl gegeben, die betreffenden Stellen zu ändern [102].
Am 12. Juli 1610 verbot Aquaviva in einem Erlaß, „daß
irgend ein Mitglied des Ordens öffentlich oder heimlich, als
Professor oder Rathgeber oder gar in einer Schrift zu behaupten wage, irgend jemand, wer immer er auch sein möge,
dürfe unter irgend einem Vorwand von Tyrannei Könige oder
Fürsten tödten oder ihnen nach dem Leben streben". Den
Provinzialoberen wird aufgetragen, für die Befolgung dieses
Erlasses zu sorgen, „damit alle erkennen, wie die Gesellschaft
Jesu über diesen Gegenstand denkt, und damit nicht die Ver-
irrung eines Einzelnen die ganze Gesellschaft in Verdacht
bringe; steht es ja doch bei allen billig Denkenden
fest, man habe nicht das Recht, die Verschuldung
eines Theiles oder Gliedes der gesammten Körperschaft zur Last zu legen". Dieser Erlaß ist zu lesen
in allen Ausgaben des Institutum Societatis Jesu; so auch
in der neuesten zu Rom 1870 gedruckten (II. Bd. S. 51)*).

---

*) Wenn daher die Realencyklopädie für protestantische Theologie
(IX. Bd. S. 329, 2. Aufl.) über diesen Erlaß schreibt: „Aquaviva verbot,
wie die Jesuiten berichten" u. s. w., so ist dies nur ein Zeichen
der Unkenntniß oder der Unaufrichtigkeit des Schreibers.

Uebrigens hat auch Mariana selbst seine Meinung ausdrück=
lich als seine persönliche Ansicht hingestellt: „Es ist dies
meine persönliche Meinung, die ich aufrichtigen Sinnes vor=
trage. Aber ich bin ja ein Mensch und kann mich täuschen.
**Bringt jemand etwas Besseres vor, so will ich
ihm Dank wissen."** [103]

Das ist die Geschichte von der Lehre des Tyrannenmordes
bei den Jesuiten: ein Mann, ein Buch — und die Ver=
urtheilung des ganzen Ordens. Aber das Kapitel vom
Tyrannenmord hat auch noch eine Kehrseite, und diese finden
wir bei den Protestanten.

Lange bevor man in Deutschland etwas von Jesuiten
wußte und über ein halbes Jahrhundert vor Mariana lehrten
die Häupter der Reformation, Luther und Melanchthon, den
„Tyrannenmord".

Es ist durchaus nicht meine Absicht, durch diesen Aus=
druck verletzen, oder aus den Worten, welche ich sogleich an=
führen werde, Folgerungen gegen den Protestantismus im
allgemeinen ziehen zu wollen. Aber wie die Sätze Mariana's,
so sind auch die Sätze Luthers und Melanchthons geschicht=
liche Thatsachen, und wer Mariana zum „Königs=
mörder" macht, der kann die gleiche Bezeichnung für Luther
und Melanchthon nicht ablehnen. Wird dies in protestan=
tischen Kreisen schmerzlich empfunden, nun, so lerne man in
diesen Kreisen doch endlich, daß Katholiken und Jesuiten
Aehnliches auch schmerzlich empfinden; lerne man vor allem,
die Worte eines Einzelnen, welche nur der Geschichte
dieses Einzelnen angehören, nicht dem Systeme zur
Last zu legen.

Luther schreibt: „. . . Wenn die Bürger und Unterthanen
zusammenträten und könnten seine (des Tyrannen) Gewalt
und Tyrannei nicht länger dulden noch leiden, so möchten
sie ihn umbringen wie einen andern Mörder und Straßen=
räuber." [104]

Melanchthon schreibt: „Der englische Tyrann (König Heinrich VIII.) hat Cromwell*) getödtet und versucht eine Ehescheidung von dem Jülich'schen Fräulein. Wie richtig heißt es doch in der Tragödie: kein angenehmeres Opfer könne Gott geschlachtet werden als das eines Tyrannen; möchte Gott einem starken Manne diesen Geist eingeben." [105] In gleicher Weise sprechen Zwingli und Calvin. (Vgl. Janssen, Geschichte des deutschen Volkes, V. Bd. S. 537 ff.)

---

*) Ein anderer Cromwell als das bekannte Haupt der englischen Republik.

# Schluß.

39. Warum sollen die Jesuiten nicht nach Deutschland zurückkommen? Auf diese Frage bin ich noch immer eine Antwort schuldig. Die meisten Leser werden allerdings die Antwort aus dem Vorhergehenden schon entnommen haben.

Theils Vorurtheil, theils Furcht bildet das Hinderniß für unsere Rückkehr.

Das Vorurtheil fußt auf der großartigen Unkenntniß, welche in weiten und einflußreichen Kreisen über uns herrscht. Man liest und glaubt blindlings alles, was gegen uns gesagt und geschrieben wird, aber aus unseren eigenen Schriften, aus den Zeugnissen unparteiischer, auch protestantischer Geschichtschreiber uns kennen zu lernen, das hält man nicht der Mühe werth; es handelt sich ja nur um die Ehre und den guten Namen katholischer Ordensleute. Wie eine Flut wälzen sich Lügen und Verleumdungen über den Jesuitenorden durch die Literatur der letzten Jahrhunderte; wahre Ammenmärchen und Räubergeschichten tischt man als Wahrheit auf. Welche Vorstellung von einem Jesuiten muß da nicht in Kopf und Herz unserer protestantischen Mitbürger entstehen. Man spricht so viel vom „Köhlerglauben" der Katholiken. Nein, hier ist Köhlerglauben in der allerschlimmsten Form. Ist es der Bildung und der freisinnigen Anschauung eines großen Culturvolkes, wie das deutsche ist, entsprechend, sich leiten und bestimmen zu lassen durch ein Vorurtheil?

7 *

Die Furcht wurzelt in dem Bewußtsein, daß mit der Rückkehr der Jesuiten und der ihnen „verwandten" Orden die katholische Kirche einen bedeutenden Zuwachs eifriger Streiter für ihre Rechte erhalten würde.

Man mag sagen, was man will. Diese Furcht ist es, welche, wie überhaupt die Einschränkung der katholischen Kirche, so auch insbesondere die Austreibung und Fernhaltung der katholischen Orden veranlaßt hat. Die sogen. „Jesuiten=furcht" ist im Grunde nichts anderes als Furcht vor der katholischen Kirche.

Vielen wird es unangenehm sein, dies zu hören; aber das ist kein Grund, es zu verschweigen. Nur das Aussprechen der Wahrheit führt zur Klarheit, und nur die Befolgung der Wahrheit führt schließlich auch zur Versöhnung.

Und wie thöricht, wie unwürdig ist nicht diese Furcht. Um was handelt es sich denn in dem geistigen Kampfe der christlichen Confessionen, in dem Kampfe zwischen Katho=licismus und Protestantismus? Handelt es sich darum, äußerlich der Stärkere zu sein, durch äußere Machtmittel den Gegner unschädlich zu machen? Ganz gewiß nicht. Son=dern einzig und allein handelt es sich um den Sieg der Wahr=heit, um den Sieg der göttlichen Wahrheit.

Ist der Protestantismus überzeugt, im Besitze dieser gött=lichen Wahrheit zu sein, dann wage er es doch auch, in die Schranken zu treten, nicht einem gebundenen, sondern einem freien Gegner gegenüber. Aber kaum einer aus der Zahl der protestantischen Wortführer hat den Muth, mit Ruhe und Zuversicht im Herzen die Worte des alten Gamaliel zu wieder=holen, welche dieser überzeugungstreue Israelit an den Hohen Rath richtete, als derselbe die damalige katholische Kirche, die Apostel, mit Gewalt verfolgen wollte: „Männer Israels! Ich sage euch, stehet ab von diesen Männern und lasset sie; denn wenn aus Menschen ihr Beginnen und ihr Werk, wird es zu Grunde gehen, wenn aber aus Gott, so könnt ihr es nicht zerstören" (Apg. 5, 35. 38. 39). So wagt keiner zu sprechen, geschweige denn zu handeln. Das war ein edler Gegner, fest in seiner Ueberzeugung, aber zugleich ohne Furcht, gewillt, nur die Wahrheit zu suchen und der Wahrheit sich zu unterwerfen, wo sie sich findet.

Wir Katholiken haben diese Furcht nicht. Wir verlangen keine Gewaltmaßregeln, keine Ausweisungsbefehle gegen die Protestanten, gegen protestantische Prediger, protestantische Diakonissinnen, selbst nicht einmal gegen den „Evangelischen Bund". Man gewähre uns und unserer Kirche Licht und Luft und Freiheit, und wir sind zufrieden.

Aber Vorurtheil oder Furcht oder beides zusammen, die Verbannung der Jesuiten und der übrigen Ordenscongregationen ist ein Unrecht, das zum Himmel schreit.

Ich will hier nicht schon in der Einleitung Gesagtes wiederholen. Nur auf zwei Thatsachen mache ich aufmerksam.

Preußen-Deutschland ist ein paritätischer Staat, d. h. gleiches Recht soll gelten für Katholicismus und Protestantismus, d. h. wie die ganze protestantische Kirche mit allem, was zu ihr gehört, mit allem, was in ihrer Verfassung und Einrichtung begründet liegt, in Preußen-Deutschland existiren darf, ebenso darf auch die ganze katholische Kirche mit allem, was zu ihrer vollen Entfaltung gehört, dort bestehen. Die katholische Kirche ist nun aber einmal eine Kirche mit religiösen Orden, auch mit dem Jesuitenorden, also hat diese Kirche, kraft der ihr gewährleisteten Parität, ein Recht auf die Duldung der zu ihr gehörigen Orden; diese Orden haben ein Recht, dort zu bestehen, wo ihre Kirche besteht. Das fordert das Recht, das fordert die Logik. Nie und nimmer ist ehrliche, wahre Parität für unsere Kirche vorhanden, solange auch nur ein katholischer Orden durch die Staatsgesetze verbannt ist.

Die andere Thatsache ist die Aufhebung des Socialistengesetzes. Leuten, welche die Gottlosigkeit und den

Aufruhr auf ihre Fahnen geschrieben haben, welche die innersten und heiligsten Rechte der Familie und des Staates bedrohen, solchen Leuten hat man die Thore des Deutschen Reiches wieder geöffnet, und auf katholischen Ordensleuten lastet noch immer die Acht. Viel braucht dem nicht hinzugefügt zu werden.

Vergißt man denn, um von allem andern hier zu schweigen, die Macht und Kraft, welche im katholischen Ordensleben liegt gegen die Bestrebungen des Umsturzes? Ist nicht wahrlich die Zeit gekommen, wo man aller erhaltenden Kräfte bedarf, um dem sich regenden socialen Sturme gewachsen zu sein.

Gerade vor 40 Jahren rang die Noth der Zeit einem alten Katholikenfeind und Jesuitenhasser das Geständniß ab: „Ja, in Gegenwart der Gefahren, welche der bürgerlichen Gesellschaft drohen, habe ich denen die Hand gereicht, welche ich vorher bekämpfte. Meine Hand ruht in der ihrigen, und sie bleibt darin zur Vertheidigung dieser Gesellschaft, welche unseren Gegnern gleichgiltig sein mag, welche aber meine höchste Theilnahme erregt" (A. Thiers in der gesetzgebenden Versammlung am 18. Januar 1850). Sollte denn Vorurtheil, Furcht und Abneigung derartig die Gemüther verwirrt haben, daß ein ähnliches Wort in Deutschland unmöglich wäre?

Und noch eins. Am 20. November 1890 schloß der preußische Finanzminister Miquel seine Rede im Abgeordnetenhause mit dem Satze: „Wenn die Gerechtigkeit angerufen wird, so gibt es, Gott sei Dank, in Deutschland keine Partei."

Sollte dies schöne Wort nur bei Steuervorlagen gelten, sollte es am Ende nur eine Phrase sein? Nein und abermals nein. Dies Wort vom Ministertisch sollte Wahrheit sein und Wahrheit werden. Nun wohl, die Zurückberufung der Jesuiten ist ein Werk ausgleichender Gerechtigkeit im eminenten Sinn dieses Wortes. Leiste man dieses Werk, und das katholische Volk Deutschlands wird freudig anerkennen, daß es der Regierung ernst ist, Gerechtigkeit zu üben. Als vor 37 Jahren die preußischen Behörden über das erste Auftreten der Jesuiten berichteten, da hieß es: „Nur die Socialdemokratie grollt". Gebe Gott, daß dieses bedeutungsvolle „nur" auch heute noch seinen Platz behauptet.

Ich schließe diese geringe Arbeit mit einem Ausspruch unseres Herrn und Heilandes Jesu Christi:

„Wenn die Welt euch hasset, wisset, daß sie mich vor euch gehaßt hat. Wenn ihr von der Welt wäret, würde die Welt, was ihr eigen, lieben; weil ihr aber von der Welt nicht seid, sondern ich euch auserwählt habe von der Welt, deshalb hasset euch die Welt. Erinnert euch meines Wortes, welches ich zu euch gesprochen habe: Nicht ist ein Diener größer denn sein Herr; wenn sie mich verfolgt haben, werden sie auch euch verfolgen" (Joh. 15, 18—20).

# Anmerkungen.

[1] Memoriale B. Petri Faber. Parisiis 1873. p. 48.

[2] L. c. p. 24.

[3] Brief der römischen Sammlung (bei Genelli, Leben des hl. Ignatius, S. 361).

[4] Lossen, Kölnischer Krieg 1, 558, Note.

[5] Crétineau-Joly, Clément XIV et les Jésuites. Paris 1847. p. 354. 360.

[6] Das ganze Schreiben bei Christoph von Murr, Journal, B. 9 S. 283. Nürnberg 1780.

[7] Crétineau-Joly, l. c. p. 289.

[8] Cours d'histoire des États européens. Berlin 1834. t. 8, p. 83.

[9] Briefe eines Protestanten über die Aufhebung des Jesuitenordens. 1773. Vorrede und S. 101.

[10] Oeuvres. Paris 1775. s. 3, p. 143.

[11] Nouvelle conspiration contre les Jésuites. Bruxelles 1816. (Citat nach C. van Aken, La Fable des Monita secreta. Bruxelles 1881. p. 43.)

[12] Citat nach van Aken, l. c. p. 44.

[13] Der Jesuitenorden. Berlin 1873. S. 107.

[14] Lehrbuch der Kirchengeschichte. Bonn 1835. 3. B. 2. Abth. S. 656, Anm. 33.

[15] Aburtheilung der Jesuitensache. Leipzig 1853. S. 30. 33. 34.

[16] The Month. Vol. 19, p. 109.

[17] Mavel, Questions controversées, 1re serie. Paris, Société bibliographique, 1880. p. 179.

[18] Bayle, Dictionnaire historique et critique. Basle 1738. t. 3. 144, Q.

[19] Exam. gener. c. 4, § 45. 46; Summ. const. reg. 11. 12

[20] Exam. gener. c. 4, § 7; Summ. const. reg. 8.

[21] Exam. gener. c. 3, § 15.     [22] L. c. c. 7, § 5.

[23] L. c. c. 6, § 3. 7. 8.   [24] Prooemium Const. § 1.

[25] L. c. § 2.   [26] P. 1. c. 1.   [27] Exam. gener. c. 6, § 8.

[28] P. 3, c. 1, § 1. 2.   [29] P. 4, prooemium.

[30] P. 3, c. 2, § 1—4.

[31] Exam. c. 4, § 29—31; P. 3, c. 1, § 23. 24; P. 6, c. 1, § 1.

[32] Exam. gener. c. 1, § 2; Summ. const. reg. 2; P. 3, c. 1, § 9; P. 4, prooemium; P. 4, c. 12, § 1; P. 6, c. 3, § 4; P. 7, c. 1, § 1; P. 10, § 2 u. f. w.

[33] P. 1, c. 2, § 8; P. 4, Prooemium; P. 7, c. 1, § 1.

[34] P. 6, c. 2, § 7; P. 4, c. 7, § 3; P. 7, c. 4, § 4; P. 10 § 5.

[35] Summ. const. reg. 8.

[36] Exam. gener. c. 1, § 5; P. 5, c. 3, § 3: P. 7. c. 1. § 1.

[37] Ep. de virtute obed.   [38] P. 6, c. 1.

[39] Summ. const. reg. 31.

[40] Stimmen aus Maria-Laach, Jahrgang 1871, S. 466.

[41] A. a. O. S. 457.

[42] Exam. gen. c. 8, decl. A; P. 3, c. 2, § 1; P. 5, c. 4, decl. F: P. 7, c. 2, decl. J; Ep. de. obed. c. 19.

[43] Vgl. P. 3, c. 1, § 23; P. 4, c. 10, § 5; P. 6, c. 1, § 1; P. 7, c. 2, § 1; P. 8, c. 1, decl. D; P. 9, c. 3, § 20.

[44] P. 3, c. 1, § 23.   [45] P. 6, c. 1, § 1 und decl. B.

[46] De virt. relig. tract. 10: de relig. Soc. Jes. l. 4, c. 12, n. 10 sqq.

[47] Constit. Mon. 22.   [48] L. c. n. 26.

[49] P. 3, c. 1, § 23; Ep. de obed. n. 9: „in quibus cognitae veritatis evidentia vim illi (scl. intellectui) non infert".

[50] Suarez, l. c. c. 4, c. 15, n. 17 sqq.

[51] Exam. gener. c. 3, n. 12, decl. D.

[52] Vgl. auch Fischer, a. a. O. S. 35 ff.; Ranke, Römische Päpste (2. Aufl.) I. 223 (diese Stelle ist ein Widerruf des in der 1. Aufl. Behaupteten, die Jesuitenoberen könnten zur Sünde verpflichten); Reuchlin, Pascal, S. 110; Gieseler, Kirchengeschichte III², S. 536, Anm 30.

[53] Summ. const. reg. 11. 12. 15. 17. 19. 20.

[54] L. c. reg. 4. 1.   [55] P. 6, c. 2, § 1; P. 10, § 6.

[56] Epistolae selectae (in einer Mainzer Dissertation von 1573) S. 27—28.

[57] Vgl. Kirchenlexikon von Wetzer und Welte (2. Aufl.), VI. 1387.

[58] Orlandini Histor. S. J. VI. 34.

[59] (F. de Bos, Leben und Briefe des hl. Franz Xaver. Regensburg 1877. I. 57.

[60] A. a. D. I. 83.  [61] A. a. D. I. 134

[62] A. a. D. I. 148.  [63] A. a. D. II. 278. 281. 290.

[64] Cornely, Leben des sel. Petrus Faber, S. 62.

[65] A. a. D. S. 68.  [66] A. a. D. S. 85.

[67] Bartoli, L'Italia I, c. 11, p. 65.

[68] Memoriale, appendix, p. 204 sqq.  [69] Python, p. 152.

[70] An Pater Vittoria (Archiv der deutschen Ordensprovinz S. J.).

[71] Sacchinus, Vita Canisii, p. 157.

[72] Testamentum Canisii (Archiv der deutschen Ordensprovinz S. J.).

[73] An den Ordensgeneral Aquaviva (Archiv der deutschen Ordens=provinz S. J.).

[74] An den Ordensgeneral Laynez (Archiv der deutschen Ordens=provinz S. J.).

[75] Epistolae Praepositorum Generalium S. J. Gandavi 1847. II. 227. 242. 250. 313. 327.

[76] Summ. theol. I. II$^{ae}$. q. 108. a. 4.

[77] Fischer, a. a. D. S. 12.  [78] Fischer, a. a. D. S. 12.

[79] E. de Vos, a. a. D. S. 111. 114.

[80] Die römischen Päpste (6. Aufl.), II. 327.

[81] Reise in die Aequinoctialgegenden. Stuttgart 1862. VI. 56. 57.

[82] Knickerbocker, June 1838.  [83] History of Brazil I. 389.

[84] India as it may be. p. 397.

[85] Geschichte Englands. Stuttgart 1850. III. 58.

[86] Fischer, a. a. D. S. 100.

[87] Handbuch der Geographie und Statistik (7. Aufl.). Leipzig 1863—1870. I$^3$. 1011. 1013.

[88] Abhandlung über die verschiedenen Menschenrassen (Citat aus Arsak, Die Jesuiten. Wien 1867. S. 172).

[89] Vgl. Monfang, Actenstücke, betreffend die Jesuiten in Deutsch=land. Mainz 1872.

[90] Hirtenbriefe des Cardinals Melchior von Diepenbrock. Münster 1853. S. 120.

[91] Katholik 1850. II. 429.

[92] Citat aus Meurer, Jesuiten und Jesuitismus. Münster 1881. S. 306.

[93] Bayle, Lettr. 322 à M. Pecher. t. 4.

[94] Chr. Pesch S. J., Die christliche Staatslehre. Aachen 1887. S. 19. 20. 32. 48. 85. 87. 88.

[95] Bellarm. S. J., De Rom. pontif. l. 5, c. 2 seqq.

[96] Suarez S. J., Def. fid. l. 3, c. 5. n. 6.

[97] Molina S. J., De jure et just. s. 1. disp. 29. n. 11 sqq.

[98] Zeitalter Ludwigs XIV. Deutsch Berlin 1752. Bd. 2, S. 300

[99] Chr. von Murr, Sch. Conv.=Lexik. bei dem Worte „Jesuiten".

[100] Briefe vom 18. August 1576; 14. Mai 1580 (Archiv der deutschen Ordensprovinz S. J.); Florian Rieß, Peter Canisius. Freiburg 1865 S. 467.

[101] Rieß, a. a. O. S. 465.

[102] Bayle, Dictionnaire historique et critique, p. 1924—1925, note.

[103] An tyrannum opprimere fas sit, l. 1 c. 6 p. 65—80.

[104] Luthers sämmtliche Werke, B. 62, 201—202. 206—207.

[105] Corp. Reform. 3, 1076.

blößten Brüsten auf der Bank sitzt, sich heftig gegen ihn sträubt, das ist der Augenblick für ihn.

Goethe hat völlig recht: dieser Künstler hat alles ursprünglich Düstere im Faust ebenso aufgefaßt, — aber auch nur das. Er hat es nicht verstanden, sich dem Zärteren auf irgend eine Weise zu fügen; unter seinem Stift ist das Zarte roh geworden. Vielleicht stehen diese Bilder in irgend einem ursächlichen Zusammenhang mit der Aufführung von Goethes Faust im Nov. 1828 im Theater an der Porte St. Martin in Paris, von der ein Berichterstatter sagt: „Es ist der Goethe'sche Faust, es ist Gretchen, aber travestirt, materialisirt, auf Erde und Hölle beschränkt, alles Geistige verwischt."

Im Jahre 1826 war auch das erste Heft von Nauwercks Lithographien endlich erschienen. In Kunst und Alterthum gedachte Goethe dessen ehrenvoll: „Herr Nauwerck", sagte er, „den die Weimarischen Kunstfreunde schon lange als ihnen wohlgesinnt kennen und schätzen, hat in diesen Blättern Geist und gebildeten Geschmack bewiesen. Bl. 3. Faust am Studiertische, die colossale Gestalt des Erdgeistes steigt herauf, schön, wundervoll". Von dem Spaziergang (4) heißt es: „Die Mannigfaltigkeit von Alter, Stand und Charakter, das Lebendige und Geistreiche in diesem Blatte gereicht Herrn Nauwerck zur Ehre und vergütet reichlich einige wenig erhebliche Unrichtigkeiten der Zeichnung". Als 1828 dann die zweite Lieferung erschien, schrieb Goethe an derselben Stelle: „Wir können von dem gegenwärtigen Hefte versichern, daß hier sowohl im Kräftigen als im Malerischen, wie auch an deutlicher Ausführung gewonnen worden, auch der Ausdruck lebendiger und geistvoller sei." Im Hinblick auf alle die Bilder zu seinem Faust, die Goethe kannte, von Cornelius und Retzsch, Delacroix und Nauwerck, Näke und Schnorr, sagt er schließlich: „So wird uns denn diese Sendung zur Veranlassung, obgemeldete sämmtliche Bemühungen, sowie einzelne Arbeiten, als von den Herren Näke und Schnorr, vor uns aufzulegen und mit einander zu vergleichen, wodurch denn das Verhältniß eines jeden besonderen Talentes zu dem Gedichte, sodann auch zu seinen Mitkünstlern sich hervorthut. Die daraus sich ergebenden Betrachtungen sind für den Kunstfreund angenehm belehrend, und wir möchten in der Folge vielleicht geneigt sein, sie mitzutheilen."

Dieses halbe Versprechen ist unerfüllt geblieben. Dafür besitzen wir jedoch auch Zelters Meinung über die Bilder. Er schrieb

an Goethe: „Wo ich meine Vorstellung nicht erreicht finde, ist das
fünfte Blatt: „Wie wird mein Pudel lang und breit!“ Die Scene
ist zu hell; es fehlt ein Crescendo, ein Werden. In der Figur des
Faust denk' ich mir immer ein Feststehen, den Oberleib zurückge-
zogen. Doch das Ganze ist nicht erhabhaft genug. Die linke
Hand, welche das Buch festhält, ist brav. Das ist freilich bald
gesagt, nun alles dasteht.“

Nauwerck ist der erste, der das Erscheinen des Erdgeistes darstellt. Hielten Cornelius, Retzsch, Delacroix diese Aufgabe für zu
schwierig? Natürlich wußte Nauwerck nichts von Goethes Aeußerungen
über diese Erscheinung gegenüber dem Grafen Brühl von 1815.
Sonst würde er den Erdgeist sicher nicht als Weib aufgefaßt haben.
Ueber dem Schreibtisch Fausts erscheint ein riesiger majestätischer
Frauenkopf mit einer Krone um die Stirn, berührt von nichts auf
dieser kleinen Erde. Im Hinblick auf diesen Steindruck kann man
wohl verstehen, wie Zelter darüber an Goethe schreiben konnte, er
bewundere die Blätter, da sie seine Vorstellung der Idee überträfen.
Faust dagegen ist erbärmlich philisterhaft. Er sieht wie ein alter
Schuhmacher aus. Wir glauben diesem Philister nimmermehr, daß
er einen Bund mit dem Teufel schließen würde. Auch die übrigen
Gestalten haben etwas Philisterhaftes. Mephisto ist ein ganz
neuer Typus. Sein Gesichtsbau ist spezifisch jüdisch, und das
Knirschen seiner Zähne giebt ihm einen echt teuflischen Ausdruck.
Gretchens Gestalt schwankt zu sehr. Ihre Entwicklung vom halb-
reifen Mädchen zur Mutter kommt nicht zum Ausdruck, oder vielmehr
zu sehr, daß man sie überhaupt nicht wiedererkennt. Mephisto ist
entschieden die bestcharakterisirte Gestalt, und es ist nur zu bedauern,
daß keiner der folgenden Faustillustratoren dieser Spur gefolgt ist.
Er steht wieder in der Hexenküche auf der Höhe. Er ist weder der
galante Lebemann, noch der teuflische Verneiner, sondern der viehisch
grinsende Faun.

Die Fahrt nach dem Blocksberg ist darnach wohl das am
besten gelungene Bild. Faust und Mephisto fliegen auf dem Mantel
über dunkle Felsengruppen, das Irrlicht leuchtet ihnen vor, über
Gipfel und Abgründe. Einzig von ihm und den Augen einer Eule
entspringt Licht. — Die Schlußscene hat ebenfalls den Engel, aber
sie hat etwas fast Weichliches, das nicht befriedigt.

Im Jahre 1828 und 1829 brachte das Taschenbuch Minerva
weitere Illustrationen zu Faust, sechszehn Stück aus der Feder von
Ramberg. Es sind die echten Taschenbuchbildchen mit ihrem

ſentimentalen, familiären Zug und ihrer Näherung zu der kleinen
Wahrheit des modernen Lebens. Mit Delacroix's Lithographien
contraſtiren ſie faſt in heiterer Weiſe. Mephiſto und der Student
mit Lockenkopf und Spitzenkragen, ſo wie ihn Mephiſto ſpäter im
zweiten Theile ſchilderte, erſcheinen hier, dazu der ſchmunzelnde
Pfaffe, der Gretchens Geſchmeide befriedigt einſteckt, während ſie
ſchmollend enttäuſcht zur Seite ſteht. Gretchen am Spinnrad iſt
die echteſte ſentimental altmodiſche Taſchenbuchilluſtration, die
man ſich denken kann, und während des Religionsgeſprächs hat
Gretchen ihre eine Hand auf Fauſts Knie liegen, während ſie ihm
mit der anderen den Bart zauſt. Aus Mephiſtos „Lockenkopf und
Spitzenkragen" allein kann man ſchließen, daß Goethe dieſe Bild=
chen kannte.

Wenige Monde vor ſeinem Tode erhielt Goethe weitere ſechzehn
Federzeichnungen zu Fauſt. Von dem ſpäter berühmten Maler Guſtav
Nehrlich, der ſie mit dreiundzwanzig Jahren entworfen. Deſſen
Vater hatte Goethe 1815 in Karlsruhe kennen gelernt, und von ihm
erhielt ſie der Dichter im September 1831 zugeſandt. Sie ſind
keine bedeutenden Kunſtwerke und haben die Herausgabe nach
Nehrlichs Tod kaum verdient. Der Brief, den Goethe dem Vater
des jungen Malers ſchrieb, iſt ein richtiger Beleg für ſeine Freund=
lichkeit und Herzensgüte. Er wollte den Künſtler offenbar ermuthigen,
wenn er „im Namen der Weimariſchen Kunſtfreunde" das viel=
ſagende Urtheil abgab: „Seine Bilder ſind reich an Figuren und
Nebenwerken, meiſt gut erfunden und motivirt. Sehr gelungen iſt
der Ausdruck; man könnte eine Anzahl der Art wohl gerathener, mit
Geiſt und Leben ausgeſtatteter Köpfe anführen. Die Geberden der
Figuren ſind der Handlung angemeſſen und die Glieder von guter
Geſtalt . . . . . Die Anlage der Gewänder iſt meiſtens gut, einige
ſind als höchſt zierlich anzuerkennen. Auch darf nicht übergangen
werden, daß für die Räumlichkeiten genug geſorgt, das Lokal ge=
ſchickt gewählt, und das Hausgeräthe jener Zeit angehörig dargeſtellt
ſei". Von Genie ſteht in dem Briefe nichts.

Nehrlichs Zeichnungen waren die letzten Illuſtrationen zu Fauſt,
welche Goethe ſah, aber noch nach ſeinem Tode lebten in einem
Cyclus, der erſt dann entſtand, Andeutungen fort, die er ſelbſt
betreffs der Darſtellung des Dramas gemacht hatte. In dem er=
wähnten Brief Goethes an den Grafen Brühl vom 1. Mai 1815
entwickelt Goethe ſeine Ideen über die Art, wie der Erdgeiſt er=

scheinen könne. Ein kolossaler Kopf mit den Gesichtszügen des Zeus sollte sich als Transparentbild zeigen. Ein Schauspieler sollte, unsichtbar, seine Rolle sprechen. Graf Brühl zwar brachte eine Faustaufführung nicht zu Stande; dafür nahm sich aber der Fürst Anton Heinrich Radziwill, der bekannte Komponist des Faust, der Sache an. 1814 besuchte er Goethe, und wir haben noch dessen Brief an Knebel über den Besuch. In Weimar hatte Fürst Radziwill Gelegenheit, mit Goethe die Aufführung genau durchzusprechen, und daß Goethe ihm die bekannten Einschiebsel zu der opernhaften Darstellung des Dramas dichtete, ist ein Beleg, daß dies wirklich geschehen ist. 1819 gelang Radziwill die erste Theilvorstellung des Faust in dem Schlöß= chen Monbijou bei Berlin, bei der meist fürstliche Personen die Rollen spielten, und als nach Goethes Tode die Berliner Sing= akademie eine große Ausgabe von Radziwills Faustcompositionen veranstaltete, wurden eine Reihe Künstler gewonnen, dieselben mit einem Cyclus von Bildern zu begleiten. So entstanden die „Scenen aus Goethes Faust nach der Angabe des Fürsten Anton Radziwill", welche auf die bei den Aufführungen des Faust am Berliner Hofe gesammelten Erfahrungen gegründet sind. Fürst Ferdinand Radziwill hat dafür selbst eine Skizze von Gretchens Zimmer gezeichnet, in die dann Biermann Gretchens Figur einfügte. Karl Zimmermann schuf dafür seine Erscheinung des Erdgeistes, und Faust niederknieend beim Ertönen des Ostersanges, C. Schulz Mephistos Erscheinen als fahrender Schüler von hinter dem Ofen, Hensel Faust unter dem Geistersang in Schlaf sinkend und die Gefängnißszene, und Hosemann fügte die Hexenküche bei. Peter von Cornelius gab das Titelblatt.

Die Erscheinung des Erdgeistes ist ein wundervolles Bild. Faust steht aufrecht da, das Zauberbuch in der Hand, und vor ihm erscheint ein riesengroßer majestätisch erhabener greiser Manneskopf, dessen lockige Haare in ruhig wogende Flammen übergehen. Es ist eine Flammenbildung, und sie trägt auf der Stirn das Zeichen, daß sie mehr als Fausts Gleichen ist. Unfähig, den Anblick dieses wogenden, leuchtenden Feuermeeres zu ertragen, wendet sich Faust ab, den rechten Arm vor die geblendeten Augen haltend. In majestätischer Ruhe schauen die großen, klaren Augen auf den leicht= fertigen Beschwörer. Die Lebensfluthen, der Thatensturm, das wechselnde Weben und glühende Leben sind durch das Meer von Flammen, die eine starke und doch sanfte Macht in eine Richtung treibt, aufs Glücklichste symbolisirt. Die dunkle Gestalt Fausts hebt sich scharf von dem glänzenden Flammenhintergrunde ab. Seine hohe Statur, sein langes Haar, sein entschlossenes Gesicht geben ihm etwas Großartiges, und das fast leidenschaftlich unwillige Weg= blicken von der unerträglichen Erscheinung zeigt den Mann mit starkem Willen. Der blitzhelle Schein des Bildes verursacht einen fast schmerzlichen Zug auf seinem Antlitz. Das ist der kühne Sterbliche, der mit dem Ewigen hadert, wie Klinger sich ausdrückt. Vielleicht ist er zu leidenschaftlich für den Mann von Vierundfünfzig, aber wir ertragen das leichter als einen Mangel an geistiger Größe. Es ist ein gewaltiger Schritt hin nach dem Typus Faust, wie er im modernen Bewußtsein lebt. Wenn noch der Ausdruck geistigen Duldens in diese Züge einzöge, dann wäre es der moderne Faust. Und er ist in sie eingezogen auf dem folgenden Steindruck, wo sich Faust für einen Augenblick vor der Weihe der Offenbarung beugt. Das ist wieder der gedankenvolle Christuskopf aus der zweiten Aus= gabe von Klingers Roman. Alles Leidenschaftliche in ihm ist ver= schwunden; in seinem Herzen ist es still geworden. Der pelzbesetzte Mantel giebt der Erscheinung etwas Vornehmes. Es würde von höchstem Interesse sein zu wissen, wie viel in diesem Faust von dem Schauspieler Pius Alexander Wolf steckt, der bei den Aufführungen am Berliner Hofe diese Rolle gab. Faust, der Stürmer, der sich erkühnt, die Geisterwelt herauf zu beschwören und doch versucht sie zu verachten, und Faust der fühlende Mensch, der seine Augen demüthig zu den erleuchteten Domfenstern erhebt, scheinen zwei ver= schiedene Gestalten zu sein und sind doch dieselbe.

Leider ist dieser Typus auf den Bildern der übrigen Künstler nicht ausgebildet, ja nicht einmal festgehalten. Nur Hensel ist es geglückt, ihm nahe zu kommen.

Das dritte Bild, auf dem Mephisto erscheint, zeigt uns Faust den ernsten Mann, der in seinem Forschen durch die Welt des Möglichen und Unmöglichen gewandert ist, der seine Leidenschaften beherrscht und sich durch nichts mehr verblüffen läßt. Kein Zug des Leidens, den doch die Umgebung, die düstere Lampe, der Todtenkopf, das Stundenglas und all die Retorten und Flaschen fast zu suggeriren scheinen.

Auf Hensels Bild, das uns Faust in friedvollem Schlaf von freundlichen Träumen umgaukelt zeigt, rückwärts auf das Polster niedergesunken, ist Mephisto der entfesselte Teufel. Teuflische Freude auf dem Gesicht, breitet er die Hände über den Schlafenden aus, als ob er ihn mesmerisirt hätte. Es ist ein Schritt nach seinem höllischen Grinsen in der Hexenküche hin, das uns Hosemann zeigt.

In den Berliner Vorstellungen gab Prinz Karl von Mecklenburg den Mephisto. Was für eine Erscheinung hatte er? Wie war seine Auffassung? War er der Teufel mit dem französischen Spitz= bart und dem äußeren Anstand, oder der mit dem saunischen Grinsen? Und Frau Stich, was für ein Gretchen war sie? Das fast nichtssagende Mädchen, das sich selbstgefällig das Haar macht, oder das be= zaubernde Weib, das mit nackten Füßen, bloßen Brüsten und Armen auf dem Boden der Gefangenzelle kniet? Wir wissen es nicht. Und der Engel, der hinter ihr erscheint, mit flammendem Schwerte; und Faust, der in schmerzlichem Sehnen seine Arme nach ihr aus= streckt; und Mephisto, der hier in Nacht und Einsamkeit als der nackte Teufel mit Klauen erscheint, eine lebende Schlange als Gürtel um den Leib gewunden, sich an Fausts Schenkel klammernd und ihn an der Halskette fortreißend, waren sie so auf der Bühne? Breitete Mephisto so mit der Rechten den Zaubermantel über beide, um Faust mit sich hinauszutragen in das fahle Licht des auf= dämmernden Morgens?

Einen noch kleineren Cyclus besitzen wir von Wilhelm Kaul= bach, wenn man vier Bilder überhaupt einen Cyclus nennen kann. Mephisto als fahrender Schüler vor Faust, Gretchen auf dem Wege zur Kirche, Gretchen vor der Mater Dolorosa und Faust, Helena und Euphorion. Es ist der Christuskopf aus Klingers Roman, von Zimmermanns und Hensels Bildern, — aber umge= bildet zum braunlockigen Germanen mit rothem Bart und blondem Haar, in dem uns Faust hier entgegentritt. Die Verjüngung ist aufs Glücklichste zum Ausdruck gebracht. Faust wird nicht ein Jüngling von zwanzig, sondern von achtundzwanzig. Die beschwörende Geste auf dem ersten Bild giebt ihm etwas noch mehr Christushaftes und er verliert dies selbst nicht in der heißen, liebedürstigen Umarmung mit Helena.

Es ist Kaulbach, der die Gestalt Fausts für die bildende Kunst wie für die Bühne, im eigentlichen Sinne geschaffen hat. Alle fol= genden Illustrationen sind mehr oder weniger von ihm in dieser Gestalt abhängig. Kein großer Schauspieler hat sie geschaffen, sondern ein Maler — auch für die Bühne, die fortan in dieser Spur wandelt.

Aber kein Künstler ist so tief von dieser Kaulbach'schen Gestalt beeinflußt, wie Engelbert Seibertz, der sonst in der Faust= illustration ganz neue Bahnen eingeschlagen hat, Bahnen, welche der Einbildungskraft einen weiteren Spielraum lassen als die Wirk=

lichkeit, die ängstlich mit Raum und Zeit rechnen muß, und die
darum bei einer Dichtung wie Faust, in der das Wunderbare eine
so große Rolle spielt, noch einen besonderen Vortheil bedeuten und
einen doppelten Reiz besitzen.

Es ist die Methode, die nachmals von Vogel von Vogelstein
und Hermann Junker in ihren großen Faustgruppengemälden ver=
zerrt worden ist, die Methode, einem Rahmen von Arabesken, eine
Reihe größerer oder kleinerer Bilder einzufügen. Neun Jahre hat
der Künstler an ihnen gearbeitet, von 1843, wo er in Prag den
schlafenden Faust zeichnete, bis 1851, wo er die letzten sechs Platten
zum Zweiten Theil schuf. Selbst der Erste Theil beschäftigte ihn bis
1849, wo er denselben in Arnsberg vollendete. Die zeitliche Ord=
nung der Bilder bezeichnet fast genau auch die Ordnung nach ihrer
Vollendung. Auf dem Bilde von 1843, das den schlafenden Faust
zeigt, sind noch zu viel Einzelheiten, die den Mittelpunkt der Theil=
nahme verdecken. In der Hexenküche von 1844 und dem Trinken
des Zaubertrankes von 1846 halten sich Hauptgestalten und Neben=
werk die Waage, in allen folgenden aber überragen jene dies ganz
deutlich und treten scharf und klar hervor, mit Ausnahme der Blocks=
bergscene, nach dem Prolog im Himmel wohl des unglücklichsten
Stoffes für den bildenden Künstler. Man kann die Art der Dar=
stellung bei Seibertz mit Otto Devrients sogenannter Mysterienbühne
vergleichen, die auf ihren drei Bühnenstufen auch buntere Bilder
zu zeigen vermag, als das gewöhnliche Theater. Beide vermögen
außerdem den Zusammenhang des Gedichts stärker zu betonen als
die einfache Bilderreihe, oder die einfache Theatervorstellung.
Während diese das Stück in einzelnen Stücken geben, schaffen jene
eine zusammenhängende Kette von Ereignissen.

Ueberhaupt zeigt Seibertz ein tiefes Verständniß für das Drama.
Gleich wenn er uns Faust zuerst im Abendscheine auf dem Hügel
verführt, sehnend: „Ja wäre nur ein Zaubermantel mein", so hebt sich
dieser Punkt scharf von Cornelius und Nauwerck ab, die die Volks=
menge darstellen; aber ebenso von Delacroix, der uns ihn und seinen
Famulus am Wege sitzend sehen läßt; und von Retzsch, der ihn uns
zuerst vorführt, als schon der Pudel naht. Es ist derselbe Christus=
kopf ins Germanische übersetzt wie bei Kaulbach, aber noch heller
und mit den Falten des Denkers auf der Stirn im Anfang und
nachher um zwanzig Jahre verjüngert. Und doch ist er zugleich
der gesunde, starke Mann der That, das Ideal an Körperkraft.
Auf den früheren Bildern tritt er noch nicht so deutlich hervor, wie

auf den späteren. Vielleicht lernte Seibertz Kaulbachs Bilder erst kennen, nachdem er seinen Cyclus bereits begonnen hatte.

Dichte Nebelwolken umgeben das kleine Medaillon, in dem der greise Faust sitzt, ein Buch auf seinen Knieen, seinen Arm auf die Stuhllehne gestützt, brütend, mit Augen, offenbar verzweifelnd an menschlicher Erkenntniß. Aber droben ballt sich dieser Nebel zu wirklichen Wolken, und über die Wolken spannt sich ein Regenbogen, und auf dem Regenbogen sitzt Gott der Vater in mittelalterlichem Priestergewande und schaut fast mitleidig auf die Verbeugung des Bösen. Rings umher Engel, und über ihm jene geflügelten Kinder=köpfe, die aus der christlichen Kunst des italienischen Mittelalters bekannt sind.

Blumen und Flammen, beide aufstrebend, umrahmen die Er=scheinung des Erdgeistes, vor deren Glanz Faust ins Knie sinkt, seine Linke geballt, daß er die Geisterhelle nicht ertragen kann. Das sind typische Beispiele für die Art der Darstellung. Bemerkenswerth ist die Gestalt Mephistos. Der Mephistopheles von Carl Schulz, die lange Figur mit dem mageren Gesicht, dem dünnen Schnurr=bart und spärlichen Spitzbart ist gut fortgebildet. Die Enden des Schnurrbarts sind hübsch aufwärts gedreht. Es ist der Teufel Cavalier, der da steht. Er hat einen deutlichen Zug vom preußischen Lieutenant; nichtige Eingebildetheit mit einer gewissen gesellschaftlich feinen Reserve gepaart.

Der Kuß in der Gartenlaube unter Blättern und Rosen zeigt uns Gretchen zum ersten Male. Liebend schmiegt sie sich an den bösen Mann, ihre Arme um seinen Nacken geschlungen, besiegt vom Zauber erster, junger Liebe. Fünf kleine Vignetten rings herum. Faust Gretchen auf der Straße den Arm bietend — Gretchen Martha ihren Reichthum zeigend, — Gretchen die Sternblume zerzupfend, — Mephisto sich mit Martha über seine Herzensbedürfnisse unterhaltend und — ein heißes, wildes Umarmen in weichen Kissen zu nächtlicher Stunde. Wie der Kuß im Gartenhäuschen den Höhepunkt der ganzen Gretchentragödie bildet, so steht er hier in der Mitte, und man kann sich fragen, ob es eine andere Illustration zu Faust giebt, die der Schöpfung des Dichters mehr gerecht wird.

Ist diese Art der Darstellung schon beim Ersten Theile ein großer Vortheil für den Künstler, so noch mehr beim Zweiten. Wenn Faust die Gestalten von Paris und Helena heraufbeschwört auf der Bühne am Kaiserhof, während drunten in grauser Finsterniß die Mütter sitzen; wenn Mephisto dem prächtig getroffenen dumm=

schlauen Wagner beim Produciren des Homunkulus zusieht, während uns droben zwei Medaillons zeigen, wie Mephisto den jungen Schüler hänselt und dieser dann Vergeltung übt, während Mephisto auf dem Stuhle sitzt und sich schämt, daß er nicht — existirt; — so erscheint die Eigenart von Seibertz' Darstellungsweise im vortheil= haftesten Lichte. Helena auf Fausts Knieen, nur die Schenkel leicht bedeckt, Euphorion in kindlicher Schönheit zwischen beiden Eltern stehend, beide in dem stillen Frieden der Liebe, die sich genug gethan, ist ein treffendes Gegenstück zu Kaulbachs zeugungsdurstiger Dar= stellung derselben Scene. Die Engel und Teufel am Ende sind Seibertz so gut mißlungen wie Retzsch.

Otto Schwerdgeburths Spaziergang am Ostertage ist leider sein einziges Faustbild geblieben. Aber durch den Cölnischen Kunst= verein ist das Original im Wallrath=Richartz Museum in Cöln in einem prachtvollen Stahlstich von Nicolaus Bartelmeß weiteren Kreisen zugäng= lich gemacht worden. Auch Makart hat sich an Faust versucht, aber dieses Stoffgebiet lag so jenseits der Grenzen seiner Kunst, daß aus seinem Gretchen im Gefängniß eine Art Iphigenie geworden ist. Gabriel Max versagte die Lust zur Vollendung seines Faustcyclus, den er 1867 begonnen hatte, nachdem er zehn Bilder geschaffen und bis zur Walpurgisnacht gelangt war. Er ist der erste, der den Anfang des Dramas stark betont. Sieben mal sehen wir Faust vor dem Beginn der Gretchentragödie; dagegen hat Ary Scheffer geradezu einen Gretchencyclus geschaffen. 1832 entwarf er einen „Faust in seinem Studierzimmer" und beabsichtigte somit wohl, den ganzen Ersten Theil zu illustriren. Aber die Gretchentragödie zog ihn doch so vorwiegend an, daß er sich in seinen folgenden acht Bildern auf sie beschränkte.

Die siebziger und achtziger Jahre haben dann noch zwei voll= ständige Faustcyclen hervorgebracht, beide veröffentlicht in Pracht= ausgaben, beide von Directoren von Kunstakademien geschaffen und doch so grundverschieden wie nur denkbar. August von Kreling und Alexander Liezen=Mayer gehören zwei ganz verschiedenen Richtungen in der modernen Malerei an. Krelings Faustbilder schließen sich vielleicht von allen Faustillustrationen am engsten den Einzelheiten von Goethes Gedanken an. Aber ein gutes Stückchen Geheimniß= krämerei steckt auch darin, ein gewisses Spielen mit verborgenen Symbolen und geheimen Beziehungen, die der normale Betrachter schwerlich entdecken wird. Während Seibertz mit seinem Eindringen in das Innere des Gedichtes diesen Zug glücklich vermieden hat,

so ist hier oft genug vergessen, daß die Wirkung von Dichtung und
Malerei ganz verschiedenen Gesetzen gehorcht. Zuviel Einzelheiten,
zusammengetragen aus verschiedenen Zeilen des Gedichtes — statt
entspringend aus einer einheitlichen Idee des Gemäldes, das ist ein
Zug, der nicht selten in ihnen wiederkehrt. Die Gestalten bekommen
keine neuen Züge. Der Fausttypus, den Seibertz erreicht, ist eher
abgeschwächt. Mephistopheles ist nicht glücklich getroffen; dagegen
der Knochenmann Wagner mit seinem Licht vor Fausts Thür eine
durchaus charakteristische Erscheinung. Aber auch er gehört doch
zum Nebenwerk. Im Vorspiel auf dem Theater sitzt der greise Goethe
auf der Bühne am Tische und schreibt noch immer an seinem Ge-
dicht. Ringsum sind noch die Handwerker geschäftig, ein Stück
Draperie aufzunageln, eine Hand schiebt das Brett mit dem Penta-
gramm zurecht, und der Souffleur im Kasten putzt sein Licht. Die
lustige Person und der Theaterdirector, eine martialische Gestalt,
drängen sich um den Tisch des Dichters, der Director hebt den
Vorhang und begleitet seine Ausführungen mit dem Hinweis auf
das harrende Publicum. Die Affen aus der Hexenküche rollen ihre
Kugeln, Gretchen erscheint, von Martha bestaunt und von Valentin
begrüßt. Faust sitzt im Schatten auf dem Stuhle und studirt ein
Manuskript. — Cornelius hat dieselbe Szene dargestellt, aber die
Fülle der Einzelheiten hat bei ihm nicht die Idee erdrückt.

Mephisto sich vom Himmel auf die Erde stürzend, erinnert etwas
zu deutlich an Delacroix's Steindruck, obgleich die Stadt unter ihm
bei Kreling fehlt.

Liezen-Mayer, der etwa gleichzeitig mit Gabriel Max seinen
Cyclus begann, ist der Meister in Sammet und Seide und damit
übt er einen degenerirenden Einfluß auf Goethes Frauengestalten
aus. Das bleichsüchtige Mädchen im kostbaren Sammetkleid am
Spinnrad ist nicht Goethes Gretchen. Die Dame im weißen Seiden-
kleid in Marthas Garten noch weniger. Aus Marthas schlichtem
Gärtchen an der Stadtmauer ist ein hügliger Park geworden. Das
sind typische Beispiele.

Faust und Mephisto in Auerbachs Keller ist ein kraftvolles
Bild; nur erinnert es zu deutlich an Seibertz' Darstellung der
gleichen Szene, für deren copie en contrepartie man es auf den
ersten Blick halten möchte. Es ist ein Cyclus „für die Familie",
kaum für den, der in Goethes Dichtung mehr sieht als den Ver-
treib einer müßigen Stunde. Das dekorative Element hat die Herrschaft angetreten und begonnen den Kern der Gestalten des Dichters

zu untergraben. Die Gestalt Fausts hat in drei Jahrhunderten schon so viele Wandlungen durchgemacht — wird sich auf diesem Wege noch ein neuer Typus Faust entwickeln, vielleicht ein Faust der That, ein Gegenstand für den Dichter des — einundzwanzigsten Jahrhunderts?

Einen Zug kann man in allen unseren Faustillustrationen vermissen; den souveränen Humor, der die Gestalten mit einem, wenn auch leise angetrübten Lächeln faßt. Aber auch dieser ist vertreten, wenn auch abseits vom großen Wege, auf einem Gebiete, das wir sonst für die Kunst kaum ernst nehmen, in der Silhouette. Paul Konewka ist wohl unstreitig der größte Silhouettenschneider, den es überhaupt gegeben, und unter seinen Werken stehen neben dem Sommernachtstraum und den Stuttgarter Bilderbogen wieder seine zwölf Blätter zu Faust und sein Osterspaziergang voran. So bunt die Fülle der Gestalten auf dem Osterspaziergang ist, so knapp bemessen sind die Figuren auf den Blättern zu Faust. Wagner und Mephisto sind einzig in ihrer Art. Umblüht von Grün und Blumen steckt der Pedant Wagner seine Nase in ein altes Pergament und liest zu eigener Befriedigung: „Man sieht sich bald an Wald und Feldern satt". Mephisto auf der Stuhllehne sitzend, und, die Pointen mit den Fingern der linken Hand begleitend, während er in Auerbachs Keller seinen Sang zum Besten giebt, ist kostbar. Ebenso die Scene vorher, wo er den Schüler hänselt und die folgende, wo er, offenen Hohn auf dem Gesichte, aber den Hut in der Hand, mit Frau Martha Schwerdtlein am Arme durch den Garten stolzirt. Es ist etwas in diesen Silhouetten, was in keinem der übrigen Cyclen steckt. So eng Konewkas Begabung war, so groß war er in ihr. Goethe selbst meinte, Cornelius habe alles zu ernst genommen. In Seibertz' galantem Mephisto steckt ein Anflug zu dem Konewkas, der sich in seiner Rolle als Verhöhner alles dessen, was den Menschen lieb ist, so unendlich wohl fühlt. Es ist eine Art Rückkehr zu dem Teufel des Mittelalters, mit dem die Helden der mittelalterlichen Sage in so gemüthlichen Beziehungen standen: — nur war das Lachen damals auf ihrer Seite.

# Mein Austritt aus dem Jesuitenorden.*)

Von

## Graf Paul von Hoensbroech.

Durch Veröffentlichung dieser Zeilen bereite ich Vielen, denen ich in meiner Vergangenheit sehr nahe gestanden habe, denen ich durch die innigsten Bande der Natur und der Freundschaft verbunden gewesen bin, die mich aufrichtig geliebt haben, und die ich noch liebe, einen großen Schmerz. Vielen Anderen wird die Schrift als ein öffentliches Aergerniß erscheinen, sie werden in ihr eine Schädigung der heiligsten Interessen erblicken. Noch Andere werden diese Zeilen vielleicht mit höhnischem Jubel begrüßen: ein Streit innerhalb der katholischen Kirche; was kann es Erfreulicheres für manche Geister geben!

Alles dessen bin ich mir bewußt, und das Bewußtsein dieses Schmerzes, den ich verursache, dieses Aergernisses, das ich gebe, dieser hämischen, feindseligen Freude, die ich hervorrufe, dies Bewußtsein drückt schwer auf mich und macht die Aufgabe, die ich in dieser Schrift mir gesetzt habe, zur peinlichsten meines Lebens.

Aber warum schreibe ich denn? Warum lasse ich die Feder nicht unberührt? Zwingt mir sie Jemand in die Hand? Ja. Ich glaube mir selbst und meiner Ehre, meiner eigenen Persönlichkeit diese Schrift schuldig zu sein.

Jahrelang habe ich dem Jesuitenorden angehört; vielfach ist mein Name in den litterarischen Kämpfen für und gegen diesen Orden ge-

---

*) Da ich eine Schrift veröffentlicht habe, in der ich den Jesuitenorden gegen einen Aufsatz dieser Zeitschrift vertheidigt habe, so wird es bei Manchen Befremden erregen, daß ich auch diese Zeitschrift zu der folgenden Kundgebung benutze. Allein meine damalige Vertheidigung richtete sich gegen sachliche Irrthümer, die ich auch heute noch als Irrthümer und sachlich falsche Anklagen bezeichne. Andererseits wollte ich durch die Wahl eines vornehmen Organs, wie die „Preußischen Jahrbücher" es sind, auch äußerlich zeigen, daß ich nicht zu den Hetzern gehöre.

nannt worden: ohne eine authentische Erklärung meinerseits bliebe mein Austritt nicht nur ein Räthsel, sondern die verschiedensten und falschesten Deutungsversuche würden gemacht und Vermuthungen aufgestellt werden, die in gleicher Weise für den Orden und für mich kränkend und verleumderisch wären. Das kann und will ich nicht dulden. Der Jesuitenorden und ich haben ein Recht auf Wahrheit.

Diese Schrift wird theilweise ein sehr persönliches Gepräge tragen. Ich bedauere es, mit meinem Ich so auf den öffentlichen Markt treten, Erfahrungen und Stimmungen intimster Natur wenigstens andeutungsweise der großen Menge preisgeben zu müssen. Allein es ist das nothwendige und nicht unehrenhafte Mittel zum Zweck; es ist ein schweres Opfer dargebracht der Wahrheit.

## I.

Wer in reiferen Jahren nach langer Zugehörigkeit zu einer Genossenschaft diese verläßt, der muß seine Gründe haben. Ist diese Trennung zugleich ein Bruch mit der Vergangenheit, ein Drangeben bisheran verfochtener Anschauungen, so müssen lange und schwere Kämpfe vorangegangen sein.

Ich habe dreizehn Jahre dem Jesuitenorden angehört: ich habe mit allem Ernst und aller Aufrichtigkeit darnach gestrebt, einzudringen in den Geist dieses Ordens; ich habe, was ich hatte und was ich konnte, eingesetzt zu seiner Vertheidigung; ich habe ihn als das zu erfassen gesucht, als was er mir vorschwebte und als was ich ihn zu erkennen wünschte: das Ideal christlicher Frömmigkeit. Und das Endergebniß dieses jahrelangen Bemühens ist die Trennung!

Die Gründe, die mich zur endgültigen Scheidung bestimmten, lasse ich weiter unten folgen; zunächst möchte ich in thunlichster Kürze klarstellen, wie ich zu dieser Trennung gekommen.

Das „wie" bei solchen und ähnlichen Schritten ist zwar stets ein innerer Prozeß, ein Stück individualistischer Psychologie, und deshalb in manchen Einzelheiten unverständlich für Andere; dennoch bleibt seine Erörterung eine Nothwendigkeit. Erst von hier aus empfängt das „warum" seine volle Beleuchtung: die den Schritt bestimmenden Gründe treten in ihrer psychologischen Wirksamkeit deutlicher hervor.

Als ich mich dem Jesuitenorden anschloß, da suchte ich, wie schon gesagt, das Ideal christlicher Frömmigkeit. Die Vorstellung, die ich mir von der Gesellschaft Jesu gebildet, das, was ich von ihr durch Lesen, Hören und Sehen kennen gelernt zu haben glaubte, ließ mich die Ueberzeugung gewinnen, dies Ideal in ihr finden zu können. Rückhaltlos gab ich mich ihr hin; ich wollte das werden, was ich in dem Institut der Gesellschaft Jesu verkörpert zu sehen glaubte: ein vollkommener Christ; ein wahrer Jesuit. Beides war für mich identisch. Niemand, weder innerhalb noch außerhalb des Jesuitenordens, der mich während dieser Zeit gekannt hat, wird mir das Zeugniß dieses redlichen Wollens verweigern.

War es ein Glück oder war es ein Unglück, daß ich verhältniß= mäßig alt, mit 26 Jahren dem Jesuitenorden beitrat? Ich hatte meine juristischen Studien absolvirt, war als Referendar im Justiz= dienst thätig gewesen, hatte viel gereist, viel von der Welt gesehen: kurz ich war ein urtheilsfähiger Mann. Wäre ich, wie so Viele, wie die meisten Anderen ganz jung, unfertig dem Orden beigetreten, die innere Umwandlung wäre vielleicht erfolgt, ich hätte vielleicht den Jesuitengeist in mich aufgenommen. So geschah dies nicht, und der innere Widerspruch gegen das religiös=asketische System des Ordens regte sich schon bald, um nicht mehr zu verstummen.

Von diesen ersten Regungen an bis zu meinem Austritt habe ich ein hartes Leben geführt; schwere innere Kämpfe durchgemacht. Ich wollte dem sich regenden Widerspruch kein Gehör geben; ich wollte das Ideal, das ich erkannt zu haben glaubte, nicht als Irrthum fallen lassen; ich wollte mich und mein Urtheil in's Un= recht setzen.

Unerbittlich für mich selbst, für meine eigenen Gefühle für mein eigenes Urtheil nahm ich den Kampf auf. Das, was mir am meisten widerstrebte, suchte ich am pünktlichsten zu thun; diejenigen asketischen Mittel und Rathschläge, die mir am meisten zuwider waren, wandte ich am rücksichtslosesten auf mich an; die spontansten und drän= gendsten Aeußerungen meines Urtheils suchte ich am energischsten zu unterdrücken: mein Geist und mein Empfinden sollte — das war mein aufrichtigster Wille — vom Geist und dem Empfinden des Jesuitenordens erfüllt, mit ihm assimilirt werden. Dreizehn Jahre führte ich diesen Kampf gegen meine immer stärker sich regende eigene Ueberzeugung.

Unter gewöhnlichen Verhältnissen hätte die Entscheidung wohl nicht so lange auf sich warten lassen. Die Ausnahmestellung jedoch, die der Jesuitenorden zur Zeit meines Eintritts einnahm und noch einnimmt, seine Verfolgung auf allen Seiten, die Verleumdungen, die gegen ihn und seine Mitglieder ausgestreut werden, dies Alles wirkte in sehr bedeutender Weise mit, mich, trotz des inneren Gegen=

satzes zu ihm, immer wieder auf's Neue für ihn einzunehmen; mich immer wieder auf's Neue den Versuch machen zu lassen, ihm nicht nur äußerlich sondern auch innerlich anzugehören. Ich fühlte mich persönlich verletzt durch die ungerechten Angriffe gegen den Orden.

Unter vielen und großen Opfern hatte ich mich ihm angeschlossen, unter schweren inneren Kämpfen suchte ich an ihm festzuhalten: da empörte es mich doppelt, diese Genossenschaft, der ich meine Persönlichkeit hingegeben hatte, als nichtswürdig und schlecht dargestellt zu sehen. Meine Ehre war engagirt, das verletzte Unschuldsgefühl, die Entrüstung über erlittenes Unrecht kam mir als Bundesgenosse zu Hilfe bei dem Bestreben, den Widerstand gegen das jesuitische System im eigenen Herzen endgültig zu brechen.

Aus dieser Stimmung heraus wurde ich zum Vertheidiger des Ordens. Ich schrieb die betreffenden Schriften mit ganzer Hingabe an die Sache. Ich brauchte nicht zu heucheln, nicht eine Entrüstung zur Schau zu tragen, die ich nicht fühlte. Die Gegner und die Anklagen, gegen die ich mich wandte, konnte ich mit voller Ueberzeugung angreifen: es war die Unwahrheit, die ich bekämpfte, die Verleumdung, die ich aufdecken wollte.

Auch, wo ich persönlichen Gefühlen für den Orden und einzelne seiner Einrichtungen Ausdruck gab, wurde ich nicht unwahr. Es ist die Wahrheit, wenn ich sage, daß bei jeder dieser Stellen ich mich frug: kannst du das rechtfertigen vor dir selbst, es in Einklang bringen mit deinen innern oft entgegenstehenden Anschauungen? Und jedesmal antwortete ich mir: Ja, denn deine Anschauungen sollen und müssen irrig sein, sie sollen und werden sich ändern.

Zudem ist der Jesuitenorden eine wunderbar großartige Institution; ein Organismus von staunenswerther Einheitlichkeit, Lebenskraft und Vielseitigkeit; seine Ziele sind die umfassendsten und, weil auf den Richtlinien der Ziele des Christenthums liegend, die edelsten, erhabensten, würdig der Begeisterung und des Lobes. Das habe ich nie verkannt und werde es nie verkennen. Nur zu seinen Mitteln stehe ich im Gegensatz und auch hier bewundere ich die Genialität ihrer Anordnung, ihr enggefügtes Ineinandergreifen, ihre psychologische Kraft.

Hätte ich innerlich mit vollständiger Klarheit verworfen, was ich äußerlich vertrat; hätte ich die Worte, die ich zur Vertheidigung des Ordens schrieb, als leere Phrase erkannt und sie doch geschrieben: dann wäre mein Thun und Schreiben eine Unwahrheit gewesen. Allein dem war nicht so. Meine Bedenken und Zweifel gegen das

jesuitische System waren nicht über Nacht wie eine helle Offenbarung
über mich gekommen, sondern langsam, allmählich stiegen sie in
mir auf; unbestimmt, schwankend, erst nach und nach greifbare, festere
Gestalt annehmend. Und, wie ich schon sagte, immer und immer
wieder wurden diese Zweifel durch meinen entgegenstehenden Willen
zurückgedrängt. Ich wollte ja die Bedenken in mir nicht hören:
ich hoffte auf die Dauer sie unter die Füße zu bekommen und zu
dem Urtheil über den Orden zu gelangen, das ich Andere vertreten
sah: ich kämpfte mit ganzer Seele dafür meine Anschauung als die
irrige zu erkennen.

So ist es gekommen, daß ich jahrelang dem Jesuitenorden angehörte als ein Glied, das sich nie heimisch in ihm fühlte; so ist
es gekommen, das ich für den Jesuitenorden schreiben konnte, was
ich geschrieben habe. Nicht ein Wort der positiven Vertheidigung
brauche ich zurückzunehmen, und bei den subjectiven Aeußerungen
habe ich nur hinzuzusetzen, daß sie der Ausdruck waren des energischsten Wunsches meines Innern, dessen Erfüllung ich in heißem
Bemühen und jahrelangem Ringen angestrebt habe.

Die definitive Klärung und Entscheidung in dem innern Proceß
und die Trennung vom Orden brachte endlich ein anderes Ereigniß,
von dessen Besprechung ich Abstand nehme, da es mit dem Zweck
und dem Gegenstand dieser Zeilen nicht unmittelbar zusammenhängt.

Das ist die kurze Darstellung, wie ich zum Austritt aus dem
Jesuitenorden gelangte. Ehe ich das Warum, die mich bestimmenden
Gründe, folgen lasse, habe ich zwei Erklärungen abzugeben. Theilweise sind sie schon im Vorhergehenden enthalten, aber ich halte es
für meine Pflicht, sie auch formell auszusprechen.

Erstens, die Anklagen, mit denen man gewöhnlich den Jesuitenorden überhäuft, sind falsch; sie beruhen auf Unwissenheit oder Abneigung. Was speciell die vielgeschmähte Moral des Ordens angeht,
so ist sie eine Moral von tadelloser Lauterkeit; die sogenannte
„schlechte Jesuitenmoral" bildet die eigenen Glieder des Ordens zu
Männern des reinsten Lebenswandels heran.

Wer in den Werken jesuitischer Moraltheologen bewandert ist,
wird zwar leicht eine ganze Reihe von Entscheidungen und Auffassungen herausschreiben können, die dieser Behauptung zu widersprechen scheinen und von denen viele auch wirklich abzuweisen
sind. Aber solche Entscheidungen sind Irrthümer spitzfindiger Köpfe;
es sind keine Verirrungen des Herzens. Sie gingen hervor,
nicht wie man vielfach behauptet, aus dem Bestreben, den Weg

zum Himmel breit und leicht zu machen, sondern aus dem Bestreben, die haarscharfe, ja oft kaum zu erblickende Grenze zwischen moralisch Erlaubtem und Unerlaubtem zu ziehen. Aus solchen Aussprüchen die Moral des Ordens construiren zu wollen, ist thöricht und ungerecht zugleich.

Zweitens erkläre ich, daß auch ich keine Anklagen erheben will. Ich constatire nur meine Ueberzeugung. Diese Darlegung wird ja leider thatsächlich einer Anklage gleichbedeutend sein. Ich bedaure diese thatsächliche Wirkung; sie ist meiner Absicht gänzlich fremd. Diese ist nur, meine Gründe vorzulegen, die mich bestimmten, den Orden zu verlassen. Dazu habe ich ein Recht; und weil mein Austritt öffentlich bekannt ist, habe ich auch das Recht auf öffentliche Darlegung dieser Gründe. Wenn die objective Ausübung dieses Rechtes eine Anklage mit sich führt, — ich wiederhole dies nochmals — so lasse ich diese Folge bedauernd zu, beabsichtige sie aber nicht.

## II.

### Der Jesuitismus unterdrückt, ja bis zu einem gewissen Grad vernichtet die Selbstständigkeit, den Charakter, die Individualität des Einzelnen.

„Jesuitismus" steht hier für das innere Wesen, das System des Jesuitenordens; „Selbstständigkeit" bezeichnet hier nicht die freie Selbstbestimmung des äußeren Handelns; denn daß diese ganz oder theilweise aufgegeben werden muß mit dem Eintritt in einen religiösen Orden oder überhaupt in irgend eine Gemeinschaft mit festen Gesetzen, versteht sich von selbst. Unter „Selbstständigkeit" verstehe ich hier die freie Entwickelung des innern geistigen Menschen. Auf diese Entwickelung, welche zur geistigen Individualität führt und in selbstständiger Gesinnung, selbstständigem Handeln sich äußert, hat jeder Mensch ein angeborenes, unveräußerliches Recht. Ein System, das dieses Recht antastet, vergreift sich recht eigentlich an einem unveräußerlichen Menschenrecht.

Wohl hat das Christenthum durch die neuen Erkenntnisse und Offenbarungen, die es der Menschheit brachte, dem Menschengeist Schranken gesetzt und Wege gewiesen, die er beachten und befolgen muß; aber nur, weil Gott in Christus der Urheber des Christenthums ist; d. h. weil der höchste Herr und Schöpfer des Menschen

auch das Recht hat, von seinem Geschöpf Unterordnung des Ver=
standes, Drangabe seiner Selbstherrlichkeit zu verlangen.   Außer
Gott aber und seinen rechtmäßigen, von ihm selbst eingesetzten
Organen steht diese Art der Oberherrschaft Niemand zu.   Kein Verein,
so heilig und edel auch sein Zweck, darf solche Opfer von seinen
Gliedern verlangen und noch viel weniger, darf systematisch solche
Selbstentäußerung, solche Selbstentleerung des individuellen Geistes=
lebens bei seinen Gliedern herbeiführen. Das aber thut der Jesuitismus.

Die geistige Individualität des Menschen äußert sich haupt=
sächlich in dreifacher Richtung: im gewöhnlichen Alltagsleben, in
wissenschaftlicher und in religiös = asketischer Beziehung.

Diese drei Sphären der menschlichen individuellen Selbst=
ständigkeit werden durch den Jesuitismus nicht nur erfaßt und
irgendwie geregelt, gemodelt — dagegen ließe sich ja weiter nichts
einwenden, indem jede gesellschaftliche Vereinigung mit fest um=
schriebenen Zielen und geregelter Lebensführung in gewisser Weise
und bis zu einem gewissen Grad bestimmend auf Denk = und Ge=
sinnungsart, auf Inneres und Aeußeres ihrer Mitglieder einwirken
wird —, sondern der Jesuitismus nivellirt in den angegebenen
drei Richtungen die geistige Selbstständigkeit seiner Glieder; zwingt
dieselben in eine alles umfassende, alles beherrschende Schablone,
läßt sie dadurch verkümmern und nicht zu der ihr naturrechtlich
zustehenden Entfaltung gelangen.

Dieser widerrechtliche Zwang ist um so wirksamer, einfluß=
reicher, je weniger er sich kundgiebt durch Gewaltmaßregeln.   Es
ist der Wassertropfen, der den Stein aushöhlt, langsam aber sicher;
sanft, geräuschlos glättet, schleift er, ohne stoßweise zu verletzen.
Fast unmerklich, wie von selbst gegeben, bemächtigt sich dieser Zwang
desjenigen, der in den Jesuitenorden eintritt; er erfaßt ihn ganz,
Leib und Seele, Tag für Tag, Jahr für Jahr; begleitet ihn bei
allen seinen Handlungen und läßt ihn nicht mehr los, bis die Um=
wandelung vollendet, die genannte Selbstständigkeit zerstört ist, oder
— bis der Betreffende, diesen Zwang als solchen erkennend, sich
ihm frei entzieht.

### 1.   Die Unterdrückung der Individualität im gewöhnlichen Alltagsleben.

Jeder menschliche Verein hat das Recht und, wenn er Bestand
haben will, die Pflicht, seinen Mitgliedern gewisse Aeußerlichkeiten
vorzuschreiben.   Eine Uniform, sei es nun eine wirkliche von buntem

Tuch und blanken Knöpfen, oder eine solche gebildet aus Tages=
ordnung und Lebensüsancen, ist für jede Genossenschaft, die auf dem
Zusammenleben ihrer Glieder aufgebaut ist, nothwendig.

Gäbe der Jesuitenorden seinen Mitgliedern nur eine Uniform,
die bei aller wünschenswerthen Gleichförmigkeit des äußeren Auf=
tretens, der äußeren Lebensgestaltung doch dem Einzelnen selbst=
ständige Freiheit und Bethätigung der Individualität beläßt, er wäre
nicht zu tadeln. Allein er thut mehr; seine Uniform ist — man
verzeihe den zu schroff klingenden Ausdruck — eine Zwangsjacke, die
dem Princip und dem System nach jede freie individualistisch=
selbstständige Bewegung hemmt und absolut gleichförmig gemodelte
Schablonenmenschen hervorbringen will.

Ich sage „dem Princip und dem System nach"; denn thatsäch=
lich gelingt diese völlige Nivellirung doch nicht. Die Individu=
alität des Menschen ist als Naturkraft zu stark, zu triebfähig,
als daß sie sich ganz unterdrücken ließe. Aber der systematische
Versuch dazu liegt in den Einrichtungen des Jesuitenordens vor.

Verfolgen wir diese Einrichtungen etwas im Einzelnen.

Weitaus die meisten, die dem Orden sich anschließen, sind ganz
junge Leute, im Alter von 16 bis 20 Jahren, und wohl Alle thun
diesen Schritt aus den edelsten Beweggründen, mit voller begeisterter
Hingebung an die Sache. Diese Jugendlichkeit und diese Begeisterung
müssen hervorgehoben werden; denn sie bilden eine ganz wesentliche
Voraussetzung und eine sehr kräftige Beihülfe für die nachdrückliche
Wirksamkeit der erwähnten Nivellirungseinrichtung. Der jugend=
liche Charakter ist an und für sich empfänglich, und die Hingebung
steigert diese Empfänglichkeit für äußere Beeinflussung.

Das Ordensleben beginnt mit dem zweijährigen Noviziat.
Hier wie bei den späteren Ordensstadien bildet die Tagesordnung
den natürlichen Rahmen für den Angriff auf berechtigte Selbst=
ständigkeit. Gegen eine Tagesordnung als solche ist nichts einzuwen=
den; wohl aber gegen ein zuviel derselben.

Die Tagesordnung für den Jesuiten=Novizen ist ein während
zweier Jahre täglich mit derselben Energie und Geschicklichkeit sich
wiederholender Angriff auf selbstständige Entwicklung des äußern
und innern Menschen.

Nicht nur von Stunde zu Stunde, sondern von Viertelstunde zu
Viertelstunde, selbst für noch kürzere Zeiträume ist dem Novizen
vorgeschrieben, was er zu thun hat. Gerade in diesen sich so oft

wiederholenden, so rasch aufeinander folgenden Unterbrechungen der
Thätigkeit liegt ein gewaltiges Mittel, die Selbstständigkeit zu brechen.

Der Wille, die Neigung zu irgend einer Thätigkeit wird abge=
stumpft. Man weiß von vornherein, was ich jetzt thue, dauert nicht
lange, höchstens bis zu dem oder dem Zeitpunkt; vielleicht, wahr=
scheinlich kommt das Zeichen zur Unterbrechung schon früher, und ich
werde zu etwas Anderem verwendet. So wandert man allmählig
ohne viele innere Beschwerde von einer Beschäftigung zur andern,
läßt sich abrufen und wieder anstellen, wird geschickt und kommt
wieder zurück, fünf Minuten hier, zehn Minuten dort; eine halbe
Stunde in der Küche, eine Stunde auf dem Speicher; heute mit dem
Kehrbesen, morgen mit dem Grabscheit in der Hand.

Eine maschinelle Routine, eine glatte Beweglichkeit, eine wider=
standslose Geschicklichkeit wird dadurch erzielt; aber in demselben
Maße verliert auch die individuelle Selbstständigkeit. Gewiß wird so
der Eigenwille gebrochen und der pünktliche Gehorsam geübt; aber
zugleich erleidet der Wille überhaupt einen Stoß; er wird zur
mühelos rollenden Kugel geglättet, die sich geräuschlos einfügt in
die Reihen der neben und mit ihr rollenden.

Es ist eine bekannte Thatsache, daß die Individualität sich auch
der Umgebung, in der man lebt, dem Zimmer, das man bewohnt,
den Gegenständen, die man benutzt, aufprägt und selbst wiederum
Anregung und Stärkung empfängt aus der eigenartigen Beschaffen=
heit all dieses. Auch dieser Bundesgenosse der Individualität wird
bekämpft.

Dem Jesuitennovizen wird nicht nur für jede Viertelstunde des
Tages vorgeschrieben, was er thun soll; auch der Ort, an dem er
sich aufhalten, die Art und Weise, wie er seine Handlungen ver=
richten soll, ist ihm bis ins Kleinste vorgezeichnet.

Während der zwei Jahre seines Noviziats muß er wiederholt
das Zimmer, das ihm zum Aufenthalt dient, wechseln, und selbst
der Platz, den sein kleines Schreibpult, sein einfaches Bett einnimmt,
ist kein ständiger, fester; das würde eben der Individualität Vor=
schub leisten.

Alles Eigenthümliche, die charakteristischen Besonderheiten, die
eine Persönlichkeit auch im Aeußeren stempeln, sie müssen fortfallen.
Der Gang, die Haltung der Hände, der Blick der Augen, die Nei=
gung des Kopfes, die Stellung und Bewegung des Körpers sind
durch genaue Vorschriften geregelt.

Buchstäblich nichts ist der freien Selbstbestimmung des Novizen überlassen. Will er einen Schluck Wasser trinken, so muß er um Erlaubniß fragen; will er ein Stück Papier, ein Buch, einen Bleistift benutzen, so muß er um Erlaubniß fragen.

Ohne Zweifel liegt in der gewissenhaften Befolgung dieser Vorschriften, in der Unterwerfung unter diese Einrichtung für den Einzelnen viel schwere Selbstüberwindung, und weil sie vom Einzelnen geübt wird aus dem edeln Bestreben, Gott zu gefallen, die christliche Vollkommenheit zu erlangen, so ist das Verdienst des Einzelnen in Ausübung all des Genannten nicht gering. Auch soll durchaus nicht behauptet werden, daß bewußter Zweck dieser Einrichtungen, die Unterdrückung der Individualität, die Nivellirung der Persönlichkeiten sei; aber die thatsächliche und logisch nothwendige Folge ist die Schablone und der Zuschnitt.

Bilden solche Dinge ein System, dem sich Jeder unterwerfen muß, beherrschen sie als Regel das Leben des Einzelnen, so liegt ihre Hauptwirkung, ihre verderbliche Wirkung in der Untergrabung der Selbstständigkeit. Acte, die an und für sich und hervorgehend aus jedesmaliger freier Entschließung Gott genehm und wohlgefällig wären, werden zur Dressur; die Individualitäten werden in ein und dieselbe Uniform gezwängt.

Jeder Novize bekommt beim Beginn des Noviziats einen sogenannten „Schutzengel" zugetheilt; d. h. je zwei Novizen haben täglich zu einer bestimmten Stunde sich gegenseitig aufmerksam zu machen auf Verstöße, die sie etwa begangen haben. Diese Einrichtung wird dadurch verschärft, daß mehrmals im Jahre in Gegenwart des Novizenmeisters und aller Mitnovizen die sogenannte „Steinigung" (lapidatio) vorgenommen wird. Der betreffende Novize — jeder einzelne kommt an die Reihe — muß niederknien, und dann darf jeder der übrigen Novizen äußere Verstöße, die er an ihm bemerkt zu haben glaubt, tadeln. Da heißt es bald: N. N. geht zu rasch; bald: er geht zu langsam; bald: er schaut zu viel umher; bald: er schaut zu viel vor sich; er spricht zu laut, zu leise u. s. w.

Gewiß werden durch dies Verfahren oft wirklich unschöne Ecken beseitigt; im allgemeinen und seiner unausbleiblichen Wirkung nach ist es aber ein intensives Meißeln und Feilen an der Individualität und ihren berechtigten Aeußerungen. Allmählig nach so oft empfangenen Streichen und Verwarnungen scheut sich die Individualität hervorzutreten, sie läßt ihre Selbstständigkeit, ihre Eigenthümlichkeit fallen und zieht die Uniform an.

Die Zeit der täglichen Erholung darf der junge Jesuit nicht mit beliebigen seiner Ordensgenossen verbringen, sondern jede Woche werden ihm ganz bestimmte beigegeben, nur mit diesen darf er sich unterhalten. Das Gleiche findet bei den wöchentlichen Spazier=gängen statt. Nach den Erholungen und nach den Spaziergängen hat immer je einer der Novizen in den verschiedenen Abtheilungen die Pflicht, dem Novizenmeister oder dessen Stellvertreter Bericht zu erstatten — meistens sogar schriftlich — über Alles, was vor=gekommen ist. Endlich wird zweimal im Jahr bei der Gelübde=erneuerung vom Hausobern der sogenannte Hauskonsult — bestehend aus älteren Patres — zusammengerufen. In diesem Konsult wird jedes Mitglied des Hauses besprochen, etwaige Fehler desselben notirt und ihm dann später vom Obern mitgetheilt. Dies letztere, ebenso wie die Einrichtung der „Schutzengel" besteht nicht nur für die Noviziatszeit, sondern während der ganzen Ausbildungs=zeit des jungen Jesuiten, also oft 12 bis 14 Jahre lang.

Alles bisheran Erwähnte sind Vorschriften, Regeln, denen sich jeder unterwerfen muß. Dazu kommen aber noch eine Menge von Rathschlägen und Anleitungen, die bei der Bereitwilligkeit, sie zu befolgen, fast nicht weniger wirksam sind als jene. Da giebt es Rathschläge, wie man essen und trinken, wie man sprechen, gehen oder sitzen soll; Rathschläge für das Auskleiden, für die Körperhaltung im Schlaf, für das Ankleiden; kurz es ist der ganze Mensch in allen seinen Bewegungen und äußerem Gebahren, bei Tag und bei Nacht, der erfaßt, gemodelt wird.

Die Quintessenz, der präciseste Ausdruck dieses ganzen Schablonen=systems, sind endlich die sogenannten „Regeln der Bescheidenheit" (regulae modestiae). Das ist die Form, in welche der Jesuit, vom Scheitel bis zur Zeh hineingepreßt werden soll. „Soll!" Denn auch hier revoltirt die gesunde Natürlichkeit, und so sehr auch der Orden auf Beobachtung dieser Regeln hält, einen Jesuiten, der sie alle und ganz befolgt, gibt es nicht, kann es nicht geben. Gott sei Dank, denn sonst würden mehr als 10,000 lebendige Menschen in wandelnde Puppen verwandelt.

Kurz sei der Inhalt dieser Regeln skizzirt: Die Stirn und noch weniger die Nase sei nicht gerunzelt; die Lippen seien nicht auf=einander gepreßt, noch auch von einander abstehend; beim Sprechen schaue man dem Andern nicht in die Augen, sondern halte den Blick etwas gesenkt; die Hände halte man ruhig, der Gesichtsausdruck weise nie starke Gemüthsbewegungen auf, sondern zeige nur eine gleich bleibende Heiterkeit; der Gang sei stets gemäßigt, das Lachen sei nicht laut.

Man stelle sich nur einen Menschen vor, der einem bei der Unterhaltung nie in die Augen schaut; die Unnatur greift man mit Händen.

2. Die Unterdrückung der Individualität im religiös-asketischen Leben.

Auch der Christ, der sich gehorsam den von Gott geoffenbarten Wahrheiten unterwirft, der willig die von Gott vorgeschriebenen Religionsübungen befolgt, behält ein weites Maß für die freie Bethätigung seiner Individualität, seiner privaten Frömmigkeit. Die Art, wie er im Innern seines Herzens mit seinem Gott verkehren will, bleibt ihm frei; nur Gott deckt er die Tiefen seiner Seele auf. Das Geschöpf und sein Schöpfer, diese lebendig erfaßte Wechselbeziehung ist der Inbegriff der christlichen Frömmigkeit. Da ist keine Schablone; kein du sollst dies, du mußt das; keine künstliche Modelung der Gefühle, kein theoretisch-wissenschaftliches System der Frömmigkeit. Und so muß es sein. Gott, der dem Menschen das Christenthum gegeben, ist auch der Schöpfer der menschlichen Natur, und durch das eine wollte er die andere nicht unterdrücken.

Anders im Jesuitenorden. Während das Christenthum den Menschen beherrschen will in Bezug auf den Inhalt und die Grundformen der Gottesverehrung, Dogma und Moral, will die jesuitische Askese auch die Herrschaft über die private Frömmigkeit, den Privatverkehr des Menschen mit Gott. Dieser soll nur vor sich gehen in jesuitischen Formen. Der einzelne Jesuit soll in Bezug auf Gott und göttliche Dinge denken, wie der Orden denkt; seine Frömmigkeit soll nicht mehr die Frömmigkeit eines so und so gearteten Individuums, sondern die gleichmäßige Frömmigkeit eines objectiven Systems sein. Nichts soll hier der Selbstbestimmung überlassen, alles muß der Regel unterworfen sein. Und damit diese Herrschaft auch wirklich eindringe bis in's innerste Mark der Seele, damit sie wirklich die geheimsten Regungen des Herzens lenke und bestimme, muß Seele und Herz dem überwachenden Auge des Ordens aufgedeckt, enthüllt vorliegen.

In der jesuitischen Frömmigkeit tritt so recht zu Tage, was der Jesuitenorden mit Stolz als den Jesuitengeist bezeichnet. Dieser wird vom ersten Tage des Eintritts an sorgsam gepflegt.

Der Novize bekommt nur von Jesuiten geschriebene Andachts-

bücher in die Hände; nur Heiligenleben aus dem Jesuitenorden
darf er lesen.   Der Jesuitenorden als religiöse Institution wird ihm
immer und immer wieder als das Vollkommenste, als das Ideal
der Askese dargestellt.   Kein anderer Orden der katholischen Kirche
könne in dieser Beziehung sich mit ihm vergleichen.   Alles Vortreff=
liche, ohne das Fehlerhafte, was die übrigen Orden enthalten, habe
der Jesuitenorden zu einem bewundernswerthen Ganzen vereinigt.
Der Jesuitengeist und seine Bethätigung sei die vollkommenste Wieder=
gabe des Geistes Christi selbst, nach Inhalt und Form.   Der Je=
suitenorden erscheint in diesem Licht kaum mehr als eine menschliche
Institution: man lese nur, was der Jesuit Costa=Rosetti in seinem
Buche de Spiritu Societatis Jesu erst vor wenigen Jahren ge=
schrieben hat.   Da ist in der That das Monopol der christlichen
Vollkommenheit der religiösen Askese für den Jesuitenorden in
Anspruch genommen.

Mich hat schon im ersten Jahre nach meinem Eintritt das Her=
vortreten dieses Geistes unangenehm berührt.   Hier, in ihm steckt das,
was man nicht mit Unrecht den Jesuitenstolz nennt.   Aus jesuitischer
Denk= und Schreibart klingt so etwas, bald leiser bald lauter, aber
fast stets vernehmlich, das bekannte Wort: „Ich danke Dir, o Herr,
daß ich nicht bin wie die übrigen Menschen.“

In einer derartigen religiösen Gedankenatmosphäre lebt der
junge Jesuit, sorgfältig behütet vor dem leisesten Lüftchen jeder an=
deren Richtung, oft 12—15 Jahre lang.   Schon allein dies beständ=
dige Einathmen solch gleichmäßiger Luft würde dem Jesuitengeist zur
Herrschaft verhelfen über jede individuelle religiöse Regung.   Dazu
kommen aber noch andere energische Mittel.

Zunächst hat der Novize dreißig volle Tage hindurch, in voller
Abgeschiedenheit, bei strengem Stillschweigen sich den „geistlichen
Uebungen“ (exercitia spiritualia) zu unterziehen.   Es ist dies
ein von Ignatius von Loyola niedergeschriebenes psychologisch=
religiöses System, welches, von den christlichen Grundwahrheiten
aufsteigend, unter fortwährender Anlehnung an das Leben Christi,
alle Stufen der Frömmigkeit umfaßt und in der vollendetsten
Askese, der möglichst uneigennützigen Gottesliebe gipfelt.   Dazu
kommen verschiedene Anleitungen über die Gewissenserforschung, das
Gebet, die Abtödtung, den Gebrauch äußerer Bußmittel, die Aus=
übung christlicher Barmherzigkeit.   Kurz, die „Exercitien“ bilden
die vollständigste Regelung des religiösen Lebens in einzig dastehender
auf das schärfste ausgeprägter Individualität.

Ueber den objectiven Werth dieses Frömmigkeits=Systems soll hier nicht geurtheilt werden — er ist übrigens unbestreitbar, — unser schweres Bedenken geht dahin, daß hier die Frömmigkeits=auffassung eines Individuums, nämlich des Ignatius von Loyola, des Stifters der Gesellschaft Jesu, auf= und eingeprägt werden soll allen Gliedern seines Ordens, daß ihre viel tausendfachen Individualitäten im Verkehr mit ihrem Gott, in ihrer Auffassung der Askese, sich richten sollen nach den Vorschriften dieses einen Mannes. Das ist nivellirende Gewalt, Aufpressung eines fremden Stempels.

Diese 30tägigen Exercitien des Noviziats wiederholen sich in gleicher Dauer am Schlusse der Ausbildungsjahre des Jesuiten im Tertiat. In der Zwischenzeit aber und überhaupt das ganze Leben hindurch hat jeder Jesuit jährlich wenigstens acht volle Tage auf diese „Exercitien" zu verwenden.

Mit welcher Macht aber die Exerzitien den Geist des Betreffenden, der sie macht, erfassen müssen, geht schon daraus hervor, daß sowohl während der 30 tägigen als auch während der 8 tägigen Exercitien täglich vier volle Stunden auf die Einprägung dieser ignatianischen Frömmigkeit zu verwenden sind. In dem erwähnten „Tertiat" kommt noch die Stunde von 12—1 Uhr Nacht hinzu.

Unbestritten gilt denn auch innerhalb des Jesuitenordens die gründliche Kenntniß und genaue Anwendung dieser ignatianischen Askese als der Höhepunkt echter Frömmigkeit überhaupt.

Hand in Hand mit den Exercitien geht als zweites sehr energisches Mittel, die individuelle Frömmigkeit durch die jesuitische zu ersetzen, die sogenannte Gewissensrechenschaft. Wenn irgend etwas zum Wesen des Jesuitenordens gehört, so dieses; und wenn irgend etwas einen wirksamen Angriff auf religiöse Selbstständigkeit enthält, so gleichfalls dieses.

Was ist die Gewissensrechenschaft? Wie wird sie gehandhabt? Kurz gesagt ist die Gewissensrechenschaft die rückhaltlose Aufdeckung des Innern, die der Untergebene seinem Obern oder dessen Stell= vertreter zu machen hat. Der fünfte Jesuitengeneral, Aquaviva, hat eine eigene Instruction erlassen, wie und worüber die Gewissens= rechenschaft abzulegen ist. Dreizehn Punkte sind es, welche dort aufgezählt werden, und diese dreizehn Punkte, die den Inhalt der Gewissensrechenschaft bilden, umfassen das gesammte innere Leben des Menschen bis in seine äußersten Verzweigungen, seine geheimsten Regungen: Fehler und Sünden, Tugenden und gute Werke,

Neigungen und Wünsche, Absichten und Bestrebungen, Worte, Handlungen, Gedanken.

Was die Beichte ist, weiß jeder Katholik, wissen viele Protestanten. Wie sehr sie eingreift in das menschliche Innere, welche
Anforderungen sie oft stellt an die Selbstüberwindung, braucht deshalb
nicht erwähnt zu werden. Aber die Beicht ist nichts im Vergleich zur
jesuitischen Gewissensrechenschaft.

In der Beicht erblickt der Katholik ein Sakrament, d. h. eine
Anordnung Gottes, diesem höchsten Willen fügt er sich; die jesuitische
Gewissensrechenschaft ist eine rein menschliche Veranstaltung. Bei
der Beichte hilft über das Schwere der Selbsteröffnung das Bewußtsein hinweg, daß das Bekenntniß begraben liegt unter dem Siegel
des Sakraments, daß nie und unter keinen Umständen weder direct
noch indirect Gebrauch gemacht werden darf von dem in der Beicht
Anvertrauten; bei der jesuitischen Gewissensrechenschaft fehlt nicht
nur diese Gewähr, sondern der Jesuit weiß, daß der Obere, dem er
sich zu eröffnen hat, von dieser Eröffnung Gebrauch machen wird
„zum Nutzen des Ordens“; daß also Beschäftigung, Stellung, Verwendung vielfach abhängen wird von dem Inhalt seiner Gewissens-
eröffnung. Bei der Beichte hat der Beichtende nur die Pflicht, die
schweren Sünden zu bekennen, mehr verlangt also selbst Gott von
seinem Geschöpfe nicht; in der jesuitischen Gewissensrechenschaft verlangt der Mensch, der jesuitische Obere, weit mehr von seinem
Mitmenschen, dem Untergebenen: nicht nur Sünden, sondern, wie wir
gesehen haben, alles muß dort aufgedeckt werden. Die Beichte ist
für den katholischen Christen obligatorisch nur einmal im Jahr,
und die jesuitische Gewissensrechenschaft?

Beim Beginne des Noviziats hat der Novize seinem Obern
eine solche Gewissensrechenschaft über das ganze bisherige Leben
schriftlich abzulegen. Alles, was nach katholischer Lehre schon längst
in der Beicht getilgt und von Gott selbst vergeben und vergessen
ist, die geheimsten Sünden müssen hier dem jesuitischen Obern aufs
neue offenbart werden! Ist diese erste große Gewissensrechenschaft
abgelegt, dann folgt während des ganzen Noviziats von 8 zu 8
Tagen eine kleinere und jeden Monat wieder eine größere; so daß
innerhalb zweier Jahre — so lange dauert das Noviziat — der einzelne Novize plus minus 104 solcher Gewissensrechenschaften abzulegen hat. Hat der Novize dann die einfachen Ordensgelübde abgelegt und ist er „Scholastiker“ geworden, so ist die alle acht Tage
abzulegende Rechenschaft für ihn zwar nicht mehr Vorschrift, wohl

aber sehr empfehlenswerth, die monatliche Gewissensrechenschaft bleibt aber auch für ihn. Dazu kommt für jedes Halbjahr noch je eine besondere Rechenschaft zur Zeit der schon erwähnten Gelübde-erneuerungen und eine weitere bei den einmal jährlich stattfindenden Visitationen der einzelnen Ordenshäuser durch den Provinzialobern. Bei dieser Zahl der Gewissensrechenschaften bleibt es für die Zeit des „Scholastikats", welches selten weniger als 10 Jahre dauert. Im „Tertiat" dann, dem dritten Noviziatsjahr nach Vollendung der Ausbildung, ist wieder die gleiche Zahl von Gewissens-rechenschaften Vorschrift, wie im eigentlichen Noviziat. Vom Schluß des Tertiats bis zur Ablegung der letzten Gelübde ist die halb-jährige Gewissensrechenschaft obligatorisch; nach Ablegung dieser Ge-lübde bis zum Lebensende die einmal jährlich dem Provinzialobern abzulegende.

Außer diesen festen Bestimmungen für Ablegung der Gewissens-rechenschaft enthält die Ordensregel den sehr beachtenswerthen Zusatz: „und so oft es dem Obern für gut scheint". Also jeder Obere hat das Recht, von jedem seiner Untergebenen, wann er will und so oft er will, die Darlegung seines Innern in der oben skizzirten Ge-nauigkeit zu verlangen!

Man sieht, das ganze innere religiöse Leben des Jesuiten ist beherrscht in der wirksamsten und umfassendsten Weise von dieser Institution der Gewissensrechenschaft. Die Frage ist hier gestattet: wer in aller Welt giebt denn einem Menschen das Recht — und Menschen sind doch die Jesuitenobern, war doch Ignatius von Loyola — ein solches Joch der Seele eines anderen Menschen aufzulegen? Ein Joch schwerer als die sakramentale Beichte und ohne deren sakramentale Wirkungen und ohne deren sakramentale Garantien!

Aber, entgegnet man vielleicht, dem Jesuiten steht es ja frei, diese Gewissensrechenschaft in der sakramentalen Beichte abzulegen. Mildert das etwa die Härte dieses Joches? Nein; denn erstens wäre der Jesuit auch dann nicht frei in der Wahl des Beichtvaters; er müßte eine solche Beichte seinen Oberen ablegen; zweitens wäre er gezwungen, in einer solchen Beichte viel mehr zu sagen, als nach göttlicher Vorschrift zur Beicht gehört. Die nothwendige Materie der sakramentalen Beichte bilden nämlich nur die schweren Sünden; die pflichtmäßige Materie der Gewissensrechenschaft aber begreift, wie wir oben gesehen haben, das ganze Gebiet des Seelen-lebens. Drittens wäre er gezwungen, so und so oft des Jahres und zu ganz bestimmten Zeiten zu beichten, während der Gebrauch des Beichtsakramentes in Bezug auf das wann? und wie oft? durchaus frei ist. Also auch bei der Gewissensrechenschaft als Beichte bliebe der schärfste Zwang.

Dazu kommt aber noch ein weiteres. Es steht allerdings in der Jesuitenregel, daß die Gewissensrechenschaft in Form der Beichte abgelegt werden darf; aber die Praxis hat diese geschriebene Regel so gut wie beseitigt; thatsächlich geschieht und soll geschehen die Ablegung der Gewissensrechenschaft nur außerhalb der Beichte. Und der Grund dafür ist auf der Hand liegend. Das in der Gewissensrechenschaft Anvertraute soll eben dem Obern zur Benutzung bei der Leitung des einzelnen und der Gesammtheit freigestellt sein; geschähe aber die Eröffnung in der sakramentalen Beichte, so wäre eine solche Benutzung ausgeschlossen.

Eine höchst bezeichnende und in der Geschichte der religiösen Orden wohl einzig dastehende Thatsache diene zum Beweis. Der Jesuitengeneral Klaudius Aquaviva stellte als zu befolgenden Grundsatz auf, daß selbst wenn die Gewissensrechenschaft abgelegt worden sei in Form der sakramentalen Beichte, dennoch der Obere das in dieser Beichte Mitgetheilte in der angegebenen Weise benutzen dürfe, nur müsse diese Benutzung ohne Schädigung des Rufes des Betreffenden geschehen! Hier wurde also von Menschenhand das von Gott seinem Sakrament aufgedrückte Siegel zerbrochen, zu Gunsten der — jesuitischen Gewissensrechenschaft!!

Niemand, auch Niemand innerhalb des Jesuitenordens wird leugnen, daß die Gewissensrechenschaft mit zu den schwersten, drückendsten Pflichten gehört, die der Orden seinen Gliedern auferlegt. Aber, wird es von dieser Seite heißen, diese Pflicht ist freiwillig übernommen, der Novize erfährt bei seinem Eintritt, was ihm bevorsteht; öfter im Jahr wird ihm die Verpflichtung zur Gewissensrechenschaft in Erinnerung gebracht; ist ihm diese Pflicht zu schwer, so kann er ja gehen.

Diese Einwendung ist ihrem Wortlaut nach der Wahrheit entsprechend. Ja der Novize wird mehrmals auf die Gewissensrechenschaft hingewiesen; aber von der drückenden Schwere dieser Einrichtung hat unter hundert Novizen vielleicht nur einer eine — ich sage nicht Kenntniß, sondern Ahnung.

Das jugendliche Alter des Novizen, die erste Begeisterung, mit der er Alles erfaßt, was zum Ordensleben gehört, lassen das Schwere sehr in den Hintergrund treten. Dazu kommt, daß der öftere Hinweis auf die Gewissensrechenschaft in einem geschäfts-

mäßigen Vorlesen der betreffenden Verordnungen besteht. Das hört
sich ganz leicht an, erst die Handhabung dieser Verordnungen, die
Praxis, läßt unter den Worten das Joch hervortreten.

Neben solchen Eingriffen in die religiöse Selbstständigkeit sind
die übrigen gleichfalls zum System gehörigen kaum noch erwähnens=
werth: Es ist dem Jesuiten vorgeschrieben, wie oft er die Sakramente
zu empfangen hat, die Freiheit im Gebrauch dieser Gnadenmittel ist
ihm entzogen; der Jesuit ist nicht frei in der Wahl seines Beicht=
vaters, nur unter einer bestimmten, beschränkten Anzahl darf er wählen;
sind Ordensgenossen von ihm vorhanden, und wenn auch nur ein
einziger, so muß er bei diesem beichten, darf nicht dazu einen Welt=
oder fremden Ordenspriester benutzen; hat er aber einmal einem
andern Priester gebeichtet, so soll er bei seiner Rückkehr in's Ordens=
haus diese Beichte seinem gewöhnlichen Beichtvater wiederholen. Es
ist dies auch eine Verordnung, die den Zweck hat, das Gewissen
des Einzelnen jederzeit, selbst wenn er äußerlich dem Ordenseinfluß
entzogen ist, doch in der Hand zu behalten. Aber es ist eine Ver=
ordnung, die durch nichts zu rechtfertigen ist: Der Inhalt einer
gültig abgelegten und durch die Absolution eines approbirten Priesters
abgeschlossenen Beichte ist, als ob er nicht mehr existirte, und kein
Mensch und keine Menschengewalt hat das Recht, zur Wiederholung
dieses Inhaltes zu zwingen. Diese Vorschriften, angefangen von
der Gewissensrechenschaft bis zu der an letzter Stelle erwähnten,
haben alle den Zweck, das Innere des Einzelnen, seine Denk= und
Gesinnungsweise genau kennen zu lernen und fortwährend unter
Controle zu erhalten, und dazu sind sie ja auch in hervorragender
Weise geeignet. Aber sind sie in sich gerechtfertigt, darf als Regel,
als System verlangt werden, daß ein Mensch einem anderen Men=
schen sein Inneres derartig aufdecke? Ich will als Antwort auf
diese Frage nur hinweisen auf die Thatsache, daß selbst Gott, der
höchste Herr und Schöpfer, von seinem Geschöpf, dem Menschen,
das nicht verlangt. Er hat — nach katholischer Lehre — auch eine
Einrichtung getroffen für die Erschließung des Innern, für die Lei=
tung der Gewissen; es ist die Beichte. Aber welch' ein Unterschied
zwischen Beichte und Gewissensrechenschaft! Oben wurde er schon
hervorgehoben, und dieselbe Frage, wie oben, sei auch hier wieder=
holt: Wer giebt einem Menschen das Recht, von seinem Mitmenschen
mehr und Schwereres zu verlangen, als Gott von seinem Geschöpf
verlangt??

3. Die Unterdrückung der wissenschaftlichen Individualität.

Neben dem Benediktiner=Orden ragt unter allen religiösen Orden die Gesellschaft Jesu durch ihre wissenschaftlichen Bestrebungen und Leistungen hervor. Aber auch hier ist der Druck des Systems, die Nivellirungsarbeit in nicht geringem Maße bemerklich.

Daß ein christlicher, zumal katholischer Gelehrter im Forschen nicht dieselbe ungebundene Freiheit besitzt — wenn diese Zügellosigkeit überhaupt noch Freiheit zu nennen ist — wie sein atheistischer, irreligiöser College ist klar. Von den Schranken, die in der christ= lichen Philosophie und im christlichen Glauben liegen, ist also hier mit Bezug auf die jesuitische Wissenschaft nicht die Rede; sie sind nicht zu tadeln, sondern zu loben. Aber wie das Christenthum die religiöse Individualität nicht zerstört, so auch nicht die wissenschaft= liche und umgekehrt, wie der Jesuitismus die religiöse Individualität unterdrückt, so unterdrückt er auch die wissenschaftliche. Auch hier arbeitet die Schablone, zeigt sich die Uniform.

Es hängt dies nothwendig zusammen mit dem wissenschaftlichen Bildungsgang des Jesuiten. Vergegenwärtigen wir uns zunächst wiederum, daß der eintretende Jesuit meistens sehr jung ist, zu einem großen Prozentsatz die oberen Gymnasialclassen noch nicht absolvirt hat, und — wenn wir auf die zahlreichen Ausländer schauen, die in die deutsche Ordensprovinz eintreten: Schweizer, Dänen, Nordamerikaner — oft eine nur ganz rudimentäre classische Vorbildung besitzt. Als solches fast noch formloses und somit sehr bildungsfähiges Material betritt der junge Jesuit nach Vollendung des Noviziats den wissenschaftlichen Bildungsgang.

Zunächst sind es die classischen Sprachen und die geistliche Beredsamkeit, die den jungen Mann ein, zwei oder drei Jahre, je nach seiner Vorbildung, beschäftigen. Hierauf folgt ein dreijähriges Studium der Philosophie und der Naturwissenschaften, und den Schluß bildet der vierjährige Kursus der Theologie. Das ist der äußere Schematismus der jesuitischen Studien; nun zu ihrer inneren Methode.

Als Grundsatz gilt zunächst auch hier: strengste Ueberwachung, gebundene Marschroute. Verhältnißmäßig am meisten Freiheit ist bei den philologischen und mathematischen Studien gestattet; dort ist ja durch den Stoff selbst eine stark individuelle Selbstständigkeit aus= geschlossen. Vielleicht liegt gerade hierin, d. h. in dem Fehlen der Schablone, der Grund, daß der Jesuitenorden auf dem Gebiete

der Mathematik und der ihr verwandten Astronomie wahrhaft Her=
vorragendes geleistet hat und noch leistet. Um so stärker tritt die
Schablone dafür in der wissenschaftlichen Domäne des Jesuitenordens:
Philosophie, Theologie, Literatur, zu Tage. Bei allem Scharfsinn,
der sich in den einzelnen Werken geltend macht, bei dem Fleiß,
der oft minutiösen Genauigkeit, herrscht eine unverkennbare Ein=
förmigkeit in Auffassung und Stil, fehlt die Originalität, das indi=
viduelle Gepräge. Es ist - so hart auch der Ausdruck klingt --
Dutzendwaare; fein säuberlich ausgeführt, aber auf der Maschine
gefertigt. Es sind zumeist nicht lebenswarme Gestaltungen, die
uns aus jesuitischen Büchern entgegentreten, welche mit uns sprechen,
uns anregen, uns fortreißen, sondern es sind nach festen Mustern
zugeschnittene Formen, schön, gefällig nach allen Regeln der Kunst,
aber ohne lebendigen und lebenspendenden Geist.

Geradeso nämlich, wie bei der religiösen Ausbildung des Jesuiten
wird auch bei seiner wissenschaftlichen Formirung jeder fremde
Einfluß, jedes frische Wehen von außen sorgfältig fern gehalten.
Geistesproducte nicht jesuitischer Autoren werden dem studirenden
Jesuiten nur in sehr beschränktem Maße zugänglich, und nie nach
eigener freier Wahl, sondern stets nach der Wahl derer, welche
die Studien leiten. Die fachwissenschaftliche periodische Literatur,
in welcher so recht eigentlich das Geistesleben der Gegenwart
pulsirt, wodurch der Kontakt hergestellt wird mit den wissenschaftlichen
Strömungen unserer Zeit, bleibt dem studirenden Jesuiten principiell
verschlossen. Was er davon zu sehen bekommt, sind entweder
wiederum nur jesuitische Zeitschriften oder solche, die in keiner Weise
als fachwissenschaftliche bezeichnet werden können.

So geschieht es, daß nach siebenjährigem Studium der junge
Jesuit seine Ausbildung beschließt, ausgerüstet mit aller philosophisch=
theologischen Spitzfindigkeit vergangener Jahrhunderte, den Kopf
erfüllt mit den Namen längst todter Systeme und ohne Einfluß
gebliebener Gelehrten des Mittelalters, aber in fast völliger Unwissen=
heit über die Geisteskämpfe der Gegenwart, über die aktuellen wissen=
schaftlichen Richtungen, die er zum großen Theil weder in ihren Trä=
gern, noch auch in ihren Producten auch nur dem Namen nach kennt.

Will er dann selbst lehrend oder schriftstellernd eingreifen in
das wissenschaftliche Getriebe der Jetztzeit, so muß er das Studium
aufs Neue beginnen; und weil sein Geist einmal formirt ist, weil
er die wissenschaftliche Schablone fertig im Kopfe trägt, so wird in
den seltensten Fällen diese nachträgliche Beschäftigung mit den mo=

dernen wissenschaftlichen Strömungen zu einem inneren Erfassen und einer individuellen Durcharbeitung derselben, sondern sie bleibt ein äußeres Berühren: auf das nach bestimmter Form zugeschnittene alte Kleid wird hier und dort ein neuer Lappen moderner Wissenschaft aufgenäht. Zu einer Verschmelzung, zum Guß einer neuen originell-individualistischen Form kommt es nicht.

Will der studirende Jesuit etwas lesen, durch Kenntnißnahme von Werken anderer Richtung seinen Geist anregen, beleben, befruchten lassen, so steht ihm nicht — auch wenn er ein gereister Mann ist — wie anderen Gelehrten die Bibliothek zur freien Verfügung, sondern er hat sich an seine Oberen zu wenden, und nach ihrem Gutdünken wird sein Wunsch erfüllt oder nicht. Daß dabei sehr oft eine engherzige Auffassung waltet, liegt auf der Hand. Nicht Jeder hat wissenschaftlichen Trieb noch auch Kenntniß der Bedürfnisse der Zeit. So kommt es denn oft, daß Leute, welche selbst sehr wenig wissenschaftlichen Trieb besitzen, oder deren Wissenschaft nur die Vergangenheit kennt und über die Gegenwart sich in gröbster Unkenntniß befindet, zu Gericht sitzen über die geistigen Bedürfnisse, den geistigen Hunger strebsamer, hochbegabter Geister, und wenn sie überhaupt eine etwas außergewöhnliche Nahrung gewähren, reichen sie eine solche dar, welche dem einmal in die Wege geleiteten traditionellen Entwicklungs-Proceß nur ja nicht eine andere, etwas selbstständigere Richtung verleiht.

Daß diese fast hermetische Abgeschlossenheit von allen fremdartigen Einflüssen dem Studium Conzentration verleiht, ist gewiß. Doch diese Conzentration geschieht auf Kosten der Individualität, der Selbstständigkeit, ja auf Kosten der geistigen Spannkraft: das ewige wissenschaftliche Einerlei nach Inhalt und Form hemmt den eigenen Flug, bricht die Kraft; allmählig läßt man nach, selbstständig zu forschen, eigene, unbetretene Wege zu gehen: man tritt ins Geleise.

In der Reproduction und Repristination leistet der Jesuit Vorzügliches, dafür ist sein Geist meisterhaft geschult; für eigenes Streben und eigenen Flug ist die seiner Persönlichkeit durch jahrelange Hammerschläge von fremder Hand aufgeschmiedete Geistesrüstung zu starr und schwer.

Zu all diesem kommt noch ein Weiteres, welches die Nivellirungs-Arbeit vollendet und wie mit eisernem Griff individualistisch-wissenschaftliche Triebe im Keime erstickt. Das ist die Censur.

Vom Beginn der Studienzeit an tritt sie in Thätigkeit, begleitet den studirenden Jesuiten durch die Jahre seiner Ausbildung hindurch und hält nach ihrer Vollendung über seine wissenschaftliche oder überhaupt schriftstellerische Thätigkeit strengste Wacht.

Censur ist gewiß ein gutes Ding; viele thörichte Bücher gäbe es nicht auf der Welt, wenn sie an den betreffenden Manuscripten geübt worden wäre. Aber sie darf nicht einseitig einer gewissen Richtung dienen, nicht die Individualität des Schriftstellers nivelliren und sie in eine bestimmte Schablone pressen wollen; sie darf nicht den freien Menschengeist — so lange er nicht sachliche und anerkannte Irrwege beschreitet — fesseln. Dieser Vorwurf trifft die jesuitische Censur.

Früh schon soll der studirende Jesuit in wissenschaftlichen Arbeiten sich üben. Er bedarf dazu literarischer Hülfsmittel, ihre Wahl steht aber nicht ihm, sondern dem Studienleiter zu; der ganze Verlauf der Arbeit wird von letzterem bestimmend geleitet, und ist die Arbeit fertig, so ist, ehe sie zur Verlesung gelangt, das Placet erforderlich. Irgendwie von hergebrachten Doctrinen — wir sprechen nicht von dogmatisch feststehenden — abweichenden Meinungen, freieren Auffassungen wird ein non placet entgegengesetzt und genialen, zum Hochflug veranlagten Geistern werden erbarmungslos die Schwingen beschnitten. Es liegt auf der Hand, daß im langen Laufe der Studienjahre durch eine solche Censur die wissenschaft= liche Schablone erreicht, der bestimmte Zuschnitt des Gewandes fertig gestellt wird. So tritt in den meisten Fällen der gelehrte Jesuit schon in völlig fertiger Form in die Oeffentlichkeit, und die Censur hat nichts weiter zu besorgen, als das so hergestellte wissenschaftliche Niveau in statu quo zu erhalten. Sollte aber trotzdem ein selbstständiger Geist seine Selbstständigkeit in aus= geprägterer Weise bethätigen wollen, dann wird aus dieser er= haltenden Thätigkeit der Censur eine rücksichtslos zerstörende. Die Feder wird der Hand des Betreffenden entrissen und er selbst auf irgend eine andere Weise beschäftigt. Schon manches bedeu= tende Talent ist so unterdrückt und für die Wissenschaft brach ge= legt worden.

So ist die ganze Individualität des Menschen, in ihrer dreifachen Richtung, durch die Einrichtungen innerhalb des Jesuitenordens er= faßt und beherrscht. Eine Einrichtung, die alle anderen begleitet und unterstützt, ist noch zu erwähnen; es ist die Ueberwachung des Einzelnen und die Berichterstattung über ihn an die Oberen des Ordens.

Wohl nirgendwo ist dieses Ueberwachungs= und Bericht=
erstattungssystem ausgedehnter und einflußreicher als im Jesuitenorden.
Es ist nicht, wie man es oft betitelt, ein System hinterlistiger
Spionage; einzelne Charaktere mögen zur Spionage sich fortreißen
lassen, allein der Orden als solcher verurtheilt dies. Aber das
jesuitische Ueberwachungssystem dringt in alle Verhältnisse der
Ordensglieder ein, und was die übrigen Mittel an der Individualität
noch unversehrt und frisch gelassen haben, das wird durch dieses
Mittel auch nivellirt. Nicht als ob die Berichterstattung für den
Einzelnen sich äußerlich besonders fühlbar, beengend wirksam machte,
aber das Bewußtsein, daß den Oberen über Alles Bericht erstattet
wird, wirkt lähmend auf die individualistische Entwickelung: man
giebt sich vielfach nicht so, wie man innerlich ist, man spricht nicht
so, wie man denkt, man nimmt Rücksichten hier und Rücksichten
dort, und allmählich geht die Selbstständigkeit des Handelns, des
Sprechens, selbst des Denkens zu einem guten Theil verloren. Die
Wirkung der stummen Konduitenlisten, die von Zeit zu Zeit dem
Generalobern des Ordens eingesandt werden, macht sich auch bei
dem selbstständigsten Charakter geltend.

### Der Jesuitismus unterdrückt, ja bis zu einem gewissen Grade, vernichtet das berechtigte Nationalitätsgefühl, den berechtigten Patriotismus.

Die alte heidnische Welt sah in allen fremden Nationalitäten
nur Feinde und Barbaren, welche am besten ganz vernichtet würden.
Diesen falschen Patriotismus hat das Christenthum beseitigt; denn
nach ihm sind alle Menschen die Kinder eines Gottes, berufen zur
selben Erbschaft, erlöst durch den selben Erlöser.

Der wahre Patriotismus und das wahre Nationalitätsgefühl
bleibt aber auch im Christenthum voll und ganz bestehen: die
treue, hingebende Liebe zum angestammten Vaterland.
Sie gehört zur Natur des Menschen und ist somit von Gott selbst
ins Herz gelegt.

Bleibt dieser Patriotismus auch innerhalb des Jesuitismus be=
stehen? Nein. Keineswegs will ich behaupten, daß seine Unterdrückung
im Jesuitismus eigentlich beabsichtigt ist; aber sie folgt mit Noth=
wendigkeit aus dem ganzen System; und das nicht etwa, weil der
Jesuitismus als apostolisch angelegtes System die Welt umspannt,

bei allen Völkern, allen Nationen wirken und arbeiten will — das thut ja auch in noch viel höherem Maße das Christenthum selbst — sondern weil dies System hinarbeitet auf Nivellirung der Gesinnung, weil es allmählich aber sicher Gleichmüthigkeit und Gleichgültigkeit in Bezug auf Wohnort, Sprache und politische Institutionen hervorruft: Europa oder Asien, Deutsch oder Französisch, Republik oder Monarchie, das ist, suppositis supponendis, ein und dasselbe, gleichwerthig. Der Jesuit wird so erzogen, daß er sich in all diesen Grundverschiedenheiten gleichmäßig wohl und zu Hause fühlt.

Schon allein, wenn man den Orden als Ganzes auffaßt, als das, was er sein soll: ein Organismus von gleichem Leben, gleichem Fühlen, gleichem Denken beherrscht, wird klar, daß von Pflege oder überhaupt nur von Erhaltung des Patriotismus nicht die Rede sein kann. Wenn Deutsche und Franzosen, Engländer und Russen, Polen, Spanier, Italiener, Amerikaner, Schweden, Dänen, Ungarn, Japaner und Chinesen von der gleichen Gesinnung durchströmt werden sollen, dann muß das Besondere, das Eigenthümliche, was jede einzelne dieser Nationen besitzt, in Wegfall kommen, und gerade im Eigenthümlichen, im Besonderen liegt der Schwerpunkt des Patriotismus.

Man verweise nicht auf das Christenthum, welches auch alle diese nationalen Verschiedenheiten mit einem Geist beseelen will und doch den Patriotismus nicht ertödtet. Beim Christenthum ist dieser eine Geist der überirdische, auf das Jenseits gerichtete; das Christenthum faßt die Völker zu einer idealen Gemeinschaft zusammen; und vor allem das Christenthum beläßt seine Glieder den einzelnen Christen, auf dem Platz, in den Verhältnissen, in welchen er geboren und erzogen ist, wirft die Völker und Nationen nicht durcheinander. Der Jesuitismus aber, obwohl auch ideale Zwecke verfolgend, obwohl auch eine ideale Gemeinschaft anstrebend, bleibt mit seinem Gesellschaftszweck durchaus im Diesseits — denn ein Fortbestehen des Jesuitenordens als Orden im Jenseits wird wohl niemand ernsthaft behaupten wollen —; seine Mittel, dieses diesseitige Einheitsideal zu erreichen, sind also auch auf das Diesseits gerichtet, d. h. hier auf dieser Welt schon müssen für die Glieder des Jesuitenordens wie die individuellen — das haben wir im ersten Bedenken gesehen — so auch die nationalen, sozialen und politischen Verschiedenheiten möglichst verschwinden. Je kosmopolitischer ein Jesuit ist, je weniger er der Gesinnung, nicht bloß der That nach —

das ist wohl zu beachten — hängt an Vaterland und Heimath, je gleichgültiger ihm die Regierungsform, unter welcher er lebt, um so besser ist er, umsomehr nähert er sich dem Ideal eines Jesuiten.

Sehr bezeichnend ist in dieser Hinsicht der Ausdruck, der in den Konstitutionen des Jesuitenordens das Wort „Patriotismus" gleichsam vertritt. Eine „allgemeine Liebe" (universalis amor) zu den christ= lichen Nationen und Fürsten soll den Jesuiten beseelen. Und so muß es sein, anders kann es überhaupt nicht sein, wenn der Jesuit das sein will, was er sein soll. Auch mache ich hieraus dem Jesuitismus keinen eigentlichen Vorwurf.

Wahrer, echter Patriotismus, hingebende Liebe zum Vaterland ist gewiß schön, edel; aber das bloße Aufgeben, das bloße Hinopfern, das bloße Verwischen dieser Gesinnung ist noch kein moralischer Fehler. Wie der Mensch örtlich Haus und Hof, Heim und Land drangeben und fremd in der Fremde umherziehen kann, so kann er auch seine partikularistisch=patriotische Gesinnung abstreifen und sie durch eine allgemeinere Menschenliebe ersetzen. Nur wenn dem Ab= legen des Patriotismus Abneigung und Feindseligkeit folgen würde, nur dann wäre eine moralische Verkehrtheit vorhanden. Das bloße Fehlen des Patriotismus ist ein Fehlen einer schönen, edlen Zier, eines herrlichen Schmuckes, und auf diesen Schmuck verzichtet der Jesuitenorden.

Wenn ich ferner dem Jesuitenorden Patriotismus abspreche, so will ich ihm nicht Antipatriotismus vorwerfen. Die staatliche Ord= nung, die rechtmäßige Gewalt wird stets und überall am Jesuiten= orden einen Bundesgenossen finden, nicht aber einen Hüter und Pfleger des Patriotismus.

Auch diese letzten Worte muß ich vor einem Mißverständniß be= wahren. Sie beziehen sich nur auf die Erziehung, die der Orden seinen eigenen Gliedern giebt; sie beziehen sich nicht auf das Er= ziehungssystem, das in den jesuitischen Erziehungsanstalten für die männliche Jugend Geltung hat. Dort hat die Pflege der patriotischen Gesinnung ihre Stelle; der Jesuit selbst aber, das jesuitische System kennt ihn nicht.

Mir selbst ist gerade dieser Punkt ein fortwährender Stein des Anstoßes gewesen. Als Deutscher, als Preuße, als Glied einer alten Familie, die durch vielhundertjährige Beziehungen mit der angestammten Heimath und ihren politischen und sozialen und vor allem ihren monarchischen Institutionen verwachsen ist, hatte ich gegen diesen kosmopolitischen Geist, diese allerwelts Politik eine unüberwindliche Abneigung. Nichts kränkte mich mehr, als daß gegen eine Genossenschaft der ich angehörte, der Vorwurf der Vaterlands= losigkeit erhoben wurde.

Als ich gegen Professor Tschackert eine Schrift veröffentlichte, suchte ich diesem Vorwurf zu begegnen durch den Hinweis auf Thaten, welche deutsche Jesuiten für Deutschland verrichtet haben. Es ist nun gewiß nicht meine Absicht, diese Thaten jetzt zu leugnen; aber das füge ich heute hinzu, was ich damals verschwieg: Nur dann wären diese Thaten ein stichhaltiger Beweis für den wahren Patriotismus, wenn sie das Ergebniß patriotischer Gesinnung wären. Das sind sie nicht.

Dieselben deutschen Jesuiten, welche 1870 unsere Verwundeten pflegten, würden mit demselben Opfermuth, mit derselben Gesinnung, gegebenen Falls die Verwundeten eines russisch = türkischen oder englisch=spanischen Krieges verpflegen. Und das nicht etwa bloß aus allgemein christlicher Nächstenliebe, sondern hauptsächlich kraft des jesuitischen Systems, den Unterschied der Nationen unbeachtet zu lassen.

Von seinem Eintritt bis zu seinem Lebensende wird dem Jesuiten eingeprägt, daß er für die Welt und nicht für diese oder jene Nation da ist; praktisch wird ihm das begreiflich gemacht durch die Verschickung in die verschiedenartigsten Länder. Von Deutschland nach Frankreich, nach Amerika, Indien, Brasilien, Italien, Schweden; dort hat er sich hineinzuleben mit möglichster Genauigkeit in die jedesmaligen sozialen und politischen Verhältnisse, sich anzupassen dem Volkscharakter, den Volksanschauungen.

Solch ein System bringt wohl tadellos gleichmäßig arbeitende Kräfte, aber keine Patrioten hervor.

Oben definirte ich den Patriotismus als die hingebende Liebe zum Vaterland; unter Vaterland verstehe ich aber nicht nur das Land, d. h. die Felder, Wälder, Berge und Flüsse, sondern vor allem auch die sozialen und politischen Institutionen des betreffenden Landes; die althergebrachten überlieferten Ein= richtungen, auf denen das innere Leben des Landes beruht. Auch diese muß man hingebend lieben, um echter Patriot zu sein. So ist z. B. echter Patriotismus in Bezug auf Deutschland nothwendig mit monarchischer Gesinnung verbunden. Wird innerhalb eines Vereines durch das in ihm herrschende System die Anhänglichkeit an die angestammten heimathlichen Einrichtungen bei seinen Mit= gliedern nivellirt, so wird damit auch ihr Patriotismus beseitigt. Wenn sich trotzdem das einzelne Mitglied wahren Patriotismus bewahrt, so geschieht dies gegen das System. Es bedarf nun keiner weiteren Ausführung mehr, daß das System des Jesuitismus diesen Patriotismus nivelliren muß. Eine so internationale Gesellschaft, aus so vielen heterogen-nationalen Elementen bestehend, muß die Preisgebung monarchischer oder republikanischer Vorlieben anstreben.

Werfen wir zum Schluß noch einen Blick auf die deutsche Ordensprovinz der Gesellschaft Jesu, und sehen wir, wie das hier über den Jesuitenorden im allgemeinen Gesagte in ihr sich praktisch gestaltet.

Seit zwanzig Jahren besitzt sie ihre Niederlassungen nur im Ausland: Holland, England, Dänemark, Schweden, Oesterreich; seit zwanzig Jahren sind ihre Mitglieder vom freien, lebendigen Verkehr mit Deutschland abgeschnitten, der Unmittelbarkeit deutschen Einflusses entzogen.

Freilich an dieser Isolirung von deutschem Denken und Wesen tragen die Jesuiten keine Schuld, sie ist eine Folge des Jesuitengesetzes; aber sie ist eine Thatsache und muß dazu beitragen, die im Jesuitismus liegende systematische Loslösung von Vaterland und heimischem Wesen in ihrer Wirkung zu verstärken.

Außer ihren im Ausland liegenden Hauptdomizilen haben die deutschen Jesuiten, auch ganz unabhängig von ihrer Vertreibung aus Deutschland, ihre größten Arbeitsfelder in überseeischen Ländern: Nord- und Südamerika und Britisch-Indien: Republiken und Monarchien: Innerhalb dieses großen, so viele und so große nationale und politische Verschiedenheiten umfassenden Gebietes: Europa, Amerika und Asien, hat der deutsche Jesuit zu leben, zu arbeiten. Aber nicht seßhaft, sondern mit dem Wanderstab in der Hand. Bald ist er in der freien nordamerikanischen Republik, bald im monarchischen Indien, bald in dem stets in politischer Gährung begriffenen Brasilien; bald wird er aus irgend einem dieser Länder wieder zurückgerufen, um in den alten monarchischen Staatengebilden Europas als Lehrer, als Erzieher, Prediger oder Oberer zu wirken; er müßte kein Mensch sein, wenn er nicht allmälich die alte heimische, die patriotische Form in Gesinnung und Anschauung verlöre, und nach und nach die Weltform, den Universal-Patriotismus annähme. Um so mehr, da — was nicht aus den Augen zu lassen ist — auch auf den deutschen Jesuiten das Ordenssystem der inneren Expatriirung, der Nivellirung der Gesinnung stets wirksam einfließt. Nehmen wir dazu die Zusammensetzung der „deutschen" Jesuitenprovinz. Den Grundstock, die Mehrzahl bilden allerdings Deutsche; aber sehr zahlreich sind in ihr auch die Ausländer: Schweizer, Nordamerikaner, Brasilianer, Dänen, Schweden vertreten. Wo ist, wo kann bei diesen der Patriotismus für Deutschland sein? Wird der von Haus aus republikanisch gesinnte Schweizer oder Nordamerikaner hingebende Liebe zum monarchischen Deutschland haben?

Das sind die Gründe, die mich zum Austritt aus dem Jesuiten= orden bestimmt haben. Eines bedauere ich, ihren Einfluß nicht früher auf mich haben wirken zu lassen.

# Wehrbedürfniß
## und wirthschaftliche Leistungsfähigkeit.

Von

**Dr. Georg v. Mayr.**

———

Unser wirthschaftliches Selbstbewußtsein ist in Deutschland nicht sonderlich entwickelt. Als die Militärvorlage erschien, waren es alsbald weniger die technischen Bedenken gegen die Art der Verwirklichung der Heeresverstärkung als die wirthschaftlichen Besorgnisse über die Aufbringung der Deckung, welche in weiten Kreisen der Nation hervortraten. Man schien fast zu vergessen, daß das Maß der Fürsorge für unsere nationale Unabhängigkeit nicht von dem Bestand der augenblicklich dem Reiche zur Verfügung stehenden Deckungsmittel abhängig gemacht werden kann. Man war geneigt, die wirthschaftlichen Rücksichten in einem Maße in den Vordergrund zu rücken, als handelte es sich um die facultative Ausgabe eines Privathaushalts und nicht vielmehr um die obligatorische Ausgabe des öffentlichen Haushalts der Nation, für welche die durch das Interesse der nationalen Unabhängigkeit gebotene Deckung unter allen Umständen aufgebracht werden muß. Das Interesse unserer politischen Fractionen, sich mit dem Steuerzahler und Wähler um keinen Preis zu verfeinden, mag dazu beigetragen haben, daß den auf die wirthschaftliche Leistungsfähigkeit bezüglichen Bedenken gerade bei der bisherigen Stellungnahme der Parteien ein sehr weitgreifender Einfluß eingeräumt wurde; denn jede Fraction, welche auf diesem Gebiete an Aengstlichkeit gegenüber den anderen etwa zurückblieb, mußte befürchten, bei künftigen Wahlkämpfen der mangelnden Rücksichtnahme auf den Säckel des Steuerzahlers und Wählers geziehen zu werden.

Die breiten Schichten des deutschen Volkes, welche außerhalb dem Fractionsbann einer politischen Partei stehen, vermochten auf die Dauer an der im ersten Schrecken entstandenen Fiction der mangelnden Leistungsfähigkeit des deutschen Volkes nicht festzuhalten. Man fing an sich darüber klar zu werden, daß wirthschaftliche Rücksichten einen stichhaltigen Grund für Ablehnung einer für die nationale Sicherheit erforderlichen Ausgabe überhaupt nicht zu bieten vermögen. Weiterhin aber begann auch die Vorstellung sich Bahn zu brechen, daß eine jährliche Mehrausgabe des Reichs, die unter 100 Millionen bleibt, nicht über das Maß der Leistungs= fähigkeit des deutschen Volkes für Erhaltung seiner nationalen Un= abhängigkeit hinausgehen könne. Der begründungslos aufgestellten Behauptung von der Leistungsunfähigkeit trat instinctiv die Empfin= dung der Leistungsfähigkeit gegenüber; war es doch klar, daß ein nationales Gemeinwesen, welches nicht im Stande sein sollte, den in Frage stehenden Betrag für Gemeinzwecke aufzubringen, auf einer ganz bedenklich schwachen wirthschaftlichen Grundlage ruhen müßte. Angesichts eines Gemeinbedarfs von zahlreichen Milliarden sollte der Zuwachs von weniger als einem Zehntel einer Milliarde unsere Leistungsfähigkeit erschöpfen? Das war von vornherein unwahrscheinlich und das instinctive Gefühl des Gegentheils durch= aus richtig.

Ich möchte für die Entscheidung national bedeutsamer Fragen die Bedeutung solcher allgemeinen Empfindungen, die nicht auf Analyse des Einzelnen beruhen, nicht unterschätzen. Ich halte sie schließlich in der Sache sicher nicht für minder beweisend als die gegentheiligen gleichfalls ohne wirthschaftliche Einzelanalyse ge= wonnenen Behauptungen. Immerhin aber muß zugegeben werden, daß eine über die persönliche Empfindung hinausreichende, sachliche Ueberzeugung, die auch für Jenen wirksam werden soll, dessen Empfinden zunächst nach einer anderen Richtung hin gelenkt worden ist, nur durch sorgsame Einzelbetrachtung der in Frage stehenden wirthschaftlichen Probleme gewonnen werden kann.

Einen Beitrag zu solcher Betrachtung zu liefern ist der Zweck dieser Zeilen.

## I.

Was bedeutet ein Zugang von x=Millionen Mark Jahres= ausgaben für militärische Zwecke im Haushalt der Nation und der Einzelnen? Ganz allgemein ausgedrückt, stellt dies zunächst nichts anderes dar, als einen weiteren Schritt auf dem Wege, den die moderne Entwickelung aller Nationen, nicht bloß uns Deutschen allein, vorgezeichnet hat. Dieser Weg ist gekennzeichnet durch die fortschreitende Socialisirung unserer Bedürfnißbefriedigung. Die Abgeschlossenheit der Einzelhaushalte ist in zunehmender Verminderung; dagegen ist die Uebernahme von Bedürfnißbefriedigung mannigfaltiger Art durch staatliche, communale Gemeinthätigkeit in ständiger Zunahme. Dieser Entwickelungsgang ist eine nothwendige Folge der gesellschaftlichen Annäherung, in welche die Elemente der Volks = und Weltwirthschaft durch Entwickelung von Verkehr und Bildung gebracht sind. Dadurch wird die Selbstgenügsamkeit der einzelnen Wirthschafter immer mehr zur Mythe, die Einzelwirthschaften treten in stets steigende Wechselbeziehungen, und dabei zeigt sich, daß ein hohes Maß gemeinschaftlicher Interessen sich entwickelt, für welche fürzusorgen am zweckmäßigsten nicht mehr der individuellen Action, sondern der Gemeinthätigkeit öffentlicher Verbände überlassen wird. Die Verstärkung dieser Gemeinfürsorge im Wirthschaftsleben der Völker zeigt sich sowohl in der Vermehrung der Einzelzwecke, auf welche dieselbe sich erstreckt, als in der Verstärkung des Maßes der Fürsorge für den Einzelzweck. Nach beiden Richtungen bietet die Finanzstatistik der Staaten wie der Gemeinden lehrreiche Beispiele. Unser Einzelhaushalt unterliegt mit der fortschreitenden Cultur der Neuzeit zugleich einer fortschreitenden Socialisirung in diesem Sinne, daß eine steigende Quote der technischen Fürsorge auf die Gemeinwesen übergeht und uns nur der wirthschaftliche Beitrag zur Verwirklichung dieser technischen Fürsorge verbleibt. Im stärksten Maße zeigte sich diese Socialisirung beim bedeutungsvollsten nationalen Bedürfniß, der Sicherung nationaler Unabhängigkeit. Ein weltwirthschaftlich bedeutsames Moment tritt hierbei darin zu Tage, daß das nationale Streben nach Erhaltung des Gleichgewichts der Abwehrkraft, wenn es auch im Einzelnen zur Erhöhung der nationalen Ausgabequoten für Vertheidigungszwecke führen muß, in so ferne den Culturzwecken der Menschheit dienlich ist, als es friedenerhaltend und kriegerschwerend wirkt. Zweifellos liegt in der Stärke der Rüstung der europäischen Staaten, entgegen einer Meinung, welche früher an das Anwachsen der Rüstung mit Vorliebe anknüpfte, ein kriegerschwerendes Element. Wenn ein so central gelegenes und der Wehr nach allen Seiten gegebenen Falls so bedürftiges Gemeinwesen wie das Deutsche Reich emsig darüber wacht, seine Wehrkraft durch die Anstrengung der Nachbarn nicht überwuchern zu lassen, und wenn es demgemäß sein Heer verstärkt und dafür x = Millionen Mark im Jahr mehr verausgabt, so ist es nicht nur national-wirthschaftlich, sondern auch weltwirthschaftlich thätig.

Die x-Millionen Mark, welche das Reich mehr aufzubringen haben wird — unter allen Umständen handelt es sich um eine Summe, die als fortdauernde Jahresausgabe, auch bei Einbeziehung der Extraordinarien unter 100 Millionen Mark bleibt — kann es eigenem rentetragenden Vermögen nicht entnehmen. Es muß also zur Deckung der Mehrausgabe, wenn ordentlich hausgehalten und die Zukunft nicht über Gebühr belastet werden soll, der Betrag von x-Millionen durch unmittelbare Reichssteuern oder durch mittelbare auf dem Umwege über die Matrikularbeiträge gedeckt werden. So muß die definitive Gestaltung der Sache werden. Das schließt aber nicht ein, daß diese ganze definitive Steuerdeckung schon jetzt zugleich mit dem Votum über die Heeresverstärkung beschlossen werde. Im Gegentheil scheint uns die Trennung der Deckungsfrage von der Heeresverstärkungsfrage nicht nur an sich, sondern auch darum erwünscht, weil die Deckungsfrage in ihrer Gesammtheit, nicht bloß gegenüber der Militärvorlage, aufgenommen und im Sinne einer gründlichen Ordnung unserer Reichsfinanzen erledigt werden sollte. Wie man bis zu dieser definitiven Regelung das Provisorium einrichten will, ob man mit Matrikularbeiträgen oder mit Anleihensaufnahme sich helfen will, mag hier unerörtert bleiben. Schließlich werden die in Frage kommenden Millionen irgendwie unmittelbar oder mittelbar Seitens des Reichs in Gestalt von Steuern einzuziehen sein.

Was wird die Folge für den Haushalt der Nation sein? Wer zunächst durch die Gesetzgebung als Bezahler der Steuer berufen sein wird, der wird die Steuer nicht definitiv tragen, weder bei den indirecten noch bei den directen Steuern. Die Steuerüberwälzungsfrage im Einzelnen zu erörten aber muß ich mir versagen. Schließlich wird eine gewisse Summe von Einzelwirthschaftern in gewisser Gruppirung übrig bleiben, die zur definitiven Tragung dieser Steuern berufen sein werden. Daß man diese Gruppirung nicht von vornherein kennt, und daß jede Interessentengruppe bemüht ist, das Möglichste zu thun, um gleichwohl den nicht einmal genau berechenbaren Steuerblitz von sich abzuleiten, ist — nebenbei bemerkt — einer der hauptsächlichsten Gründe für die zweifellos übertriebene Steuerfurcht, welche gerade bei uns in gemeinschädlicher Weise sich geltend macht.

Wie werden die definitiven Steuerträger die fraglichen x-Millionen aufbringen? Für sie stellt die Steuerleistung nichts Anderes dar, als ein weiteres Stück von Zwangsverbrauch. Schon heute besteht der Verbrauch jedes Haushaltes aus individuellem Noth-verbrauch, d. h. jenem Verbrauch, welcher durch die Rücksicht auf die Lebenserhaltung des Wirthschafters und der Seinigen geboten ist, sodann zweitens aus dem Zwangsverbrauch, d. h. dem Aequivalent für die socialisirte Bedürfnißbefriedigung, endlich drittens aus dem freibestimmten Wahlverbrauch an Gütern, die über das Nothwendigste für's Leben und über die socialisirte Zwangsconsumtion hinaus-gehen. Das Maß des Verbrauchs ist als Regel und auf die Dauer durch das Einkommen des Wirthschafters bedingt, daneben spielt gelegentlich auch die Verwendung von Vermögensreserven eine be-deutende Rolle. Das laufende Einkommen seinerseits wird keines-wegs vollständig in Nothverbrauch, Zwangsverbrauch und Wahl-verbrauch aufgewendet; das Wirthschaftsleben überhaupt und dessen moderne Entwicklung insbesondere ist vielmehr dadurch gekenn-zeichnet, daß die neugeschaffenen Werthe nur zu einem Theil ver-braucht, zu einem anderen dagegen bei Seite gelegt und für weitere künftige Nutzung verfügbar werden. Neben den Verbrauch tritt deßhalb als sehr beachtenswerthe Concurrentin die Capitalisirung aller Art.

Unsere x=Millionen wären hienach, da am Noth= und Zwangs-bedarf nichts nachgelassen werden kann, entweder auf Kosten des bisherigen Wahlbedarfs oder der Capitalisirung unterzubringen. An sich könnte dies nach beiden Richtungen wohl unbedenklich ge-schehen. Die formalistische Auffassung der älteren Nationalökonomie, die in möglichster Capitalaufspeicherung alles Heil erblickt, ist wohl heute allseitig aufgegeben. Wenn eine vermehrte Steuerlast, die technisch gut auferlegt, d. h. so eingerichtet ist, daß sie direct oder indirect den Leistungsfähigen gut trifft, einen kleinen Hemmschuh der Capitalakkumulation bilden würde, wäre dies ein Unglück? Und was dann die Gestaltung unseres bisherigen Wahlbedarfs, unter Annahme, daß die Steuerlast ganz auf ihn drücken solle, anlangt, bietet da nicht schon ein Blick auf den Verbrauch von Spirituosen und Tabak das Bild genügender Elasticität? Mit einem Jahres-verbrauch pro Kopf der Bevölkerung von etwa 4½ Liter reinen Alkohols, 106 Liter Bier und 1,5 kg Tabak ist diese Elasticität wohl genügend gegeben. Greifen wir z. B. das Bier heraus. Bis zur Mitte der achtziger Jahre stand der Bierverkauf im Allgemeinen, in einzelnen Jahren sogar recht erheblich unter 90 Liter auf den

Kopf der Bevölkerung; seitdem hat er sich auf etwa 106 Liter*) gehoben. Bringen wir bloß die Hälfte dieser Mehrung, also acht Liter pro Kopf in Rechnung, so berechnet sich diese unter Annahme eines Bierpreises pro Liter von 25 Pfennigen und einer Bevölkerung Deutschlands von rund 50 Millionen allein auf 100 Millionen Mk. pro Jahr. Ich führe dieses Beispiel an nicht etwa, um daraus die Zumuthung gerade an die Biertrinker abzuleiten, durch einigen Verzicht auf Consumsteigung die Kosten der Militärvorlage zu decken, sondern um dem Leser einigermaßen eine Vorstellung davon zu geben, um welche gewaltige Summen es im Haushalt einer Nation sich handelt, und wie geringfügige Schwankungen des Wahlverbrauchs in dieser Hinsicht weit aus= giebiger sich gestalten, als die besondere Art des Zwangsverbrauchs, welche bei der bevorstehenden Mehrung der Reichseinnahmen in Frage ist.

Wenn ein gutes System der Besteuerung gewählt wird, ist hiernach wohl kaum ein Zweifel darüber zulässig, daß nur ausnahmsweise zur Beschränkung der Capitalisirung geschritten werden müßte, daß vielmehr der fakultative Wahlverbrauch der Nation eine solche Elasticität besitzt, daß nöthigenfalls der gesammte neue Zwangsverbrauch ohne bedenkliche Beschränkung des bisherigen Wahlverbrauchs Platz finden könnte.

Wird aber dies überhaupt nöthig sein? Sind wirklich die Capitalisirungsquote und der Wahlverbrauch die einzigen Conten, auf welche der gesteigerte Zwangsbedarf verrechnet werden könnte? Eine solche Annahme würde nur zutreffen, wenn das Einkommen, welches das Maß des Verbrauchs und der Ersparniß bedingt, eine constante Größe wäre, und wenn insbesondere keine Rückwirkung eines der Nation auferlegten Zwangsverbrauchs gewisser Größe auf die Gestaltung der Einkommensverhältnisse eintreten würde. Eine solche Rückwirkung muß aber eintreten, und deren Art und Bedeutung sich einigermaßen zu vergegenwärtigen, ist unbedingt nöthig, wenn man über die wirthschaftliche Bedeutung der Mehr= ausgaben für die Heeresverstärkung sich klar werden soll.

Für die Volkswirthschaft hat eine solche Vermehrung der öffentlichen Ausgaben zunächst denselben Erfolg wie jede Steigerung der Nachfrage, die auf freiem Entschluß der betheiligten Privat= wirthschafter beruht, und dieser Erfolg liegt in der Anregung der

---

*) 1889/90: 106,3 L.; 1890/91: 105,9 L.; 1891/92: 105,5 L.

Production, soweit der gesteigerte Bedarf geeignet ist, durch inländische Betriebsamkeit geliefert zu werden. Der Mehraufwand für das Heer übersetzt sich für die Frage der inländischen Production in der Hauptsache auf eine derartige Anregung landwirthschaftlichen und industriellen Schaffens im Inlande, welche in gleichem Maße und in gleicher Richtung bei dem Verbleib der Mannschaften im Privatfamilienverbande und bei dem Wegfall des sachlichen Mehrbedarfs der Armee nicht vorliegen würde. Darf man auch nicht die ganze Summe des Mehrbedarfs als eine Steigerung der Productionsanregung ansehen, so verbleibt letztere doch immerhin zweifellos in erheblichem Maße. Namentlich die eigenartige Concentrirung der militärischen Nachfrage nach gewissen Verbrauchsgegenständen, (menschliche und thierische Nahrung, Bekleidung, Bewaffnung) führt zu einer massenhaft auftretenden wirksamen Productionsanregung. Aus der gesteigerten productiven Thätigkeit erwächst für die Betheiligten, sowohl die Unternehmer, als die Capitalisten und Arbeiter, eine gewisse Steigerung des Einkommens. Zu einem gewissen Bruchtheile dient hiernach die Erweiterung des Zwangsverbrauchs zugleich zu einer bei einzelnen Productionskreisen auftretenden Erhöhung der Leistungsfähigkeit, die um so zuverlässiger zu erwarten ist, als in der Hauptsache nicht blos einmalige und vorübergehende, sondern dauernde Erhöhungen des militärischen Bedarfs in Frage sind.

Gewiß darf man diese productionsanregende Bedeutung des Verbrauchs nicht überschätzen, aber eben so wenig darf man sie ganz außer Acht lassen. Aehnliches gilt schließlich auch noch von dem Moment der Elasticität, welches dem Einzelstreben der Wissenschaften nach Erreichung des individuellen Einkommens, oder im Ganzen betrachtet, nach Erzielung der Gesammtleistungsfähigkeit inne wohnt. Auch hier besteht zweifellos eine durch die wirthschaftsgeschichtliche Entwicklung klar gelegte Wechselbeziehung zwischen dem Mehr und der Steigerung der Bedürfnisse einerseits und dem Mehr und der Steigerung des Erwerbs andererseits.

Gewiß führt reichlicherer Besitz von Mitteln zum Empfinden und Anerkennen zahlreicherer Bedürfnisse, aber eben so gewiß ist andererseits, daß das Hineinleben in einen reicheren Bedürfnißkreis auch das individuelle Streben nach der Ermöglichung ihrer Befriedigung vermehrt. Bei rein privaten Individualbedürfnissen mag die Abwägung zwischen Mehrgenuß und Mehranstrengung vielleicht dazu führen auf letztere und damit zugleich auf ersteren zu verzichten. Bei auferlegtem Zwangsverbrauch aber wird der

wirthschaftliche Trieb, diesen von außen hinzugekommenen Mehr=
bedarf aus dem Innern des Wirthschaftsgetriebes heraus durch
Mehrerwerb für die sonstige Bedürfnißbefriedigung unschädlich zu
machen, ein gesteigerter sein. Der Steigerung des wirthschaftlichen
Erwerbstriebs wird im Großen und Ganzen auch ein gesteigerter
Erwerbserfolg entsprechen. Nicht Jeder wird freilich im Stande
sein mit Sicherheit und alsbald einen Mehrerwerb zu erzielen; aber
ein gewisser Spielraum oder die Möglichkeit durch organisirtes
Vorgehen hier Erfolg zu erzielen, ist doch in vielen Fällen gegeben.
Noch gehen die Menschen glücklicherweise nicht überall bloß in
wirthschaftlicher Sorge auf, und gerade bei den bemittelteren Classen,
an welche die wohlgeordnete Steuerforderung sich schließlich materiell,
wenn auch nicht nach dem formellen Inhalt der Steuergesetze richtet,
ist vielfach die Möglichkeit einer intensiveren Ausnutzung von
Unternehmersinn, Capital und Arbeitskraft vorhanden. Wie groß
diese Elasticität des wirthschaftlichen Erwerbs ist, das hängt aller=
dings bei den einzelnen Gruppen der Erwerbenden von deren allge=
meiner wirthschaftlichen Lage und insbesondere von dem Umstand
ab, in wie weit die bisherige Betheiligung am Erwerbsleben schon
eine Annäherung an das Maximum der Erwerbsthätigkeit darstellt
oder nicht. Gewiß ist, daß im Großen und Ganzen bei einer mit
Verzicht auf ein Uebermaß alkoholischer Getränke Hand in Hand
gehenden größeren individuellen Anspannung eine beträchtliche
Steigerung des Erwerbserfolges möglich ist, und daß eine Ver=
mehrung der Quote des individuellen Zwangsverbrauchs geeignet
ist, auf eine derartige intensivere Erwerbsthätigkeit breiter Volks=
schichten hinzuwirken. Am wenigsten Möglichkeit möchte in dieser
Richtung für den Arbeiter der modernen Großindustrie bestehen,
soweit die individuelle Arbeitsvermehrung in Frage kommt; dafür
aber gehört dieser einer Classe der productiv Thätigen an, welche
bei allenfallsiger Erstreckung des Zwangsverbrauchs auf diese Be=
völkerungsschichten am ersten in der Lage ist, bei der Gleichmäßigkeit
der dadurch bedingten Erhöhung der Lebenshaltung mit vereinten
Kräften auf dem Gebiet der organisirten Arbeit den Erfolg der
letzteren zu erhöhen. Bei den übrigen Schichten der Erwerbenden,
insbesondere bei den kleinen Unternehmern aller Art, wird dagegen
für die positive Mehrleistung auf dem Erwerbsgebiet manche günstige
Voraussetzung gegeben sein.

Wenn wir hiernach zusammenfassen, in welcher Weise für einen
gesteigerten Mehraufwand des Reichs, der in einer gewissen Steuer=

summe sich ausdrückt, im Haushalt der Nation voraussichtlich Für=
sorge getroffen wird, so sehen wir vor Allem, daß es unzutreffend
wäre, diesen Betrag einfach auf das nationale Verlustconto zu
setzen. Wir haben vielmehr vier Wege kennen gelernt, mittelst deren
der neueingeschobene Zwangsverbrauch für nationale Unabhängigkeit
vom Organismus der nationalen Wirthschaft aufgenommen werden
kann. Er kann zum Theil wett gemacht werden durch zielbewußte
Erwerbssteigerung aller Art, er wird zweifellos zum Theil wett ge=
macht durch die besondere Productionsanregung, welche die Ver=
wendung der zu bewilligenden Millionen bringen wird, er kann
ferner zum Theil auf Kosten der Capitalbildung und endlich auf
Kosten des bisherigen Wahlverbrauchs gehen. Es ist klar, daß
die Entwicklung im Allgemeinen um so unerwünschter wird, je mehr
sie sich den letzterwähnten Wegen nähert, daß sie aber auch, wenn
Minderung der Capitalbildung und Beschränkung sonstigen Ver=
brauchs in Frage kommt, noch sehr verschiedenartig zu beurtheilen
ist, und zwar nach Maßgabe der bisherigen thatsächlichen Gestaltung
der Capitalbildung und des Wahlverbrauchs.

Welche Wege nun die Entwicklung nehmen und wie die Be=
theiligung der im Einzelnen muthmaßlich begangenen Wege zu be=
urtheilen sein wird, das ist wesentlich bedingt von der Gestaltung
der Wohlstandsverhältnisse im Allgemeinen. Sind diese ungünstig,
dann fehlt es an der Elasticität des Erwerbslebens, welche den
beiden erstgenannten Wegen Aussicht verheißt, und dann bringt ein
Begehen der beiden anderen Wege leicht unerwünschte Störungen.
Sind dagegen die Wohlstandsverhältnisse günstig, so darf ange=
nommen werden, daß der dritte und vierte Weg überhaupt nur in
geringem Umfang und überdies ohne nationalwirthschaftliche Be=
denken zu begehen sein werden. Es muß deshalb der Würdigung
der Wohlstandsverhältnisse des deutschen Volkes zunächst Auf=
merksamkeit zugewendet werden.


## II.

Die Wohlstandsmessung bildet eine der verwickeltsten und höchsten
Aufgaben der statistischen Beobachtung. Die Producenten der
Statistik pflegen nur zögernd an die Lösung der schwierigen Auf=
gabe heranzutreten, welche andererseits von den Consumenten der
Statistik dringend verlangt wird. So kommt es, daß es meist
literarische Zwischenhändler — wenn der Ausdruck gestattet werden
will — sind, welche auf diesem Gebiete die Zusammenfassung der

# Ultramontane Leistungen.

I. Ultramontanismus und Sozialdemokratie.
II. Die Wunderberichte des Bischofs von Trier.

Von

## Graf Paul von Hoensbroech.

Dritte durchgesehne Auflage.
(Drittes Tausend.)

Berlin 1895
Verlag von Hermann Walther
W., Kleist-Straße 14.

Durchgesehner Sonderabbruck aus den „Preußischen Jahrbüchern".

# I.

## Ultramontanismus und Sozialdemokratie.

— ⸺ —

Wie die katholische Kirche sich als die alleinseligmachende hinstellt, so tritt sie auch mit dem exklusiven Anspruch auf, die Allein=Retterin in den großen sozialen Fragen der Gegenwart zu sein.

„Gebt mir unbeschränkte Freiheit, laßt mich mit meinem Klerus und meinen religiösen Orden an die Arbeit, und die Sozialdemokratie wird verschwinden!" Das ist das in tausend Wendungen wiederkehrende ceterum censeo der Vertreter katholischer Anschauungen, angefangen vom Papst mit seinen Encykliken bis herab zum Artikelschreiber des letzen ultramontanen Winkelblattes.

Angenommen, daß derartige Redewendungen aus Ueberzeugung entspringen, so wohnt ihren Urhebern die Fähigkeit, in Illusionen zu leben und Alles das nicht zu sehen, was die Illusionen stört, in bewundernswerther Weise inne. Sie brauchten nur die Augen zu öffnen und in die Geschichte zu blicken, um zu erkennen, daß die katholische Kirche keineswegs ein solches Allheilmittel für soziale Miß=stände ist, daß, als die Kirche unbestritten in Europa herrschte und mit ihrem ganzen Apparat, vom Staate unterstützt arbeitete, nicht gerade die Sozialdemokratie, aber andere schwere soziale Uebel die bürgerliche Gesellschaft durchfraßen,

1*

und daß weder die Arbeit der Kirche eine heilende, noch
auch sie selbst und ihre Orden von der Ansteckung immun
blieben. Das katholische Mittelalter, die Kulturgeschichte
Italiens, Spaniens, Deutschlands, Frankreichs, die Chroniken
der großen ultramontanen Orden bieten dafür schlagende
Beweise.

Allein wühlen wir nicht im Staube der Vergangenheit! Gerade gegenwärtig ist ein Nachbarstaat wieder in
den Vordergrund des Interesses getreten, der durch seine
inneren Zustände die gesellschaftliche Heilkraft der katholischen
Kirche grell beleuchtet. Er ist das kleine Belgien. Die
Lehre, die wir aus dem Schelde- und Maaßland empfangen,
ist so einleuchtend, so wichtig in sozialpolitischer und religiöser
Beziehung, daß ein ausführlicheres Eingehen auf sie gerechtfertigt erscheint.

Abgesehen von der mächtigen Partei des Zentrums
und der gesammten ultramontanen Presse giebt es bei uns
zu Lande auch viele einflußreiche nicht-katholische Politiker,
die an die unfehlbare Allheilkraft der katholischen Kirche
glauben und die dem ultramontanen Sirenengesang, der
sie in ein gelobtes Land zu führen verheißt, wo Alles eitel
Friede und Glück ist, wo das rothe Gespenst der Sozialdemokratie und des Anarchismus nicht mehr umgeht, allzu
williges Gehör schenken. Solche mögen an den belgischen
Thatsachen und Ziffern den Werth der ultramontanen Ver-
heißungen prüfen.

Belgien ist ein wesentlich katholisches Land. Seit un-
vordenklichen Zeiten wurzelt hier die katholische Kirche mit
all ihren Einrichtungen. Sie hat sich in Belgien wie in
einer Hochburg in ausschließlicher Herrschaft zu behaupten
gewußt. Noch die neueste Volkszählung vom Jahre 1893
führt unter einer Gesammtbevölkerung von 6 195 355 Einwohnern nur 15 000 Protestanten und 3000 Juden auf.
Alles Uebrige, also 6 177 355 sind Katholiken. Das ist

thatsächliche Religionseinheit. Gesetzlich war die katholische
Einheit in Belgien noch bis zum Ende des 18. Jahrhun=
derts vollständig intakt. So schreibt der Jesuit Delplace
(Joseph II et la révolution brabançonne. Bruges 1891.
S. 31 ff.): „Nichtkatholischer Gottesdienst war verboten;
die Verletzung kirchlicher Vorschriften wurde vom Staate
gestraft. In ganz Antwerpen, einer Stadt von über
60 000 Einwohnern, gab es im Jahre 1781 höchstens
sieben oder acht protestantische Familien. Erst im Jahre 1768
wurde den Protestanten die Testirfähigkeit gewährt. Die
kirchliche Gesetzgebung herrschte unbeschränkt; das Unter=
richtswesen stand unter der Leitung der Bischöfe."

Aber nicht nur die Bewohner Belgiens waren und sind
katholisch, sondern das Land mit all seinen inneren Ein=
richtungen, staatlichen wie kommunalen, ist so recht im
eigentlichen Sinne des Wortes ein ultramontanes Land.
Von jeher, bis in die neueste Zeit sind die Geschicke Bel=
giens „von jenseits der Berge", von Rom aus, beeinflußt,
ja oft geradezu geleitet worden. Zweimal innerhalb eines
halben Jahrhunderts haben die belgischen Ultramontanen
die bestehenden Regierungen des Landes gewaltsam um=
gestürzt. Das erste Mal wurde ein katholischer aber liberaler
Kaiser, Joseph II. (1789), das zweite Mal ein protestan=
tischer König, Wilhelm I. (1830), vom Throne gestoßen.

Schon diese beiden Beispiele zeigen, welche Macht die
Kirche in Belgien besitzt. Sie stand seit Jahrhunderten in
diesem Land, auf diesem ganz katholischen Boden da, nicht
nur in ihrer vollständigen Wehr und Rüstung, sondern in
unbeschränktem Alleinbesitz. Was es überhaupt an religiösem
Einfluß, an religiösen Mitteln, an religiöser Organisation
gab, das war katholisch, und was katholisch war, war bis
ins kleinste hinein beherrscht und geleitet vom Geiste der
Kirche. Nichts fehlte in der ganzen, weitverzweigten Macht=
entfaltung der katholischen Kirche, nicht das Tüpfelchen auf

dem i. „Belgien ist ohne Frage das Land, in dem die
katholische Religion am meisten blüht", ruft triumphirend
der Jesuit Feller im Jahre 1787 aus (Recueil III, S. 46).
Und er hat Recht!

Die katholische Kirche in Belgien blühte — um an
noch früheren Jahrhunderten vorüber zu gehen — als
Philipp II. durch seine Statthalter die antikatholische Be=
wegung mit blutiger Faust unterdrückte und das eigentliche
Belgien seiner Krone erhielt. Die katholische Kirche blühte, als
in den Jahren 1649 – 1672 die Jesuiten in ihre „Litterae
annuae" die Frequenz ihrer Kirchen in den Hauptstädten
des Landes triumphirend einschrieben. Da steht Courtrai
mit 95 000, Brügge mit 150 000, Gent mit 142 000,
Brüssel mit 300 000, Antwerpen mit 300 000 jährlichen
Kommunionen verzeichnet (Delplace a. a. O.). Und diese
Riesenziffern beziehen sich auf Städte, die damals höchstens
40—60 Tausend Einwohner zählten, beziehen sich nur auf
die Kirchen der Jesuiten, ohne die zahlreichen anderen
Pfarr= und Ordenskirchen zu berücksichtigen. Die katholische
Kirche in Belgien blühte, als ein Edikt vom 12. Februar
1739 diejenigen mit dem Tode und Gütereinziehung be=
drohte, die es wagten, ein Buch oder eine Schrift zu
verfassen, zu lesen oder zu vertheilen, in denen irgend ein
Punkt unserer Religion angegriffen wird" (Laveleye, die
klerikale Partei in Belgien. S. 8). Die katholische Kirche
in Belgien blühte, als der Magistrat von Brüssel im
Jahre 1773 zweihundert Beichtväter für die Stadt verlangte,
weil die bisherigen 170 nicht mehr ausreichten (Delplace,
a. a. O.). Die katholische Kirche in Belgien blühte, als
Kaiser Joseph II. am 19. Oktober 1789 erklärte: „Fana=
tische Geistliche haben seit Jahren nicht aufgehört, verräthe=
rische und gewissenlose Ränke zu schmieden, mir in allen
Dingen arge Absichten zu unterschieben, um meinen Unter=
thanen Mißtrauen beizubringen. Zu diesem Ende haben

sie als Prediger und Beichtväter Alles versucht, um ihren
Landesherrn als einen Verderber der Religion hinzustellen."
Die katholische Kirche in Belgien blühte, als die ultra=
montane Révolution brabançonne gegen denselben Kaiser
ihr Haupt erhob. Die katholische Kirche in Belgien blühte,
als im Jahre 1815 die Landesbischöfe dem König Wilhelm I.
den Fehdehandschuh hinwarfen und sein Manifest mit der
„Pastoralinstruktion" beantworteten, wodurch allen zur
Notabelnversammlung Gewählten feierlich verboten wurde,
dem Verfassungsentwurf zuzustimmen. Die katholische
Kirche in Belgien blühte, als im gleichen Jahre die Bischöfe
es durchsetzten, daß die neue Konstitution mit 796 gegen
527 Stimmen verworfen wurde; eine Konstitution, die der
katholischen Kirche ihren alten Besitzstand und die frühere
Freiheit gewährleistete, aber daneben auch andere Bekennt=
nisse duldete. Die katholische Kirche in Belgien blühte, als
die Oberhirten in ihrem „Jugement doctrinal" allen Ka=
tholiken des Landes den Eid auf die neue Verfassung unter=
sagten; als im Jahre 1816 der belgische Klerus den Notabeln
und Bürgermeistern, die für die Verfassung gestimmt und
den Eid geleistet hatten, die Sakramente verweigerte und
sie dadurch zu „öffentlichen Sündern" stempelte. Die ka=
tholische Kirche in Belgien blühte, als im April 1816 ein
Richter des Gerichtshofes von Mons folgenden Widerruf
unterzeichnete: „Ich erkläre in Gegenwart der dazu be=
rufenen Zeugen, daß in Anbetracht der im Hirtenbrief über
diesen Gegenstand durch die belgischen Bischöfe erlassenen
Entscheidung, ich es bereue, den von den Richtern durch
das Dekret vom 25. Februar laufenden Jahres geforderten
Eid geleistet zu haben" (Laveleye, a. a. O.). Die katho=
lische Kirche in Belgien blühte, als kurz vor Abschüttelung
des verhaßten protestantisch=holländischen Jochs, ein ultra=
montaner Führer aus Gent schrieb: „Ich kann Ihnen nicht
sagen, welche Erregung hier herrscht; ein vollendeter

Patriotismus, d. h. ganz und gar auf der Religion ge=
gründet, kurz der wahre Ultramontanismus (enfin c'est
l'ultramontanisme). Ein Greis, der kaum mehr gehen
kann, sagte mir, daß er noch laufen werde, wenn es gelte,
die Waffen für die Religion zu ergreifen" (Le livre noir.
S. XLVIII). Die katholische Kirche in Belgien blühte,
als dann im Jahre 1830 die ultramontane Partei den
zweiten Fürsten, Wilhelm I., aus dem Lande trieb. Die
katholische Kirche in Belgien blühte, als der Erzbischof von
Mecheln, im Verein mit den übrigen Bischöfen, folgende
Forderungen in der Verfassung des neuen Königreichs
Belgien durchsetzte: 1. Völlig freie Uebung des katholischen
Kultus ohne alle und jede Einmischung der staatlichen
Autorität; 2. beliebige Ernennung und Anstellung katho=
lischer Kirchendiener; 3. Ungehinderter Verkehr mit Rom;
4. Ausschließliche Leitung der Bildung junger Priester durch
den Klerus; 5. Freiheit für religiöse Vereine und Orden;
6. Gesetzliche Normirung der vom Staate an die Geistlichen
zu zahlenden Gehälter; 7. Freiheit des Unterrichts in der
Weise, daß Bischöfe und Orden die Befugniß haben,
Schulen aller Art zu errichten. Die katholische Kirche in
Belgien blühte, als im Jahre 1837 das klerikale Journal
historique triumphirend schrieb: „Wie tröstlich ist es für
uns Belgier, die Kirche Gottes in unseren Provinzen blühen,
und zu einer Zeit, wo sie in so vielen anderen Ländern
leidet und seufzt, bei uns ihre Kraft und größtentheils auch
ihren alten Glanz bewahren zu sehen . . . Wenn man
unser Land im ganzen betrachtet, kann man behaupten, daß
der Klerus geehrt wird, das Vertrauen des Volkes genießt,
und großen Einfluß besitzt." Die katholische Kirche in
Belgien blühte, als im Jahre 1834 der belgische Klerus
durch eine staatliche Verordnung wieder in Besitz seines ehe=
maligen Reichthums gelangte. Die katholische Kirche in
Belgien blühte, als Papst Leo XII. dem neuen König der

Belgier seine Zufriedenheit bezeugte „über die unerschütterliche Anhänglichkeit an den Mittelpunkt der katholischen
Einheit, wovon die hochherrliche Nation der Belgier zu
allen Zeiten das Vorbild gegeben habe." Die katholische
Kirche in Belgien blühte, als auf Grund der in der oben
erwähnten Verfassung gewährleisteten Freiheiten, das Jahrhunderte alte katholische Leben im neuen Königreich den
modernen Verhältnissen angepaßt, weiter pulsirte. „Alsbald", schreibt im Jahre 1881 Kardinal Hergenröther,
„machten die Bischöfe von dieser Freiheit Gebrauch. Sie
gründeten höhere Lehranstalten, die bald an Schülerzahl
die Staatsschulen übertrafen, übergaben den Volksunterricht
geistlichen Genossenschaften, errichteten Lehrerseminare und
dann 1834 eine katholische Universität in Löwen, die bald
eine große Frequenz fand und ein Gegengewicht bildete
gegen die freie Brüsseler Hochschule der Liberalen und die
Staatsuniversitäten in Gent und Lüttich. Blühende Pen-
sionate für Söhne höherer Stände wurden von den Jesuiten
geleitet, neue Klöster erhoben sich allenthalben. Trefflich
wirkte der Verein für gute Bücher, sowie eine große Zahl
von Assoziationen" (Lehrbuch der Kirchengeschichte II, S. 899).
Die katholische Kirche in Belgien blühte, als im Jahre 1872
der Pfarrer zu St. Peter in Ypern dem dortigen Staats-
anwalt Iweins selbstbewußt schrieb: „Ich bedauere Ihnen
anzeigen zu müssen, daß nach der Entscheidung der kom-
petenten Behörde (gemeint sind die Bischöfe) die Beichtväter
jene Personen nicht absolviren können, die durch ihr Votum
oder ihre Mitwirkung in der Angelegenheit La Motte (es
handelte sich um einen Geldprozeß, der zu Ungunsten der
Kirche entschieden war) betheiligt gewesen sind, bevor nicht
ein Widerruf und eine mindestens verhältnißmäßige oder
volle Vergütung des Schadens eintritt."

Das ist in großen Zügen und gleichsam aus der
Vogelperspektive ein Bild der Blüthe und Machtstellung des

Ultramontanismus in Belgien. Diese allgemeine Uebersicht erschien geeignet, um den nun folgenden Einzelangaben aus neuerer und neuester Zeit das richtige Relief zu geben und sie in ihr wahres Licht zu stellen.

Kirchlich ist das Königreich Belgien in sechs Diözesen eingetheilt: Mecheln, Brügge, Gent, Lüttich, Namür, Tournay. Jedes Bisthum hat staatliche Korporationsrechte und besitzt seine eigenen Seminarien, Konvikte und Schulen. In diesen sechs Kirchensprengeln wirken frei und ungehindert neben je einem Bischof, seinen Generalvikaren und seinem Domkapitel, 6582 Weltgeistliche in 184 Dekanaten, 230 Pfarreien, 2787 Succursalstellen, 188 Kapellen, 1855 Vikariaten, 84 Koadjutorien, 26 Annexen und 695 Anstalts= kirchen. Das giebt für 3510 Gemeinden des ganzen Königsreichs die stattliche Zahl von 5855 Kirchen und Kapellen, in denen regelmäßiger Gottesdienst, mit Predigt und Sakramentspendung abgehalten wird. Wohlgemerkt, in diesen Zahlen von Kirchen und Priestern, sind nur die Weltgeistlichen, das heißt der eigentliche Pfarrklerus berück= sichtigt worden. Die ungemein zahlreichen Ordensgeistlichen mit ihren vielen Ordenskirchen sind nicht mit eingeschlossen.

Ein Blick in das Annuaire complet du Clergé Belge, auf dessen Angaben wir uns stützen, zeigt, daß in dem kleinen Belgien nahezu alle religiösen Orden der katholischen Kirche vertreten sind. Trappisten, Augustiner, Franzis= kaner, Dominikaner, Kapuziner, Jesuiten, Prämonstratenser, Redemptoristen, Benediktiner, Karmeliter, Serviten, Passio= nisten, Josephinen, Salesianer, Oblaten, Barnabiten, Laza= risten, Schulbrüder. Das sind männliche Ordensgenossen= schaften; die Namen der weiblichen Orden und Kongre= gationen füllen ganze Seiten.

Im Jahre 1846 gab es in Belgien 779 Klöster mit 11 968 Ordensleuten, d. h. schon wieder gerade so viele, als es vor der Revolutions= und Umsturzperiode von

1790—1815 gab. Schon nach zwanzig Jahren, bis zum Jahre 1866, hatten sich diese Zahlen auf 1314 Klöster und 18 162 Ordenspersonen erhöht, und für das Jahr 1890 führt die amtliche Statistik 1784 Klöster mit 30 098 Bewohnern auf. Von diesen 1784 Ordensniederlassungen kommen 214 Klöster in 142 Orten auf männliche, und 1570 Klöster in 1129 Orten auf weibliche Orden. Im Einzelnen ist die Vertheilung durch das ganze Land folgende:

I. Männliche Orden: An 108 Orten je 1 Kloster,
„ 14 „ „ 2 Klöster,
„ 4 „ „ 3 „
„ 3 „ „ 4 „
„ 2 „ „ 5 „
„ 2 „ „ 6 „
„ 2 „ „ 7 „
„ 1 „ „ 8 „
„ 1 „ „ 10 „

II. Weibliche Orden: An 950 Orten je 1 Kloster,
„ 126 „ „ 2 Klöster,
„ 28 „ „ 3 „
„ 8 „ „ 4 „
„ 5 „ „ 5 „
„ 3 „ „ 6 „
„ 1 „ „ 7 „
„ 2 „ „ 9 „
„ 3 „ „ 11 „
„ 1 „ „ 14 „
„ 1 „ „ 16 „
„ 1 „ „ 18 „
„ 2 „ „ 19 „
„ 1 „ „ 20 „
„ 1 „ „ 27 „
„ 1 „ „ 28 „
„ 1 „ „ 32 „

Im Jahre 1890 kam auf je 250 Einwohner eine Ordensperson und auf je 1⅔ Gemeinden ein Kloster.

Für die bedeutendsten Städte des Landes ergiebt sich folgende Uebersicht:

An erster Stelle steht Antwerpen (240 343 Einwohner) mit 38 Klöstern; es folgen Lüttich (155 898 Einw.) mit 35 Klöstern, Brügge (48 246 Einw.) mit 32 Klöstern, Löwen (40 899 Einw.) mit 29 Klöstern, Gent (151 811 Einw.) mit 27 Klöstern, Brüssel (183 833 Einw.) mit 28 Klöstern, Mecheln (52 001 Einw.) mit 23 Klöstern, Tournay (34 521 Einw.) mit 19 Klöstern, Mons (24 955 Einw.) mit 15 Klöstern, Namür (31 091 Einw.) mit 15 Klöstern.

Unter den männlichen Orden zählen — um nur die einflußreichsten zu erwähnen — die Jesuiten zwischen 900 und 1000 Mitglieder; die Kapuziner und Franziskaner 514; die Dominikaner über 100; die Redemptoristen zwischen 200 und 300; die Schulbrüder 637.

In einzelnen Städten, wie Antwerpen, Lüttich, Gent, Namür, Brügge, nehmen die Ordensniederlassungen ganze Quartiere ein, und der Werth der Grundstücke der Klöster in Lüttich belief sich im Jahre 1875 auf 3 280 000 Franken, das bewegliche Eigenthum und Baarvermögen nicht mit eingerechnet.

Diese todten Zahlen enthalten eine wahre Unsumme von lebendigen Beziehungen zwischen den Klöstern und ihren Insassen einerseits und dem ganzen Lande und seiner Bevölkerung andererseits. Diese dreißigtausend und achtundneunzig Ordenspersonen beiderlei Geschlechts zusammen mit den sechstausend fünfhundertzweiundachtzig Weltgeistlichen, d. h. also diese sechsunddreißigtausend sechshundertundachtzig dem unmittelbaren Dienste der Kirche geweihten Männer und Frauen, die der erdrückenden Mehrzahl nach dem belgischen Volke selbst entstammen, sind Bindeglieder durch die weitaus die meisten Familien des Landes aufs engste mit der Kirche verbunden sind. Es wird in ganz Belgien verhältnißmäßig wenige Familien geben, deren Namen nicht durch einen Bruder, eine Schwester oder sonst einen Verwandten in einem Pfarrhaus, Seminar oder Kloster ver-

treten ist. Nehme man dazu, daß viele dieser Klöster zugleich Erziehungshäuser sind, in denen Hunderte, ja wir
dürfen wohl sagen, Tausende von Knaben und Mädchen
aller Stände ihre ganze Erziehung genießen, so ist es
geradezu unberechenbar und durch Worte und Zahlen un-
darstellbar, wie weitverzweigt der kirchliche Einfluß mit all
seinen Mitteln von der Kirche und der Kanzel angefangen,
durch das Pfarrhaus, die Schule und das Krankenbett
bis in das innerste Herz der Familien hinein reicht. Und
dann erwäge man, daß dieser Zustand schon seit Jahrhunderten dauert, daß dieser quantitativ wie qualitativ unermeßliche Einfluß schon seit Generationen und Generationen
in das belgische Volk einströmt und zwar ohne jemals
durch nichtkatholische Bekenntnisse gehemmt worden zu sein,
daß gleichfalls durch Jahrhunderte hindurch eine streng
katholische Staatsregierung diesen Einfluß mit allen Mitteln
unterstützte, daß bis in die Gegenwart hinein auch das
neue Königreich Belgien wiederholt und lange von klerikalen
Ministerien regiert wurde, daß, mit zwei Ausnahmen —
Wilhelm I. und Leopold I. — so lange überhaupt ein
Herrscher oder sein Stellvertreter in der Hauptstadt des
Landes residirt hat, es stets ein katholischer war.

Man sagt, und nicht mit Unrecht, wer das Volk
unterrichtet, dem gehört das Volk. Von wem ist das
belgische Volk länger und eingehender unterrichtet worden,
als von der katholischen Kirche, durch ihre Geistlichen und
Ordensleute? Die Kloster- und Kirchenschulen des Mittelalters sollen hier nicht herangezogen werden, sondern wir
wollen nur einige Thatsachen aus dem modernen Belgien
seit 1830 erwägen. Das Gesetz von 1842, das bis 1879
in Kraft blieb, unterstellte alle Gemeinde-Schulen der Auf-
sicht der Bischöfe, die dieses Recht durch ihre Geistlichkeit
ausüben ließ. Hierdurch wurde der Kirche der weitgehendste
Einfluß auf das eigentliche Volk während 37 Jahren ein-

geräumt. Die Verfassung von 1831 erklärte die Freiheit
des Unterrichts, und diese Freiheit benutzten Welt- und
Ordensklerus im ausgedehntesten Maße. Es entstanden
durch das ganze Land zahlreiche ausschließlich von Geistlichen und Ordensleuten geleitete oder unter ausschließlicher
Beaufsichtigung der Bischöfe stehende Unterrichtsanstalten
aller Art: von der Elementarschule bis zur Universität. In
diesen Anstalten, die theilweise in den Händen der von
ultramontaner Seite gepriesensten Jugenderzieher, wie
Jesuiten und Schulbrüder, waren und sind, wurden im
Laufe der Jahre eine nach Tausenden zählende Menge von
Knaben und Mädchen, Familienväter und Familienmütter,
erzogen und zwar in der größten Abgeschlossenheit von
jedem fremden religionsfeindlichen und antikatholischen Einfluß. Aber damit ist die Unterrichtsthätigkeit der Kirche
in Belgien nicht erschöpft. Auch Kirche und Kanzel dienen,
wenn auch in anderer Weise, so doch wesentlich dem Unterricht; hier, wenn irgendwo, wird der tiefgehendste Einfluß
auf ein Volk gewonnen. Leider fehlen uns die genauen
Angaben über die Zahl der Predigten, Katechesen, be-
lehrenden Gottesdienste und Volksmissionen in den Städten
und Ortschaften Belgiens. Doch auch ohne Statistik können
wir uns ein Bild von der quantitativen Bedeutung dieser
Art des Unterrichts machen. Wir brauchen uns blos die
oben angegebenen Zahlen zu vergegenwärtigen. Es giebt
in Belgien 6562 Weltgeistliche, die mit wenigen Ausnahmen
alle in der Seelsorge durch Predigen und Katechesiren beschäftigt sind. Nehmen wir an — und das ist eine sehr
niedrige Schätzung — nur 6000 dieser Geistlichen predigten
und katechisirten nur einmal in der Woche, so erhalten wir
die Zahl von 312 000 Lehrvorträgen für jedes Jahr. Das
Doppelte dürfte aber noch hinter der Wahrheit bleiben.
Hierzu kommen die Predigten und Missionsvorträge der
Ordensgeistlichen, die mit 150 000 sehr niedrig geschätzt sind.

Ueber eine halbe Million Predigten und Katechesen werden also jährlich von den Kanzeln Belgiens gehalten. Wo ist das Land, in dem die Kirche öfter zum Volke spricht, es eingehender belehrt und erzieht? Muß nicht das belgische Volk bis auf die Knochen ultramontan sein? Wenn irgendwo, so müßte die Kirche in Belgien den Beweis geliefert haben, daß sie wirklich im Stande ist, Irreligiosität und Umsturzbestrebungen aus einem Lande fernzuhalten.

Was sagen aber die Thatsachen?

Fassen wir vor allem die Sozialdemokratie in Belgien ins Auge. Der katholische Pfarrer und Reichstags= abgeordnete, L. Winterer, aus Mühlhausen im Elsaß schreibt: „Der belgische Sozialismus verdient unsere Aufmerksamkeit in mehr als einer Beziehung. Die blutigen Ausschreitungen bei den Strikes, an denen er Antheil hatte, seine geräuschvolle Thätigkeit, die internationale Rolle, die er zu spielen sucht, die Hoffnungen, die die Führer der deutschen Sozialdemokratie auf ihn zu setzen scheinen, alles das fordert uns auf, seine Bewegungen genauer zu beobachten . . . . Das Genter Sozialisten=Blatt „Toekomst" berichtet folgende Einzelheiten: „„Das Jahr 1885 ist für die sozialistische Arbeiterpartei in Belgien eine Zeit thätiger Propaganda und rascher Fortschritte gewesen. Unser vor kaum zwei Monaten gegründetes Tageblatt, der „Voruit" erscheint wöchentlich sechs Mal, die fünf ersten Wochentage in einer Auflage von 4000, Samstags in einer solchen von 10 000 Exemplaren."" Der „Toekomst" belehrt sodann seine Leser über die Begeisterung, mit welcher die sozialistische Lehre in einer großen Anzahl von Städten aufgenommen wird: unter anderen nennt er Ostende, Ypern, Courtrai, Klost, Ninove, Mecheln, Löwen, Brügge, Meenen. „„In Antwerpen", fährt das Blatt fort, „hat der „Werker" sein Format vergrößert; die sozialistischen Bäckereien sind im besten Gang. Brüssel hat den „Peuple" gegründet, der

täglich erscheint. Auch das wallonische Gebiet besitzt ein
sozialistisches Tageblatt""" ... Im März 1886 vollzogen
sich in Belgien die blutigen Strikes, die an die Greuel der
Pariser Kommune erinnerten. In Lüttich fanden bei Gelegenheit einer Versammlung, die zur Jahresfeier der
Kommune berufen war, die ersten überaus heftigen
Ruhestörungen statt, denen ein Strike in der ganzen
Gegend folgte. Am 25. und 26. März pflanzte sich
die Bewegung in das Kohlengebiet von Charleroi fort,
von wo aus sie immer weiter um sich griff, wie die
steigende Fluth, die Alles mit sich fortreißt. Eine wahre
Zerstörungswuth erfaßte die Arbeitermassen. In Jümet
steckten die Strikenden die „nationalen Glaswerke", d. h.
Glashütte und Schloß des Herrn Boudoux in Brand; an
anderen Orten wurden gleichfalls mehrere Glashütten vernichtet. Nur das energische Eingreifen des Militärs war
im Stande, dem Zerstörungswerk Einhalt zu thun, aber
nicht ohne Blutvergießen. ... Kaum war dieser neue
Aufstand mit Gewalt zurückgedrängt, so kamen die Strikes
im Zentrum und im Borinage, dann in Roubix, Mar-
chienne, Manage, Ecaussines und Tournay. Die eigentlichen Heerde des Sozialismus, Gent, Brüssel, Verviers
rührten sich nicht, denn sie wußten, daß die heißersehnte
Stunde der Revolution noch nicht gekommen war. .....
Die Auftritte roher Zerstörungswuth in Lüttich, Charleroi,
Jümet sind das Werk eines wahnwitzigen Ausbruchs von
sozialem Haß. Die Enquête der von der belgischen Regierung eingesetzten Arbeitskommission, hat über das, was zur
Erzeugung dieses sozialen Hasses beigetragen hat, ein nur
zu helles Licht verbreitet. Die Funken, die von drei Seiten
zugleich, vom Anarchismus, Radikalismus und Sozialismus ausgingen, führten die Explosion herbei. Die Redner
bei der Lütticher Zusammenkunft führten offen die Sprache
des Anarchismus. ... Bei den Strikenden von Charle-

roi fand man vielfach den berüchtigten „Volkskatechismus"
von Alfred Defuisseaux, der in fast 200000 Exemplaren
verbreitet worden war. . . . . Die Geschichte des belgischen
Sozialismus im Jahre 1886 beschränkt sich nicht blos auf
die Ausstände des Monats März. Strike folgte auf
Strike, Kundgebung auf Kundgebung. Unter den letzteren
war diejenige vom 15. August zu Gunsten des allgemeinen
Stimmrechts die wichtigste. Der Schauplatz derselben war
Brüssel. Am Tage des belgischen Nationalfestes kamen,
von ihren Häuptern angeführt, die Manifestanten aus allen
Himmelsrichtungen herbei. Die Verbände von Brüssel,
Gent, dem Zentrum, dem Borinage, von Löwen, Tournay
u. s. w. waren zur Stelle. Johann Volders, gefolgt vom
Conseil général, dem mit der Oberleitung beauftragten
Ausschuß der sozialistischen Arbeiterpartei, führte einen un-
geheuren Zug von 15 bis 20000 Menschen. Die Kund-
gebung vollzog sich mit einer unheilvollen Ruhe, die in
einem verblüffenden Gegensatz stand zu der Haltung der
Arbeitermassen, die einige Monate vorher Plünderung,
Brand und Verwüstung in den Kohlenbecken um Lüttich,
Charleroi und im Zentrum verbreitet hatten. „Beim An-
blick des Zuges vom 15. August," sagt der „Brüsseler
Kourier," „mußten die Einwohner von Brüssel Einkehr bei
sich selbst halten; sie mußten sich fragen, woher diese
Legionen kommen, die die Feldzeichen der kosmopolitischen
Revolution aufpflanzen, unseren Einrichtungen, unsern
Altären, unseren Familien und der gesammten gesellschaft-
lichen Ordnung als offene Feinde sich gegenüberstellen."“
Die Kundgebung vom 15. August lieferte mit ihrer Ord-
nung und Disziplin einen handgreiflichen Beweis für die
Organisation der Sozialistenpartei in Belgien. Der Genter
Kongreß vom 25. April verlangte die Einführung des
Kollektiv-Eigenthums. Sein politisches Programm ging
auf Abschaffung des Königthums. Auf diesem Kongreß waren

2

111 sozialistische Vereine durch 400 Delegirte vertreten. In Brüssel tagten am 13. Juni 500 Abgeordnete der belgischen Sozialistenpartei .... Zu Beginn des Jahres 1887 schätzte man die Auflage der sozialistischen Blätter in Belgien auf 150000 Exemplare .... Am Ostertage des Jahres 1887 führten die sozialistischen Eltern ihre Kinder, statt sie zur Erfüllung ihrer kirchlichen Pflicht in die Kirche zu begleiten, in das Lokal des „Voruit." Dort erwartete sie der Sozialisten= führer Anseele in schwarzer Kleidung: feierlich nahm er die Kinder in die sozialistische Bruder= schaft auf, und ebenso feierlich hielt er ihnen eine den Umständen angemessene Predigt. Am 6. Sep= tember 1888 wurden die Vertreter des Syndikats der fran= zösischen Arbeiter von den Sozialisten Brüssels begrüßt. Mehr als 3000 Arbeiter sangen die Marseillaise. Volders sagte in seiner Ansprache: „„Die französischen und belgischen Arbeiter eint das Gefühl der Zusammengehörigkeit. Wir fordern unsere Rechte, indem wir rufen: Es lebe die soziale Revolution, es lebe die allgemeine Republik!"" Der fran= zösische Delegirte schloß seine Rede mit den Worten: „Wir haben unsern Floquet, ihr habt euern Leopold. Einer gleicht dem Andern. Der Arbeiter ist es müde, der Sklave eines Despoten zu sein."" Auf dem Marxistenkongreß vom 14. Juli erstattete Volders den Bericht über die Lage der Partei in Belgien. Er glaubte sich zu der Erklärung be= rechtigt, daß sie eine vortreffliche Organisation aufweise, vielleicht eine bessere als jedes andere Land". (Der internationale Sozialismus. S. 66 – 77.)

Auf dies gewiß unverdächtige Zeugniß des katho= lischen Geistlichen lassen wir die Worte von „Genossen" folgen: „In Belgien zählen die Anhänger der Inter= nationalen nach Hunderttausenden. Die soziale Bewe= gung nimmt in diesem Lande riesenhafte Verhältnisse

an. Nirgends sind die Versammlungen häufiger und be=
suchter . . . Die Lütticher „Vereinigung", im Jahre 1869
gegründet, umfaßt: Lüttich, Jüpille, Loring, Ougrec, Til=
leur, Jvoz, Lise, Seraing, Herstal und St. Walburge.
Die „Vereinigung" des Zentrums hat ihren Sitz in Lou=
viere: zu ihr gehören: Louviere, die beiden Houdeng,
Haine — St. Pierre, Carnieres, Fayt, La Hestre, Beson=
rieux, Morlannvelz, St. Aldegonde. Für das Kohlen=
becken von Charleroi wurden 1869 fünf Vereinigungen ge=
gründet, mit fünfzig Sektionen. In Borinage gehörten
schon im Jahre 1868 über 30 000 Arbeiter der Inter=
nationalen an. Das Gebiet von Verviers umfaßt dreizehn
Sektionen. Außerdem bestehen „Vereinigungen" in Brüssel,
Gent, Brügge, Namür, Tournay" (Testut, L'internationale,
S. 183—189). „In Antwerpen hat sich unsere Sache be=
deutend entwickelt . . . Wir haben dort eine flämische
Wochenschrift: „Werker". In Gent gehört der „Werkers=
bond", aus mehreren Genossenschaften bestehend, zur Inter=
nationale: auch in Brügge ist der Anschluß mehrerer
Arbeitervereine an die Internationale erfolgt . . . . Kurz,
die Provinzen von Lüttich und dem Hennegau gehören fast
ganz zur Internationalen. Selbst dort, wo noch kein Mit=
glied der Internationalen hingekommen ist, sprechen die
Arbeiter nur von ihr und hoffen nur auf sie. Unsere
Kräfte sind der Reaktion schon gleich; bald werden wir
stärker sein." (Testut, Le livre bleu de l'Internationale
p. 111. 112. Dies Buch ist im Jahre 1871, also schon
vor 23 Jahren geschrieben.)

„Die Hauptperiode der sozialistischen Arbeiterbewegung
in Belgien beginnt im Jahre 1861 in Verviers, in Lüttich,
in Brüssel, in Gent, überall bilden sich Sektionen der inter=
nationalen Arbeiterassoziation. Von 1869 an nahm die
Bewegung einen außerordentlichen Aufschwung . . . . Im
Jahre 1880 wurde der „Vormit", bald nachher die flä=

mische sozialistische Bewegung gegründet, und endlich vereinigten sich am 5. April 1885 zu Brüssel 100 Arbeiter, welche 59 Organisationen vertraten .... Seit dem Jahre 1888 bilden auch die Studenten und früheren Studenten der Universitäten Gent, Lüttich und Brüssel eine der Organisationen der belgischen Arbeiterpartei." (Emil Vandervelde im „Sozialpolitischen Zentralblatt" 1893, S. 275.) Die sozialistische Zeitschrift „Le Progressive" erklärte im Jahre 1834 in ihrem Programm: „Mögen Andere darauf ausgehen, Regierungen durch Regierungen zu ersetzen ... unser Ziel ist, jede Art von Regierung abzuschaffen." (Karl Grün, die soziale Bewegung in Frankreich und Belgien, S. 29.) Der flämische Sozialist Jakob Kats schrieb im Jahre 1843: „Da die Priester in der Welt beinahe nichts anderes gethan haben, als die Menschen unterdrücken, verführen und betrügen, so sollen hier alle Priester verboten sein." Das wurde in einem Lande geschrieben, das Jahrhunderte lang das Wirken Tausender und aber Tausender von Priestern erfahren hatte, von einem Mann geschrieben, der aus einem erz-katholischen Volke stammt. Das wurde und das ist besonders beachtenswerth, schon in den Jahren 1834 und 1843 geschrieben.

„In der That, ganz Belgien ist heute sozialistisch." (Wyzewa, Le mouvement socialiste en Europe. Paris 1892. p. 170.)

Einiges mag in diesen Worten übertrieben sein; daß aber im Großen und Ganzen die belgischen Zustände zutreffend geschildert sind, wird Niemand bestreiten.

Also der anarchistische Sozialismus hat in einem Volke, das ausschließlich katholisch ist, das seit Jahrhunderten, durch Kirche, Schule und Klöster unter ultramontanem Einfluß steht, eine Verbreitung gefunden, wie kaum in einem andern Land. Die von Haus aus katholisch getauften und erzogenen Arbeiter Belgiens haben sich, ihre Frauen und

Kinder zu antireligiösen, blasphemischen Kundgebungen
hergegeben, wie sie kein anderes Land gesehen hat. Gerade
jene Städte, in denen seit Jahrhunderten die meisten Klöster,
Pfarreien und Kirchen bestehen, sind theils die Zentren des
Sozialismus geworden, theils stark von ihm durchsetzt:
Antwerpen mit 22 Pfarr= und Anstaltskirchen, 75 Pfarr=
geistlichen und 38 Klöstern; Brügge mit 15 Pfarr= und
Anstaltskirchen, 39 Pfarrgeistlichen und 32 Klöstern; Gent
mit 16 Pfarr= und Anstaltskirchen, 62 Pfarrgeistlichen und
27 Klöstern; Mecheln mit 12 Pfarr= und Anstaltskirchen,
28 Pfarrgeistlichen und 23 Klöstern; Löwen mit einer katho=
lischen Universität, 11 Pfarr= und Anstaltskirchen, 27 Pfarr=
geistlichen und 29 Klöstern; Namür mit 9 Pfarr= und An=
staltskirchen, 23 Pfarrgeistlichen und 15 Klöstern; Tournay
mit 9 Pfarr= und Anstaltskirchen, 41 Pfarrgeistlichen und
19 Klöstern; Lüttich mit 38 Pfarr= und Anstaltskirchen,
89 Pfarrgeistlichen und 35 Klöstern. Alle sechs Bischofs=
sitze gehören zu den Hauptherden der religiösen und staat=
lichen Umsturzbewegung; ein besonders unterwühlter Distrikt,
Lüttich, ist ein uraltes Bisthum, seit langer Zeit eine Hoch=
burg der Jesuiten und wird jetzt durch einen sozialistischen
Abgeordneten vertreten, der über den ultramontanen Kan=
didaten siegte, obwohl letzterer durch die gemäßigt Liberalen
unterstützt wurde.

Dies unerfreuliche Bild wird ergänzt durch folgende
authentische Angaben.

Auf Königlichen Befehl vom 15. April 1886 wurde
eine Arbeitskommission eingesetzt, die sich eingehend über
die Verhältnisse der Arbeiterbevölkerung unterrichten sollte.
Sie that dies, indem sie die verschiedensten Fragen an
Personen aller Stände zur Beantwortung schickte. Diese
Fragen und Antworten sind in einem interessanten Band
veröffentlicht. Wir entnehmen daraus Folgendes: „Frage 84:
Neben die Arbeiter Ihrer Gegend einen religiösen Kult, und

welchen?" Es liefen 64 Antworten ein von Behörden,
Fabrikbesitzern und Privatpersonen. Alle Antworten beginnen mit dem Satz: „Unsere Arbeiter sind katholisch;"
nur drei oder vier Mal folgt der Zusatz, daß es auch wenige
nicht=katholische Arbeiter gebe. In 49 Fällen wird nur die
Thatsache bescheinigt, daß die Bevölkerung katholisch sei,
ohne die Ausübung der Religion etwas mitzutheilen: „Ja,
katholisch", „die katholische Religion" und ähnlich. In
15 Fällen findet sich aber die Bemerkung, daß die praktische
Ausübung der katholischen Religion sehr schwach oder auch
gar nicht vorhanden sei: „Nur zu selten sieht man die
Arbeiter ihre Religion ausüben." „Wenigstens $^9/_{10}$ der
Arbeiter leben gar nicht nach ihrer Religion." Was das
Leben der Arbeiter angeht, so ist es als ob sie gar keine
Religion kennten." „Die Hälfte der Arbeiter übt ihre
Religion nicht mehr." Nur zwei Antworten berichten die
eifrige Ausübung der katholischen Religion. „Frage 85:
Hat der religiöse Sinn unter den Arbeitern seit 25 Jahren
sich vermehrt oder vermindert?" Hierauf erfolgten 60
Antworten; von diesen erklären vierundvierzig, daß der
religiöse Sinn „abgenommen", „bedeutend abgenommen",
„ganz aufgehört habe": „Der religiöse Sinn hat sich in
den letzten 25 Jahren um 75 Prozent vermindert." „Der
Katholizismus verschwindet mehr und mehr, und das Frei-
denkerthum kömmt auf." „Versteht man unter religiösem
Sinn den Glauben an die katholischen Dogmen, so liegt
es auf der Hand, daß dieser Glaube mehr und mehr ab-
handen kommt (Réponses au Quéstionaire concernant
le travail industriel. Bruxelles 1887. Vol. I, pp. 1007 ff.).
Nur für drei Orte wird ein Wachsen des religiösen Sinnes
angegeben. Von der Arbeiterbevölkerung des „ultramontanen" Antwerpen heißt es, religiöser Sinn sei nicht
vorhanden. „Frage 86: Was halten Sie von der Moralität Ihrer Arbeiterbevölkerung?" Charakteristisch ist die

Antwort eines religiösen Vereins aus der „ultramontanen"
Stadt Lüttich mit seinen 35 Klöstern und 38 Kirchen:
„Unsere Antwort ist wenig tröstlich. Das Niveau der
Moralität hebt sich nicht, sondern sinkt täglich (il décroit
tous les jours). Die Listen unseres Vereins führen gegen=
wärtig 498 uneheliche und einige hundert ehebrecherische
Verbindungen auf . . . aber diese Ziffer giebt noch lange
nicht den wahren Thatbestand. . . . Ueber die Prostituirten,
die Kellnerinnen und Straßendirnen möge der Schleier
fallen." Von Antwerpen heißt es: „Im Jahre 1884 kamen
auf 6469 legitime, 1104 illegitime Geburten gegen 954 des
Vorjahres": also eine Zunahme von 50. Ueber Verviers
schreibt ein Beamter: „Die Moralität der Arbeiterbevölkerung
ist sehr schlecht" (extrêmement mauvaise). Ueber Brüssel
lautet der Bescheid: „Neun zehntel der Kinder sind illegitim."
„Die Moralität ist abscheulich." (Réponses, Vol. I. p.
1013 ff.)

Das sind die Früchte eines Zeitraums von 25 Jahren,
während dessen sich die Klöster von 1314 auf 1784 und
ihre Bewohner von 18 162 auf 30 098 vermehrt haben.

Ueber den effektiven Bestand der belgischen Sozial=
demokratie bieten uns die Wahlen vom Oktober 1894 un=
anfechtbares Material.

Zum ersten Mal trat das allgemeine Stimmrecht in
Kraft. Wer 25 Jahre alt ist und ein Jahr in derselben
Gemeinde wohnt, hat für die Kammerwahlen eine Stimme;
wer 35 Jahre alt, Familienvater oder Wittwer ist und
mindestens 5 Frcs. direkter Steuern bezahlt, wer 25 Jahre
alt ist, Liegenschaften im Werthe von 2000 Frcs. oder eine
Rente von 100 Frcs. besitzt, hat zwei Stimmen; wer aka=
demisch gebildet ist oder überhaupt eine höhere Bildung
besitzt, hat eine Stimme weiter. Es giebt jetzt: Kammer=
wähler mit einer Stimme 853 228, mit zwei Stimmen
293 678, mit drei Stimmen 223 381, zusammen 1 370 687

Wähler mit 2 111 127 Stimmen. Da unter der Herrschaft des Zensus nur 138 000 Bürger das Wahlrecht für die Kammer besaßen, so treten jetzt rund 1 230 000 Bürger zum ersten Male an die Wahlurne. Die Abstimmung ist obligatorisch; wer ohne stichhaltigen Grund ausbleibt, wird vom Friedensrichter mit einem Verweise und einer Geld= strafe von 1 bis 3 Frcs. gestraft.

Am 14. Oktober 1894 wurden, auf die einzelnen Parteien vertheilt, folgende Stimmen abgegeben: 915 000 klerikale, 553 000 liberale, 318 000 sozialistische und 31 000 dissidirende. Es stehen also 882 000 antiklerikale den 915 000 klerikalen Stimmen gegenüber. Dabei ist zu be= merken, daß von den 915 000 klerikalen viele Plural= Stimmen sind, d. h. ein Wähler giebt zwei oder drei Stimmen ab, sodaß 915 000 Stimmen nicht 915 000 Wähler, sondern weit weniger repräsentieren. Umgekehrt werden unter den 318 000 sozialistischen Stimmen kaum einige Plural=Stimmen sich befinden. Fast die Hälfte der katholischen Wähler hat sich also gegen den Ultramontanismus entschieden, trotz ultramontaner Vergangenheit, ultramontaner Geistlichkeit, ultramontaner Schulen und ultramontaner Klöster, trotz der intensivsten Bearbeitung durch Hirtenbriefe, Predigten und Missionen. In Lüttich, das seit Jahr= hunderten ein Hauptwirkungskreis der Jesuiten ist, ge= wannen die Klerikalen nur 67 800 Stimmen gegen 86 200 der Sozialdemokraten und 57 600 der Liberalen. Im Hennegau, einem urkatholischen Distrikt, stehen 133 700 Sozialdemokraten und 107 900 Liberale den 125 900 Klerikalen gegenüber. Mit einem Schlage haben die Sozialdemokraten Belgiens 33 Sitze in der Kammer und 57 in den Provinzialräthen erobert.

Als am 15. August 1886 20 000 demonstrirende Sozialisten durch die Straßen von Brüssel zogen, frug der „Courrier de Bruxelles": „Woher kommen diese Legionen,

die die Feldzeichen der kosmopolitischen Revolution auf=
pflanzen, unseren Einrichtungen, unseren Altären, unseren
Familien und der gesammten gesellschaftlichen Ordnung als
offene Feinde sich gegenüberstellen?"

Angesichts der letzten Wahlen ist diese Frage aufs
neue am Platz. Die Antwort lautet: diese „Legionen"
kommen aus einem urkatholischen Volke, aus einem
Lande, in dem die katholische Kirche seit Menschengedenken
geherrscht hat, in dem alle Einrichtungen des Ultra=
montanismus aufs reichlichste vertreten sind. Die ultra=
montane Presse schiebt dem „gottlosen Liberalismus" die
Schuld an dem sozialistischen Unheil zu. Ein ultramontanes
Blatt schrieb: „Die sozialistischen belgischen Wähler sind
ebenso wie in Deutschland durch die gottlosen, glaubens=
feindlichen Lehren (des Liberalismus) entstanden und in
Belgien besonders zur Zeit der religionslosen Staats=
schulen herangewachsen." Nun sind ja gewiß „gottlose,
glaubensfeindliche Lehren" der beste Nährboden für die
Sozialdemokratie, und solche Lehren stehen, das ist auch
zuzugeben, in Belgien in höchster Blüthe. Aber wie war
es denn möglich, daß der „atheistische Liberalismus" gerade
in Belgien so mächtig und weit verbreitet wurde, in Belgien
mit seiner urkatholischen Bevölkerung, und seinen ur=
katholischen Traditionen und Einrichtungen? Beweist das
nicht schlagend, daß der Ultramontanismus seine viel=
hundertjährige Herrschaft dem „atheistischen Liberalismus"
gegenüber nicht behaupten konnte? Man mag also immer=
hin den Liberalismus als den Vater der belgischen Sozial=
demokratie bezeichnen, es ist die Ohnmacht des im Besitz
sich befindenden Ultramontanismus, der das Wachsen dieses
Vaters und seines Sohnes nicht hindern konnte. Was
aber die Behauptung betrifft, „die konfessionslose Staats=
schule habe die Sozialisten großgezogen", so ist sie einfachhin
unwahr. Von 1842 bis 1879 bestand in Belgien ein

Unterrichtsgesetz, das der Geistlichkeit den weitgehendsten Einfluß auf die Volksschule gewährte. In dieser langen Periode von 36 Jahren sind zahlreiche von Geistlichen und Ordensleuten geleitete Schulen aller Art entstanden.*)

Erst im Jahre 1878 hat die damalige liberale Regierung die konfessionslose Staatsschule eingeführt, aber unter Wahrung der Unterrichtsfreiheit, ohne die ultramontanen Schulen und Anstalten abzuschaffen oder auch nur den Religionsunterricht in den Staatsschulen zu verhindern. Diese konfessionslosen Schulen bestanden nur fünf Jahre bis zum Jahre 1884. Die damals ans Ruder gekommene ultramontane Regierung hob sie wieder auf, gab ihren eigenen Schulen das Oeffentlichkeitsrecht und wendete ihnen die staatlichen Zuschüsse zu. Wer also vom Jahre 1879 bis 1884 als sechs- und elfjähriger Knabe die konfessionslose Staatsschule besuchte, ist im Jahre 1894 erst einundzwanzig Jahre alt, und somit, da das belgische Wahlrecht mit dem vollendeten 25. Lebensjahr beginnt, noch garnicht wahlberechtigt. Von den sozialdemokratischen „Legionen", die im Oktober an der Wahlurne erschienen, ist also kaum einer aus der konfessionslosen Staatsschule, sondern alle sind, soweit sie überhaupt eine Schule besucht haben, aus der katholischen Volksschule hervorgegangen.

Das Land, das man mit Recht das Land der Klöster und des Klerus nennen kann, ist zum Eldorado des Umsturzes geworden. Wer will, angesichts der belgischen Thatsachen, noch die Behauptung aufrechterhalten, daß der Ultramontanismus mit seinen Klöstern das Allheilmittel gegen die sozialen Uebel sei?

*) Ein eigenthümliches Licht auf die Früchte der ultramontanen Volksschule wirft auch die Thatsache, daß im Jahre 1890 in Belgien 9460 Kinder unter 16 Jahren strafrechtlich oder polizeilich verurtheilt wurden; 89 pCt. der Bettler in Belgien waren als Kinder in Korrektionshäusern und Strafanstalten (Revue sociale et politique. 1893. S. 520.

Was ist der Grund, daß der belgische Ultramontanismus
aufs höchste entwickelt und scheinbar übermächtig in seiner
äußeren Erscheinung, so machtlos und schwach dem
Liberalismus und besonders dem Sozialismus gegen=
über sich erwiesen hat?

Es liegt das im Entwicklungsgang des neueren
Katholizismus überhaupt. Die heilkräftigen Elemente der
Religion sind in ihm zurückgedrängt, und äußeres Wesen
und Schablone ist an ihre Stelle getreten. Prächtige Kirchen,
glänzender Gottesdienst, prunkvolle religiöse Festlichkeiten,
lärmende und mit Reklame inszenirte Versammlungen, das
ist die Signatur des heutigen Katholizismus fast in allen
Ländern, und besonders in Frankreich, Italien, Spanien
und Belgien, den ultramontanen Ländern par excellence.*)

Es ist ein historisches Faktum und gereicht der katho=
lischen Kirche zu unvergänglichem Ruhm, daß die großen
religiösen Orden des Mittelalters, die Franziskaner und
Dominikaner, aus tief innerlicher, wahrhaft religiöser Be=
wegung und Begeisterung heraus geboren wurden, voll
apostolischer Einfachheit und Armuth, nur getragen von
reinster Gottes= und Nächstenliebe. Und eben deshalb sind
sie auch Quellen reichsten Segens und echt reformatorischer
Erfolge gewesen. Allein seitdem sind über 600 Jahre ver=
flossen, und auch die Orden der katholischen Kirche sind

*) Die ultramontane Presse hat sich darüber aufgehalten, daß Frank=
reich u. s. w. „ultramontane Länder par excellence“ genannt werden,
und sagt, es sei doch bekannt, daß diese Länder von gottlosen Lehren
aller Art durchseucht seien, daß in ihnen der Geist Voltaires herrsche.
Gewiß, aber gerade diese Thatsache zeugt gegen den Ultramontanismus.
Er hat trotz seines vielhundertjährigen Besitzstandes mit allen seinen
Mitteln in einer ausschließlich katholischen Bevölkerung es nicht vermocht,
diese gottlosen Lehren und den voltaireschen Geist in diesen Ländern fern
zu halten. Sie sind „ultramontan par excellence“ weil sie eine nur
katholische Bevölkerung mit dem ganzen Apparat der ultramontanen Kirche
besitzen.

hineingezogen worden in den Strom der Veräußerung und der
Schablone, des religiösen Flitters und der Reklame. Nicht
als ob der Einzelne, der in einen Orden tritt, nicht meistens
dies thäte aus tief innerlichen, religiösen Beweggründen:
nein, eine ganze Unsumme echt evangelischer Frömmigkeit
bringen die Ordenskandidaten mit, aber durch ihren Ein=
tritt entäußern sie sich gleichsam dieses unschätzbaren
Kapitals, sie übergeben es dem Orden und seinem System,
und diese Orden sind ihren Zielen und vor allem ihren
Mitteln nach verweltlicht, in dem Sinne, daß sie auf den
äußeren Erfolg, auf die Zahl ihrer Mitglieder, die Zahl
ihrer Niederlassungen, die Pracht ihrer Kirchen und selbst
auf den materiellen Gewinn ihrer religiösen Thätigkeit das
Hauptgewicht legen. Aus den religiösen Orden sind viel=
fach religiöse Konkurrenz=Geschäfte geworden, die sich gegen=
seitig überbieten in Anpreisung ihrer Vorzüge, ihrer Erfolge,
ihrer Vortheile, die wie ein großes Handelshaus mit hoch=
müthiger Eitelkeit die Jahresbilanz ihrer „guten Werke“
ziehen, und voll prahlerischer Selbstgefälligkeit die Zahl der
gehaltenen Gottesdienste und Predigten, die Namen ihrer
vornehmen und reichen Klienten, das Lob und die Aus=
zeichnungen, die ihnen geworden, in ihre Jahrbücher ein=
tragen. Aber gerade deshalb auch die Unfruchtbarkeit an
innerlichem, dauerndem Heilerfolg. Es erheben sich pracht=
volle Kirchen und Kapellen, herrliche Gemälde, vergoldete
Altäre entzücken das Auge, um die Kanzeln renommirter
Prediger sammelt sich eine elegante Zuhörerschaft, die
„Sprachzimmer“ der Klöster werden nicht leer von Be=
suchern: in großartigen Erziehungsanstalten werden die
Söhne und Töchter des Landes von den in der Jugend=
erziehung berühmtesten Orden herangebildet, tausende von
Männern und Frauen — künftige Familienväter und
Mütter — gehen aus ihnen hervor, aber die Genußsucht
und Frivolität, die Glaubens= und Sittenlosigkeit nimmt

gerade dort am meisten zu, wo dieser Ultramontanismus in höchster Blüthe steht; nicht durch ihn, aber trotz seiner. So war es im vorigen Jahrhundert in Frankreich, als die aus der Fäulniß und Widerstandslosigkeit der damaligen Gesellschaft entstandene Revolution, den äußerlich glänzenden ultramontanen Aufbau vom Erdboden fegte; so ist es heute in Belgien, wo die sozialdemokratischen „Legionen" unter den Fenstern der hunderte von Kirchen und Klöstern ihren Parademarsch in die Kammer antreten.

## II.

## Die Wunderberichte des Bischofs von Trier.

Im Laufe des Sommers ist eine Schrift erschienen, die nicht die verdiente Beachtung gefunden hat: „Wunder und göttliche Gnadenerweise bei der Ausstellung des heiligen Rockes zu Trier im Jahre 1891. Aktenmäßig dargestellt von Dr. M. Felix Korum, Bischof von Trier."

Also ein offizieller, authentischer Wunderbericht! Ein Ereigniß ersten Ranges!

Wie? Kann man sich denn ernsthaft mit Wundern und Wunderberichten abgeben? Ganz gewiß. Das Wunder hängt mit den tiefsten Problemen des Menschengeistes zusammen.

Wer zum Wunder Stellung nehmen will — gleichviel ob bejahend oder verneinend —, ist gezwungen, nicht nur seinen Gottesglauben oder Atheismus zu bekennen, sondern sich auch klar zu werden, über den Inhalt seines Gottesbegriffes, und über das Warum? seines Atheismus; über das Woher? der Welt, über den Werth und die Bedeutung der Naturgesetze: Alles hoch philosophische Fragen.

Wir unsererseits stehen auf dem Boden des vielverlachten Wunderglaubens, d. h. wir erkennen den Begriff des Wunders als einen in sich durchaus rationellen an und geben die Möglichkeit des thatsächlichen Vorkommens von

Wundern und ihre Nachweisbarkeit zu. Auf diesem Boden stehen weitaus die meisten Anhänger einer positiv=christlichen Weltanschauung. Sie fassen den persönlichen Gott als in lebendiger Wechselbeziehung zu der von ihm geschaffenen Welt auf, und diese Auffassung führt sie zu der Erkenntniß, daß dieser Gott sich weder des Rechts noch der Fähigkeit begeben hat, in die von ihm verursachte Weltordnung und ihre Gesetze nach freiem, aber stets höchst weisem Ermessen einzugreifen. Das aber ist das Wunder: eine von Gott als unmittelbarer Ursache innerhalb der sichtbaren Natur ver= anlaßte und als solche erkennbare Wirkung.

Somit ist das Wunder, vom Standpunkt vieler Milli= onen Christen aus betrachtet der sinnenfällige Beweis für die Existenz eines persönlichen Gottes, eines Schöpfers und Regierers der Welt.

Welch ein Ereigniß ist es also, mit vollem Bewußtsein einen Wunderbericht, als authentisch und offiziell, der Oeffentlichkeit zu übergeben! Welch eine Gelegenheit für den Vertheidiger der christlichen Weltanschauung, dem Atheismus, Pantheismus, Deimus, dem Materialismus und Ratio= nalismus einen wahrhaft tödtlichen Streich zu versetzen!

Das waren die Gedanken, mit denen wir die oben genannte Schrift zur Hand nahmen und lasen. Und als wir zu Ende waren, da überkam uns ein bitteres Gefühl der Enttäuschung.

Also das ist die „aktenmäßige" Darstellung von Wundern? Auf diese Weise vertheidigt ein Doktor der Theologie und Bischof eine der wichtigsten Positionen des Christenthums? Dem Hohn und Spott setzt er es aus, und mit Lachen wird die moderne Wissenschaft auf sein Buch hinweisen als auf einen neuen, schlagenden Beweis für die Leichtgläubigkeit und Oberflächlichkeit kirchlicher Wissenschaft, und für den „Köhlerglauben" christlicher Kreise.

Und doch, der Wunderglauben ist kein „Köhler=

glauben"; ja streng genommen, soll er gar kein Glauben, sondern ein Wissen sein. Denn bei Annahme eines Wunders spielt der Glaube nur dann und nur in soweit eine Rolle, als die Kenntniß von der wunderbaren Thatsache durch das Zeugniß anderer vermittelt wird. Das aber hat nichts mit religiösem Glauben zu thun, sondern das ist der Glaube, auf dem die Annahme eines jeden geschichtlichen Ereignisses für jeden beruht, der nicht selbst Zeuge des Ereignisses war, sondern es auf die glaub= würdige Aussage anderer hin annimmt. Das Wunder ist nämlich ganz auf die gleiche Art zu beweisen, wie irgend ein anderes historisches Faktum.

Zu beweisen? Jawohl; auch das Wunder und ge= rade das Wunder muß bewiesen werden.

In jedem Wunder ist ein Doppeltes zu unterscheiden: die Thatsache selbst und ihr Wundercharakter. Erstere muß durch die fünf Sinne wahrgenommen werden, letztere muß sich als Folge logischen Denkens ergeben. Aus diesen zwei Faktoren, Sinneswahrnehmung und Verstandesurtheil setzt sich aber der Beweis für jede empirisch=historische That= sache zusammen.

Liegt eine Thatsache vor, deren Ursache der Mensch oder irgend eine andere natürliche Kraft ist, so hat diese Thatsache keinen Wundercharakter, ist aber Gott ihre un= mittelbare Ursache gewesen, so ist es ein Wunder. Ob aber Gott eine Wirkung unmittelbar verursacht hat, das wird erkannt entweder aus der Thatsache in sich, wenn sie der= artig ist, daß keine natürliche Kraft sie hervorbringen kann, oder aus den sie begleitenden Umständen; und nur wenn die sichere Erkenntniß von der unmittelbar göttlichen Ein= wirkung vorhanden ist, ist der Wundercharakter, d. h. das Wunder konstatirt.

Das sind Erörterungen, die allerdings nur für den Sinn und Bedeutung haben, der gemäß seines Gottes=

begriffes die Möglichkeit eines Wunders zugiebt. Allein auch für den Wunderleugner haben diese flüchtigen An= deutungen wenigstens den Werth, daß sie ihm zeigen, daß die Annahme eines Wunders doch nicht so ganz ohne Denken und Logik vor sich geht.

Je wichtiger aber die Stellung des Wunders inner= halb der positiv=christlichen Weltanschauung, je folgen= schwerer seine Anerkennung für den menschlichen Geist ist, um so gebieterischer ist auch dem Wunder gegenüber die Beweispflicht.

Und wie ist dieser Pflicht der Bischof von Trier nach= gekommen? Einfachhin gar nicht. Er legt uns „Akten" vor, aber wie sie da liegen sind sie vollständig werthlos: er spricht von „Beweisen", aber, was er thatsächlich bietet, ist nicht einmal der Versuch eines Beweises, sondern dessen leerer Schein.

Ich will nicht mißverstanden werden, und so erkläre ich ausdrücklich, nicht gegen den zu Trier ausgestellten h. Rock, auch nicht gegen Wunder, die bei Gelegenheit dieser Ausstellung sich etwa ereignet haben können, wende ich mich, sondern ich wende mich gegen die vom Bischof von Trier beliebte Darstellung solcher Wunder und gegen den Mißbrauch, den er mit diesem Wort und Begriff ge= trieben hat. Und noch gegen einen andern Mißbrauch.

Fast nichts ist dem gläubigen Christen geläufiger und vertrauter, als das Wunder: es anzunehmen ist er sehr geneigt. Zumal der Katholik.

Die Wallfahrten, die Gnadenorte, die Heiligenverehrung, die im Leben des Katholiken eine so hochbedeutsame Rolle spielen, haben den Wunderglauben zur Voraussetzung. Wer je eine berühmte katholische Wallfahrtskirche betreten und dort die zahlreichen Votivtafeln und Votivgeschenke aus allen Ländern, von Personen aller Stände gesehen hat, weiß dies. Jeder weiß ferner, welches Ansehen in der katholischen Bevölkerung ein Bischof genießt.

Tritt nun ein Bischof vor das katholische Volk und erklärt, mit Berufung auf die durch das Konzil von Trient dem Bischof auferlegte Pflicht, die Wunder zu konstatiren, eine ganze Reihe von Ereignissen für Wunder und legt er für ihre Echtheit und Glaubwürdigkeit sein bischöfliches Wort und Ansehen in die Wagschaale, so ist die Wirkung eine ungeheuere und unfehlbar sichere. Das katholische Volk nimmt diese Ereignisse als Wunder an, erblickt in ihnen Gottes Verherrlichung und ebenso viele neue Beweise für die Wahrheit der katholischen Kirche. Und das wird geschehen prima vista, ohne weitere Prüfung, fast blind= lings. Ist es da nicht ein Mißbrauch der bischöflichen Stellung, ein Mißbrauch des diesem Amt vom katholischen Volke entgegengebrachten blinden Vertrauens, eine ganze Reihe von „Wundern" der katholischen Welt vorzulegen, sie mit dem Schein von „aktenmäßigen" Beweisen zu stützen, in Wirklichkeit aber nicht die Spur eines wahren Beweises zu erbringen? Und wenn man weiß, welch tiefe seelische Erregung in gläubig katholischen Herzen das Wunder her= vorruft, wie der Bericht über ein Wunder bei Kranken und Leidenden, in Hütten und Palästen, aufflammende Hoff= nungen erweckt, dann erscheint es doppelt verwerflich, diese Erregungen und Hoffnungen durch Wunderberichte zu ver= anlassen, die in sich keinen Werth besitzen, die in keiner Weise den Ansprüchen genügen, die auch der gläubige, aber denkende Mensch in Bezug auf solche Berichte zu stellen berechtigt ist.

Hierin liegt die Bedeutung der bischöflichen Schrift. Nicht also das, was sie bietet, macht sie der Beachtung werth; leider, nein, sondern Beachtung verdient sie, wegen des Mangels alles dessen, was sie bieten müßte. Und diese Beachtung hat sie nicht gefunden. Die katholische Presse

hat die Schrift natürlich gelobt, wenn auch beim klügeren
Theil selbst dieser Presse das Lob sehr homöopathisch und
diplomatisch gespendet wurde. Die nichtkatholische Presse hat
in einzelnen Tagesblättern, in schnell gelesenen und schnell
vergessenen Zeitungsartikeln sich mit ihr beschäftigt, und da=
mit war es gut. Das Versäumte wird hier nachgeholt.

Man wird mir Impietät vorwerfen und diese Zeilen
zu einem Angriff auf die katholische Kirche stempeln. Weder
das Eine noch das Andere ist der Fall.

Wenn ein Bischof öffentlich als Schriftsteller auftritt,
dann darf jeder, auch der gläubigste und pietätvollste Katholik
das Recht der öffentlichen Kritik üben. Geschähe dies nur
öfter, und hätten gebildete Katholiken nur den Muth, ver=
dienten Tadel laut werden zu lassen gegen so manches
schriftstellerische Erzeugniß kirchlich hochgestellter Personen!
Aber von jenem Freimuth, den das christliche Alterthum
kannte, weiß der heutige Katholizismus nichts. Die Wunder
von Trier und die Art sie zu beweisen, gehören nicht zum
Dogma der katholischen Kirche. Man kann sie glauben oder
nicht und doch ein guter Katholik bleiben. Wie sollte da
eine Kritik über ihre „Beweise", ein berechtigter Tadel über
die Haltlosigkeit und Leichtfertigkeit dieser „Beweise", zum
Angriff gegen die Kirche werden? Nein, alle Nebenabsicht
liegt mir vollständig fern. Ein Buch ist erschienen, das
einen hochbedeutsamen, die Fundamente der Religion und
des Christenthums berührenden Gegenstand behandelt. Der
wissenschaftliche Werth dieser Schrift soll geprüft werden,
weiter nichts.

Die Schrift zerfällt in vier Theile: Vorwort, Einleitung,
Wunderbare Heilungen und Gnadenerweise.

Aus dem „Vorwort" seien einige Stellen hervorgehoben.
Seite 4 und 5: „Nachdem wir zur größeren Sicherheit
über den Zustand der Geheilten nochmaligen Bericht ein=
gefordert, haben wir das ganze Aktenmaterial einer Kom=

3*

miſſion von Aerzten und Theologen unterbreitet. Das Er=
gebniß der Unterſuchungen und Berathungen (dieſer Kom=
miſſion), welche im Laufe des letzten Sommers ſtattfanden,
glaube ich nicht länger vorenthalten zu dürfen. Um dem
Leſer eine ruhige, allſeitige Prüfung zu ermöglichen, laſſe
ich, ſoweit es angeht, die Akten ſelbſt folgen und begnüge
mich, am Schluße eines jeden Falles das Urtheil der
Kommiſſion beizufügen. Im erſten Theile des Berichts
werden nur Heilungen erwähnt, welche von der Kommiſſion
als unzweifelhafte Wunder bezeichnet worden ſind.“

Alſo eine „Kommiſſion von Aerzten und Theologen“
hat die Wunder unterſucht und ſie beſtätigt. Wie muß dieſe
Behauptung nicht die Zuverſicht ſtärken, mit der dieſe
Wunderberichte aufgenommen werden? Hier iſt ja die An=
kündigung eines ſtreng wiſſenſchaftlichen, fachmänniſchen
Beweiſes. Leider iſt dieſe Ankündigung, wie ſich heraus=
ſtellen wird, eine leere nichtsſagende Behauptung. Das
Schild mit den Worten: Beweis, Kommiſſion, Wiſſenſchaft,
wird ausgehängt; aber das, was dieſen Worten zu Grunde
liegen muß, fehlt. Und ſo wird dieſer Satz der biſchöflichen
Schrift, ob gewollt oder nicht, zur — Reklame.

Eine längere Beſprechung würde die „Einleitung“ er=
fordern. Sie behandelt „das Wunder im Allgemeinen“,
„die Erkennbarkeit des Wunders“ und „die Beweiskraft
des Wunders“. In gänzlich unzulänglicher, rein kom=
pilatoriſcher Weiſe werden dieſe hochwichtigen Kapitel auf
einundzwanzig Seiten abgethan. Auch an Unrichtigkeiten
fehlt es nicht. Doch es ſoll hier keine theologiſche Ab=
handlung geſchrieben werden, und deshalb gehen wir gleich
zum dritten und Haupttheil der Schrift, den „wunderbaren
Heilungen“ über.

Elf ſolcher Heilungen werden „aktenmäßig dargeſtellt.“
Das äußere Schema dieſer Darſtellung iſt in allen Fällen
ſo ziemlich das gleiche: 1. Ein „pfarramtliches Atteſt“ über

die Lebensführung und Krankheit der geheilten Person; 2. „Aerztliche Atteste"; 3. das „Gutachten der Kommission". In einzelnen Fällen sind noch andere Aktenstücke beigefügt, aber die erwähnten bilden naturgemäß die Hauptsache.

Bleiben wir zunächst beim „Gutachten der Kommission". Dieser fachmännischen „Kommission", aus „Aerzten und Theologen" bestehend, ist „das ganze Aktenmaterial" unterbreitet worden; ihr „Gutachten" ist also der entscheidende Faktor bei der Frage: Wunder oder kein Wunder? Es ist der Schwerpunkt des ganzen bischöflichen Wunderberichtes. Und was finden wir? Etwas in der That Unglaubliches: eine namenlose Kommission, ein namenloses Gutachten!

Ist es nicht das aller elementarste Erforderniß bei Aufstellung eines Beweises, auf dem das ganze Schwergewicht ruht und ruhen soll, daß wenigstens die Möglichkeit der Nachprüfung und die Möglichkeit der Beurtheilung seines inneren Werthes gegeben ist? Sonst wird ja solcher „Beweis" zur bloßen Behauptung. „Aerzte und Theologen"! Ganz wohl, aber die Namen, die Namen dieser „Aerzte und Theologen"! In einer so hochwichtigen Angelegenheit, wie diese Wunderberichte sind, ist gar kein Grund denkbar der das Verschweigen der Namen rechtfertigen könnte. Oberste Pflicht wäre es gewesen, die Namen kund zu thun.

Wir wollen diesen „Aerzten und Theologen" gewiß nicht zu nahe treten; aber Jedermann weiß, daß es auch unter Aerzten und Theologen Stümper und Ignoranten giebt. Wir wollen nicht behaupten, daß der Bischof von Trier in seine „Kommission" solche Stümper und Ignoranten berufen hat. Aber, wenn er will, daß durch das Gutachten einer fachmännischen Kommission ein Wunder bewiesen sein soll, dann muß er durch die Nennung der Namen dieser Fachleute, dem Leser die Möglichkeit geben, sich ein Urtheil über die fachmännische Befähigung der Betreffenden zu bilden. Sonst bedeutet das „Gutachten einer

Kommission" rein gar nichts; es erweckt den Schein eines
Beweises, ist aber in sich gänzlich werthlos, und die
Wunderberichte ruhen, trotz dieses fachmännischen Gut=
achtens und wegen seiner Namenlosigkeit, einzig und allein
auf dem Namen des Bischofs von Trier, der sie ver=
öffentlicht hat. Dr. Korum wird aber nicht von sich be=
haupten wollen, daß sein Name und sein Ansehen als
Beweis für ein Wunder genügt. So lange diese Namen
nicht genannt werden, oder ein durchschlagender Grund für
ihr Verschweigen nicht angegeben wird — wir halten aber
einen solchen Grund für undenkbar —, so lange wird sich
als Grund für dies Verschweigen das folgende Entweder
— Oder aufdrängen: entweder wagte der Bischof von
Trier, wegen der mangelnden wissenschaftlichen Befähigung
seiner Kommissionsmitglieder, es nicht, ihre Namen zu ver=
öffentlichen, oder die „Aerzte und Theologen" wagten es
nicht, mit ihren Namen ein Wunder zu vertreten. Beides
aber ist für die Wissenschaftlichkeit und damit auch für die
Glaubwürdigkeit der bischöflichen Wunderberichte vernichtend.

Der formelle Werth dieser namenlosen „Gutachten"
als Beweismittel für die Wunder, ist also gleich Null,
etwa wie in einem Prozeß ein Aktenstück ohne Datum und
Unterschrift. Doch auch ihr materieller Inhalt giebt zu
den schwersten Bedenken Anlaß.

Will ein Arzt darüber ein Zeugniß ausstellen, daß die
Heilung einer Krankheit durch ein ganz bestimmtes Heil=
mittel erfolgt sei, so wird er in diesem Zeugniß mit mög=
lichster Deutlichkeit auch gerade dieses Mittel als Heilursache
hervorheben, und je weniger klar und bestimmt diese Her=
vorhebung geschieht, um so weniger wird man sich davon
überzeugt halten, daß die Heilung wirklich und einzig durch
dieses Mittel herbeigeführt sei.

Was finden wir nun bei den vorliegenden „Gutachten"?
Sie sollen das endgültige, entscheidende Urtheil enthalten

über die Thatsächlichkeit eines Wunders. Es müßte also,
seiner Natur und Bestimmung nach, dieses Urtheil klar,
deutlich und bestimmt den Wundercharakter der einzelnen
Heilungen hervorheben; es dürfte in seiner Ausdrucksweise
auch nicht die leiseste Unentschiedenheit über die über=
natürliche Ursache der Heilung bemerkbar sein. Statt dessen
finden wir in keinem einzigen dieser „Gutachten" das Wort
„Wunder" oder „wunderbar" auch nur genannt; alle sind
mehr negativ als positiv formulirt und einzelne sogar mit
Zusätzen wie: „wir glauben", „es scheint" versehen: „Mit
Rücksicht auf die vorliegenden ärztlichen Zeugnisse glauben
die Sachverständigen, daß die Heilung des Kindes sich
nicht auf natürliche Weise erklären lasse" (S. 63). „Die
Sachverständigen glaubten, eine natürliche Ursache der
konstanten Heilung des schweren Leidens, für welches es
sichere Heilmittel nicht giebt, nicht annehmen zu können"
(S. 54). „Eine natürliche Erklärung der Heilung erscheint
ausgeschlossen (S. 36). „Die Sachverständigen können diese
plötzliche Heilung eines dem Anschein nach unheilbaren
Uebels auf natürliche Weise nicht erklären" (S. 40). „Wenn
man auch darüber im Zweifel sein kann, ob die Darm=
erkrankung eine tuberkulöse war, so erscheint doch die
vollständige und auffallend rasche Heilung von dem schweren
Leiden auf natürlichem Wege nicht erklärlich" (S. 68).

Wenn also nicht einmal die ad hoc eingesetzte
„Kommission" sich positiv zu einem Wunder bekennt, und
in fünf unter elf Fällen nur ein schwankendes Urtheil ab=
giebt, wo bleibt denn da die rationelle Unterlage für die
Sicherheit, mit der Dr. Korum die Heilungen als Wunder
hinstellt? Wie kann der Bischof von Trier mit Wahrheit
und Aufrichtigkeit versichern, daß er im ersten Theile seines
Berichts nur Heilungen erwähne, welche von der
Kommission als unzweifelhafte Wunder bezeichnet
worden sind (S. V)?! Diese bischöfliche Versicherung

wird durch die Worte der namenlosen Kommission selbst
auf das Deutlichste dementirt.

Ein „Gutachten", das zehnte, muß noch besonders
hervorgehoben werden: „Die Sachverständigen erklären,
daß in solchen Fällen bei Kindern spontane Heilungen
öfter vorkommen, nur sei die schnelle Heilung im An=
schluß an das Gelübde vom ärztlichen Standpunkte
unerklärlich" (S. 74).

Ausdrücklich wird also für diesen Fall die Möglichkeit
einer spontanen natürlichen Heilung zugegeben und mit
keinem Worte angedeutet, daß diese Möglichkeit hier nicht
zur Wirklichkeit geworden sei. Von einem Zeugniß für ein
geschehenes „Wunder" ist nicht die Spur vorhanden.
„Unerklärlich" bleibt der „Kommission" nur die „schnelle
Heilung im Anschluß an ein Gelübde". Zunächst ist zu
bemerken, daß in den „Aktenstücken", die über diesen Fall
auf Seite 71--74 mitgetheilt werden, mit keinem Worte
ein „Gelübde" erwähnt wird. Der Leser ist also garnicht
in der Lage, beurtheilen zu können, welcher Natur dies
„Gelübde" war und wie es mit der Krankheit und ihrer
Heilung zusammenhing. Ferner kann der Ausdruck „im
Anschluß an das Gelübde" nur den Sinn haben, daß das
„Gelübde" der Heilung zeitlich vorherging, und diese dem
„Gelübde" zeitlich folgte. Wir hätten es also hier im
besten Falle mit einem „Gutachten" über ein post hoc
zu thun, während dies „Gutachten" lauten sollte über ein
propter hoc.

Soviel über den formellen Werth und den materiellen
Inhalt der „Gutachten" der Kommission von „Aerzten und
Theologen", auf denen — um das nochmals zu wieder=
holen — die ganze Glaubwürdigkeit und Beweiskraft der
bischöflichen Schrift ruht.

Wenden wir uns jetzt den übrigen „Aktenstücken" zu;
am meisten interessiren natürlich die „ärztlichen Atteste".

Billigerweise hätte man erwarten müssen, daß in
allen elf Fällen das „ärztliche Attest" vor und nach der
Heilung mitgetheilt werde. Nun aber fehlt in zwei Fällen
(S. 41 - 51 und S. 53—54) der ärztliche Befund nach
der Heilung, worauf es doch besonders ankommt, voll=
ständig. Wir haben für diese Fälle nur die fachmännische
Bescheinigung der Krankheit, nicht aber die fachmännische
Bescheinigung ihrer Heilung. Das „Aktenmaterial" erweist
sich also für die Beurtheilung dieser beiden Fälle als un=
zureichend, sie können nicht beanspruchen, als erwiesene
Wunder aufgeführt zu werden. Es bleiben somit noch
neun Fälle mit je zwei „ärztlichen Attesten". Allein auch
hier ist ein Abstrich zu machen, denn in einem Fall
(S. 37—40) sind mitgetheilte „ärztliche Atteste" gleichfalls
ohne Unterschrift, namenlos. Also ein anonymes
„Kommissionsgutachten" und ein anonymes „ärztliches
Attest" werden als unzweifelhafte, sichere Beweismittel für
die Thatsächlichkeit eines Wunders dargeboten! Dazu kommt
noch, daß zu diesem Fall überhaupt kein anderes Aktenstück
mehr mitgetheilt wird, als nur ein „Bericht" der Geheilten
selbst. Nicht einmal ein Attest ihrer vorgesetzten kirchlichen
Behörde, nichts, rein gar nichts, als dieses gewiß auf
gutem Glauben beruhende, aber als Beweismittel höchst
anfechtbare, wenn nicht werthlose Zeugniß: Weiter kann
die Fahrlässigkeit und die Leichtfertigkeit im Beweise für
ein Wunder kaum gehen.

Wie bei den „Kommissionsgutachten", so fällt es auch
bei den von elf übrig bleibenden acht „ärztlichen Attesten"
sehr auf, daß, mit einer einzigen Ausnahme, keiner der
Aerzte von einem geschehenen „Wunder", oder einer
„wunderbaren" Heilung spricht. Und doch sind unter
diesen Aerzten sehr kirchlich=gläubige Männer, wie z. B. der
Sanitätsrath Dr. Haggeney aus Paderborn. Warum diese
Zurückhaltung? Ihr fachmännisches Zeugniß hatte doch

den Zweck, ein Wunder zu konstatiren, oder sagen wir, eine natürliche Heilung auszuschließen. Eine Ausnahme ist vorhanden: Dr. Gerhardy aus Uerdingen sagt in seinem Bericht nach der Heilung: „Ich führe die Veränderung in dem Nervensystem des Holzapfel auf eine, wie ich glaube, in der Wissenschaft bisher nicht ergründete Ursache zurück, ich halte die großartige, andauernde Besserung für eine wunderbare" (S. 78). Die übrigen sieben „ärztlichen Atteste" enthalten nur die einfache Bestätigung der eingetretenen Heilung, ohne irgend eine Ursache dieser Heilung, geschweige denn eine wunderbare, auch nur anzudeuten. Einige dieser „Atteste" sind sogar mit sehr beschränkenden Zusätzen versehen: „Der Frau Peter Stimer bescheinige ich auf Verlangen, daß sich ihr Gesundheitszustand von Anfang September bis heute ziemlich gut und gleichmäßig günstig erhalten hat. Dr. Demmer, Arzt (S. 60). „Gegenwärtig kann man den kleinen Wendling als nahezu geheilt betrachten. Dr. Halbedel" (S. 74). Ein Arzt, Dr. Nonprez in Malmedy, nennt die Heilung einen „jedenfalls merkwürdigen Krankheitsverlauf" (S. 28). Das ist die stärkste Aeußerung, die sich in den sieben „ärztlichen Attesten" findet! Was aber ganz besonders hervorzuheben ist: im ersten Fall (S. 71—74) finden sich zwischen dem Atteste des Pfarrers über die Heilung und dem des Arztes sogar mehrere Widersprüche. Wir setzen die betreffenden Stellen der Atteste nebeneinander:

| Attest des Pfarrers (S. 72—73): | Attest des Arztes S. 73—74): |
|---|---|
| „ . . . Das (geheilte) Kind ist ohne jeden Schmerz . . Er läuft und spielt lebhaft mit seinen Kameraden, ohne auch die geringste außerordentliche Ermüdung | „Gegenwärtig geht der kleine Wendling aufrecht, den Oberkörper nur leicht über das Becken geneigt. Allerdings wird er ziemlich rasch müde . . . Als Zei- |

wahrzunehmen . . . Alle früheren Uebel, welche den Kleinen zu einem Krüppel machten, bleiben verschwunden. Er geht strack einher, ohne das geringste Weh . . . Der frühere Auswuchs ist noch sichtbar . . . aber ohne Schmerzen und ohne die Bewegung der Glieder zu beeinträchtigen . . . Es fehlt ihm nichts als eine gute kräftige Nahrung.

J. G. Schmitt, Pfarrer in Gemar."

chen seines Leidens trägt er einen beinahe schmerzlosen Auswuchs in der Hüftgegend . . . Gegenwärtig kann man den kleinen Wendling als nahezu geheilt betrachten.

Bergheim(Els.), d.10.4.1893.
Dr. Halbedel".

Wessen Zeugniß soll nun gelten, das des Pfarrers, der versichert, das Kind sei „ohne jeden Schmerz", „ohne die geringste außerordentliche Ermüdung", es gehe „strack einher", es fehle ihm „nichts als kräftige Nahrung" und der frühere Auswuchs sei „ohne Schmerzen", oder das des Arztes, der erklärt: Das Kind gehe „leicht über das Becken geneigt", werde „ziemlich rasch müde", sei „nahezu geheilt", und der frühere Auswuchs sei „beinahe schmerzlos?"

Auch wenn man die beiden Atteste als gleichwerthige fachmännische Zeugnisse auffassen wollte — was aber doch nicht geht, da nur das ärztliche Zeugniß ein fachmännisches ist — so sind diese Widersprüche doch gewiß keine feste Grundlage für ein sicheres Urtheil.

Das ist die „aktenmäßige Darstellung" der Beweismittel für jene Heilungen, die der Bischof von Trier als „unzweifelhafte Wunder" bezeichnet. Diese Bezeichnung hat sich, nach dem vorgelegten „Aktenmaterial" als in jeder Beziehung unverdient und unerwiesen herausgestellt.

Die nöthige, unerläßliche Legitimation für den recht-

mäßigen Gebrauch der Aufschrift: „Wunder" fehlt bei allen
diesen Heilungen und bei jeder einzelnen. Und so bleibt
das schon ausgesprochene Urtheil bestehen: Dieser offizielle
bischöfliche Wunderbericht ist ganz und gar werthlos; er
bietet nur den leeren Schein von Beweisen und ist die
Veranlassung, daß das katholische Volk eine Reihe von
Thatsachen als „Wunder" und unmittelbare Machterweise
Gottes gläubig verehrt, ohne für diesen Glauben eine auch
nur annähernd genügende Grundlage zu besitzen.

Der vierte Theil der Schrift (ihr zweiter Haupttheil)
betitelt sich: „Gnadenerweise". Von ihnen sagt Dr. Korum
im „Vorwort" (S. V.): „Im zweiten Theile sind jene
Heilungen mitgetheilt, deren wunderbarer Charakter der
Kommission unerwiesen oder zweifelhaft erschien. Dem Rathe
eines hohen geistlichen Würdenträgers, Mitgliedes der Riten-
kongregation, welcher mir zur Veröffentlichung auch dieser
zweifelhaften Heilungen dringend rieth, folgend, bezeichne
ich diese Fälle nur als Gnadenerweise, welche den Gläubigen zu Theil wurden. Ich überlasse es dem Leser, auf
Grund der festgestellten Thatsachen sich selbst ein Urtheil
zu bilden. Dasselbe gilt von der theilweisen oder gänz-
lichen Befreiung von nervösen Zuständen, welche die
Wissenschaft mit dem generellen Namen „Hysterie" bezeichnet. Sie bekunden wenigstens die Kraft des Glaubens
und des religiösen Gefühls, welche, sei es durch innere
Erregung, sei es durch Steigerung der Willensenergie, mit
einem Male Leiden heben, an denen die ärztliche Wissenschaft sich jahrelang vergeblich versucht hat."

Sehr sonderbar muthen die letzten Worte an. Durch
sie wird die „Kraft des Glaubens und des religiösen Gefühls" auf die gleiche Stufe gestellt mit den Wirkungen
der Hypnose und Suggestion; denn auch diese „heben mit
einem Male Leiden, an denen die ärztliche Wissenschaft sich
jahrlang vergeblich versucht hat". Doch das nur nebenbei.

Ueber den formellen Werth der namenlosen „Kom=
missionsgutachten" ist natürlich auch hier ganz das
Gleiche zu sagen, wie oben. Der materielle In=
halt dieser „Gutachten" läßt sich aber schon aus
den mitgetheilten Worten der Vorrede entnehmen. Wir
lesen, daß der „wunderbare Charakter" dieser „Gnaden=
erweise" der Kommission „unerwiesen oder zweifelhaft" er=
schien. Wie ungünstig oder nichtssagend wird also nicht
ihr Urtheil über diese „zweifelhaften" Wunder lauten, da
schon ihre Aussage über die „unzweifelhaften" Wunder so
bedenklich schwach und unbestimmt war.

Siebenundzwanzig „Gnadenerweise" werden mit dem
üblichen „Aktenmaterial" vorgelegt. In einem Fall
(S. 132--134) fehlt nicht nur jedes „ärztliche Attest" über
Krankheit und Heilung, sondern es fehlt selbst das namen=
lose „Kommissionsgutachten". Allerdings macht Dr. Korum
auf diesen Mangel aufmerksam, glaubt aber dennoch diesen
Fall zu den „Gnadenerweisen" rechnen zu können. Allein
da es sich auch hier um Beweise handelt, diese aber
gänzlich fehlen, so ist die Bezeichnung „göttlicher Gnaden=
erweis" für diesen Fall durchaus willkürlich und subjektiv.
In einem zweiten Fall S. 10) lehnt die namenlose Kom=
mission den Wundercharakter der Heilung sogar formell ab:
„Die Kommission erkennt zwar eine auffallende Heilung in
Verbindung mit der Verehrung des heiligen Rockes an,
glaubt aber, daß diese Heilung als Wunder nicht zu
konstatiren sei." Bei den fünfundzwanzig übrigen Fällen
lautet das „Gutachten" der namenlosen Kommission drei=
zehnmal auf Enthaltung des Urtheils, und elfmal auf
Möglichkeit einer natürlichen Heilung.

„Die Heilung erscheint in diesem Fall auf natürlichem
Wege nicht ausgeschlossen" und: „Bei der Unsicherheit des
Krankheitsbildes läßt sich über die Natur dieser Heilung
ein zuverlässiges Urtheil nicht abgeben." Das ist der, für

je dreizehn und je elf Fälle, mit unwesentlichen Variationen stets wiederkehrende Refrain der namenlosen „Kommissions=gutachten". Dazu kommt noch, daß nach dem eigenen Urtheil der „Kommission" das betreffende Leiden in drei=zehn Fällen ein h y s t e r i s c h e s war. Kurz, das Durch=lesen der „Kommissionsgutachten", ganz abgesehen von ihrer Namenlosigkeit und somit Werthlosigkeit, genügt, um zu der Ueberzeugung zu gelangen, daß von wirklichem B e w e i s für diese Gnadenerweise nichts vorhanden ist.

Nicht besser wird dieses Urtheil, wenn wir uns die beigebrachten „ärztlichen Atteste" ansehen. Wieder begegnen wir der auffallenden Thatsache, daß bei neun Fällen der ärztliche Befund nach der Heilung vollständig fehlt. Ent=weder liegt hier Fahrlässigkeit vor, d. h. man hat es nicht für nöthig gehalten, ein solch fachmännisches Zeugniß bei=zubringen, oder der betreffende Arzt hat sein Zeugniß ver=weigert. Wie dem aber auch sei, durch diesen Mangel ist ein B e w e i s für die Heilungen und ihre Ursachen un=möglich geworden. In einem Fall fehlt sogar, wie schon hervorgehoben worden, jedes „ärztliche Attest", sowohl über die Krankheit, wie über die Heilung, und ein Grund für dieses Fehlen wird nicht angegeben. In einem andern Fall (S. 186—190) ist das Zeugniß für die Krankheit und das Zeugniß für die Heilung von zwei verschiedenen Aerzten unterzeichnet, die an verschiedenen Orten wohnen. Der die Gesundheit der betreffenden Person bescheinigende Arzt weiß von ihrer früheren Krankheit nur durch H ö r e n = S a g e n : „Von einem Halsübel oder Lungenleiden, an dem die Betreffende vor circa drei Jahren gelitten haben soll, war bei der Untersuchung nichts zu entdecken" (S. 188). Folgendes Zeugniß, das als B e w e i s für die erfolgte H e i l u n g angeführt wird, spricht für sich selbst:

„Haaren, den 11. Oktober 1892.

Auf Verlangen des Herrn Pastors Lörper soll ich über

den „gegenwärtigen Befund und Zustand" der Frau
P. Maaßen aus Haaren berichten. Zweck des Berichtes
ist, den gegenwärtigen mit dem früheren Gesundheitszustande
zu vergleichen und eine eingetretene Veränderung festzustellen. Die Frau Maaßen hat früher an epileptiformen
Krämpfen gelitten, welche seit einem Jahre nicht mehr
wahrgenommen worden sind.

Die dauernde Heilung von derartigen zeitweise erscheinenden Funktionsstörungen der Nerven
kann durch körperliche Untersuchung nicht nachgewiesen werden. Dagegen kann ich bestätigen, daß die
Frau Maaßen in früheren Jahren oft, in letztem Jahre
nicht in meiner Behandlung gewesen ist.

Dr. Reuter." (S. 146.)

Endlich werden zwei „Atteste" vorgelegt, von denen
das die „Heilung" bestätigende einen Theil der Krankheits-
erscheinungen mit den gleichen Worten wie das Krankheitsattest als noch vorhanden erklärt:

Krankheitsattest:

„Die Franziska Papenhoff aus Heisingen ist seit
Januar 1886 in meiner Behandlung. Die p. Papenhoff
leidet an hochgradiger Blutarmuth, Störungen
im Zirkulations- und Verdauungsapparate. Dazu
treten häufige Kreuzschmerzen ein. Die Taubheit und
Schwäche in den Armen und Beinen ist derartig, daß sich
zeitig lähmungsartige Erscheinungen zeigen.
Rellinghausen, den 2. September 1891.

Dr. Fernholz."

Attest der „Heilung":

„Die Franziska Papenhoff aus Heisingen ist heute
von mir untersucht worden. Die p. Papenhof leidet an
Blutarmuth und Verdauungsstörungen. Weitere Er-
krankungen, speziell der edlern Organe, sind nicht zu entdecken.
Rellinghausen, den 30. Januar 1892.

Dr. Fernholz" (S. 160, 163).

Nur ein Arzt — gerade wie oben bei den „un=
zweifelhaften Wundern" — erklärt sich auch hier für den
wunderbaren Charakter der erfolgten Heilung. Dr. Stemmer
aus Lauterbach schreibt: „Stephanie Fleig aus Treunen=
bronn litt längere Zeit an hysterischen Krämpfen, von
welchen dieselbe befreit wurde durch Berührung des heiligen
Rockes zu Trier" (S. 153). Darunter setzt aber die
„Kommission" als ihr Schlußurtheil: „Da das eben be=
schriebene Leiden hysterischer Natur war, so läßt sich über
den Charakter der Heilung nichts zuverlässiges kon=
statiren" (S. 154). Also Aussage gegen Aussage!*)

Einen Raum von 15 Seiten nimmt das „Akten=
material" für die Heilung des Johann Schäfer aus Hersch=
wiesen ein (S. 79—94), der am 2. Oktober 1891 von
„Asthma, Wassersucht, Nierenkrankheit und Herzleiden" ge=
heilt wurde. Wunderbarer Weise bildet aber in diesem
„Aktenmaterial" der vom eigenen Pfarrer gemeldete Tod
des Geheilten den Schlußbericht. Die interessanten Worte
lauten: „Schäfer starb also ganz gewiß an derjenigen
Krankheit, von welcher er nach seiner Angabe und Zeugen=
aussage am 2. Oktober 1891 in Trier geheilt worden
war. Eberhardy, Pfarrer" (S. 93). Allerdings bescheinigt
das „ärztliche Attest", daß der am 29. Juni 1891 unter=
sucht und damals „hoffnungslos" erkrankte Schäfer am
26. November „völlig" wiederhergestellt war. Allein diese
„völlige Wiederherstellung" währte nur sechs Monate, bis
zum April 1892. Da begann er zu „kränkeln an Frösteln,
Husten und Mattigkeit; auch zeigten sich, wenn auch nur

---

*) Trotz unseres eigenen abfälligen Urtheils über die Bedeutung dieser
namenlosen Kommission sind wir berechtigt, ihr „Gutachten" dem des
Dr. Stemmer gegenüber zu halten; denn nach der Ansicht des bischöflichen
Verfassers der Wunderberichte ist ja das Gutachten der Kommission das
maßgebende und entscheidende, gleichsam das Siegel für das mitgetheilte
„Aktenmaterial".

geringe Anschwellungen der Füße und des Leibes. . . . .
Eberhardy, Pfarrer" (S. 91). Im „Spätsommer" desselben
Jahres war er dann wieder „völlig" gesund, wurde im
folgenden Jahr wieder krank und — starb. Eine Heilung,
die zweimal durch monatelangen Rückfall in die alte Krank=
heit unterbrochen wird, die schon nach zwei Jahren mit
dem Tode endet, und zwar durch dieselbe Krankheit, von
der man geheilt wurde, ist doch eigentlich nicht dazu an=
gethan, die Ueberzeugung von einem „Wunder" hervor=
zurufen. Auch liefert dieser Fall ein Beispiel von der
„gewissenhaften Genauigkeit", mit der der bischöfliche Ver=
fasser sein Buch geschrieben hat. Der Bischof schreibt, daß
„während zwei Jahren alle Symptome der Wassersucht" bei
dem Schäfer verschwunden waren: der Ortspfarrer des
Schäfer konstatirt diese Symptome schon wieder sechs
Monate nach der Heilung (S. 13 und 90).

Das ist die objektive Prüfung des vom Bischof von
Trier mitgetheilten Beweismaterials für 11 „unzweifelhafte
Wunder" und 27 „göttliche Gnadenbeweise". Und auf
Grund eines solchen Beweis= und Aktenmaterials schreibt
Dr. Korum am Schlusse seiner Schrift:

„Wer wurde beim Lesen dieser Berichte nicht an die
Erzählung des Evangeliums erinnert, wo die Kranken um
den Erlöser sich drängen, in der Hoffnung, den Saum
seines Kleides wenigstens zu erfassen und dadurch Heilung
zu erlangen? So Viele hörten wir bei Berührung der
Reliquie mit dem Vertrauen des blutflüssigen Weibes
sprechen: „„Wenn ich nur sein Kleid berühre, so werde ich
gesund"", und sie wurden erhört. Der Glaube an Christus,
an seine immerwährende göttliche Kraft hat ihnen geholfen.
Ja, wahrlich: „„Die Hand des Herrn ist nicht verkürzt,
daß er nicht helfen könnte.""

„Das Wunder, sagten wir, ist das eigenste Werk
Gottes. In unbeschränkter Freiheit wirkt er es, wann, wo

4

und wie es ihm beliebt. Ueberall können wir aber eine der göttlichen Weisheit und Liebe entsprechende Absicht wahrnehmen. Der Herr lehrt uns den hohen Werth der kindlichen Demuth und des unerschütterlichen Vertrauens auf seine Vatergüte, er offenbart seine Allmacht, besonders aber will er den Glauben der Menschen von Neuem wecken und beleben. Die Wunder sind gleichsam ein liebevoller Mahnruf an die armen Verirrten, welche, von den großartigen Errungenschaften der Wissenschaft geblendet, dem Glauben ihrer Kindheit wie einem Ammenmärchen entsagten und in der öden Wüste des Unglaubens Herz und Geist verkommen lassen. Hoffen wir, daß dieser Mahnruf von Vielen beherzigt wird: „„Das ist vom Herrn geschehen, und es ist wunderbar in unsern Augen."" Gerade zur Neige des neunzehnten Jahrhunderts in unserm Vaterlande, das sich mit Recht seiner Denker und Gelehrten rühmt, wo aber Viele ihre Blicke von den ewigen Idealen des Glaubens abgewandt haben, wollte der Herr diese Wunderthaten wirken; sollen sie nicht ein mächtiges Sursum corda sein, das die Herzen vom drückenden Banne des Irdischen befreit und wieder himmelwärts lenkt?"

„Uns Katholiken bieten diese Wunder und Gnadenerweise eine neue Bestätigung unseres Glaubens. Wir dürfen uns freuen, daß der Herr durch diese Kundgebungen seiner Allmacht insbesondere die Reliquien-Verehrung gutgeheißen und bestätigt hat. Sind diese Großthaten Gottes nicht ein unleugbares Zeichen, daß die Wunderkraft in der katholischen Kirche nicht erloschen ist, daß der Geist Christi in ihr fortlebt und die Verheißung des Heilandes auch in unseren Tagen noch in Erfüllung geht? Zur größeren Ehre Gottes, zum Ruhme des menschgewordenen Sohnes Gottes, unseres Herrn und Heilandes Jesus Christus, zum Troste der Gläubigen, zur Belehrung Aller, die eines guten Willens sind, wurden diese Aktenstücke gesammelt und ver-

öffentlicht. Mögen sie zum Werkzeug der Gnade für viele
Seelen werden! Aus dankerfülltem Herzen schließe ich mit
den Worten Mosis, des großen Dieners Gottes: „„Laßt
uns singen dem Herrn, denn glorreich hat er seine Größe
kundgethan,"" und freudig stimmen wir ein in das Dank=
gebet der Geretteten in der Geheimen Offenbarung: „„Groß
und wunderbar sind Deine Werke, Herr, allmächtiger Gott;
gerecht und wahrhaftig sind Deine Wege, König der Ewig=
keiten. Wer sollte Dich nicht fürchten, Herr, und Deinen
Namen preisen; Du allein bist ja heilig; alle Völker
werden kommen und vor Dir anbeten: denn Deine Gerichte
sind offenbar geworden."" (S. 192—193.)

Haben diese Worte eine innere Berechtigung? Steht
ihr rednerischer Schwung im Verhältniß zu den voraus=
gegangenen und sie veranlassenden Wunderberichten? Wenn
man sie mit der Dürftigkeit des jeder festen Beweiskraft
entbehrenden „Aktenmaterials" vergleicht, so stellen diese
Sätze sich als unberechtigt heraus.

Daß das vorgelegte „Aktenmaterial", sowohl formell
wie materiell nichts weniger als beweiskräftig ist, und daß
deshalb die „Wunder" nichts weniger als bewiesen sind,
muß zugegeben werden. Daraus ergiebt sich aber der
Schluß: Entweder ließen sich keine besseren Beweise erbringen,
oder, obwohl dies möglich war, ist es unterlassen worden.
Letzteres ist nicht denkbar; also bleibt nur die erstere An=
nahme. Dann aber durften diese Wunderberichte nicht mit
Worten eingeleitet und beschlossen werden, die sie als
„unzweifelhaft", als „Großthaten Gottes", als „unleug=
bare Zeichen" hinstellen. Das war eine Forderung der
Wahrheitsliebe.

Durften aber diese Berichte überhaupt veröffentlicht werden?

„Wunderberichte", wie die vorliegenden, gehören
wesentlich zur sogenannten „Erbauungsliteratur". Sie
nimmt innerhalb der katholisch=religiösen Schriftstellerei

1*

eine quantitativ und qualitativ hervorragende Stellung ein. Ihrer Bestimmung nach soll sie den Glauben und das religiöse Gefühl mächtig erregen, sie soll die Begeisterung entflammen für die Wahrheiten des Christenthums. Sie dringt in die breitesten Schichten des Volkes ein, und wo kein wissenschaftliches Buch den Weg hin findet, da wird die „Erbauungsschrift" gelesen, da wirkt sie in Kopf und Herz des einfachen Christen wahrhaft schöpferisch. In der „Erbauungsschrift" findet der katholische Christ die Beweise für die Wahrheit seines Glaubens; die „Erbauungsschrift" ist für ihn die Anregung zu den weittragendsten Entschlüssen; das in ihr Erzählte bildet für ihn den festen Hoffnungsanker in so vielen Leiden dieses Lebens. Fraglos greifen die meisten Katholiken, wenn sie Stärkung im Glauben, Trost in Trübsal, Begeisterung für ihre Kirche finden wollen, nicht zur Schrift, noch zu einem dogmatischen Lehrbuch, sondern zu einem der zahllosen Erzeugnisse der „Erbauungsliteratur". Ist es da nicht oberste und elementarste Forderung der Gerechtigkeit und Wahrheit, daß solche Erbauungsschriften auf festem, sicherm Grund und Boden ruhen? Verlangt nicht Vernunft und Recht, daß die religiöse Begeisterung, die diese Schriften hervorrufen sollen, sich an wohlerwiesenen Thatsachen, kurz an der Wahrheit entzünde? In einem sehr großen, unverhältnißmäßig großen Theil der erbaulichen und asketischen Literatur innerhalb der katholischen Kirche ist das aber nicht der Fall. Was dort oftmals zur „Stärkung des Glaubens" dient, ist geradezu unglaublich; die verworrensten und abenteuerlichsten Geschichten werden dort feil geboten. Das ist ein schwerer Mißbrauch getrieben mit dem gläubigen Vertrauen des katholischen Volkes. Anstatt Brod werden ihm vielfach Steine zur Nahrung gereicht. Hier ist dieser Mißbrauch an einem illustren Beispiel nachgewiesen worden.

Druck von J. S. Preuß, Berlin W., Leipzigerstr. 31/32.